1 Das Tal der Sünder

Das erste Siegel wird geöffnet. Das Lamm kommt und öffnet das erste Siegel. Auf einem gehörnten Widder stürmt der Reiter heran. Seine Augen wie Feuerflammen. Es ward ihm gegeben eine Krone und er wird weiden die Völker der Erde und die Herden der Berge. In weißem Leinen angetan werden sie kommen und es werden ihnen folgen die Hirten und Heerscharen, die Herren der zehntausend Schafe.

Virgil, der Hirt, holt die erste Tafel aus der Salzhütte, nimmt Nägel und einen Hammer, rammt den Nagel in den Holzbalken, hängt die Holztafel daran, tritt einen Schritt zurück, einen zweiten, liest die Schrift. Mit der Hand geschrieben. Grob, ungelenk. Fehlerfrei. Er liest laut und geht weiter.

Es ist ein Tal der Sünder, Schneezuhälter, Gletschermörder, der SALIGEN FRAUEN, von Schafen und Schafhirten. Mit dem langen Bergstock schreitet Virgil, der Hirt, aufwärts, vorbei an den letzten Zirbenbäumen, überwechselnd in das tiefgrüne Latschenfeld, vorbei an dreiunddreißig kleineren und größeren Bergbächen, Lawinenstrichen, Baumkrüppeln, auf dem neuen Fahrweg, baggerbewegt, zuschandengerichtet. Es ist der zwölfte Juni.

Ich sehe schon, dass es noch viel Schnee gibt, dass die ersten Gräser nur bis knapp zweitausenddreihundert hinaufreichen, dass die Muren ein paar Schneisen in den Boden gerissen haben, dass hinten im Tal der weiße Similaun voller Schnee herunterleuchtet, wie sich an der Flanke der Nebel hinauffrisst, wie die Nebelfetzen um den Gipfel tanzen, quer zu Mutmal und querend nach Finail. Das alles sehe ich, gemeinsam mit dem Hirten. Seine Schafe erwartet heuer gutes Futter, nicht zu hoch gewachsen, wie sie es am liebsten mögen, und nicht zu knapp, damit sie nicht davonrennen, talauswärts die Weiden der Bauern suchen, dort grasen, sich die Wampen vollfressen, zufrieden wiederkäuend gegen Abend bergaufwärts trotten. Es ist gut so bestellt in diesem Jahr. Es müssten alle eintausendneunhunderteinundachtzig Schafe die beste Sommerweide vorfinden.

Auf der anderen Talseite grüßt die Brutalität der neu erschlossenen Skiabfahrt und der neu gebauten Skihütte, vermehrt von dreißig auf nahezu tausend Sitzplätze. Erst dann werde die Sache rentabel. Der Gstraun baut, dass es brutaler nicht mehr möglich ist. Die Schnee- und Snowherren haben das Maß verloren. Der Gstraun ist der kastrierte Widder. Was er baut und gebaut hat, ist von weitem sichtbar. Gut erkennbar durchziehen braune Streifen in Serpentinen das steile Gelände auf Stablein zu, durchbrochen von Masten, Lawinenschutzmonstern, Dorfschutzsicherungsanlagen aus Stahl und Beton, solche der schlimmsten Sorte, inzwischen dahinrostend, daneben die neuen Kanonen. Die neuen Kanonen. Die Schneekanonen. Der Pfarrer hat sie geweiht. Der Segen ist sicher.

Das mag so sein. Es kann auch anders sein. Der alte Pater hätte die Segnung verweigert. Aber es ist geschehen und niemand hat gegen die Scheußlichkeiten protestiert. Wozu hätten sie sonst zur Anschaffung eines neuen Allerheiligsten, einer Supermonstranz, goldig und edelsteinbesetzt, so viel Geld ausgeben sollen. In ihrer maßlosen Brutalität und ihrem übersteigerten Ausgleich der armen Gehirne und Herzen gegen Geld und Macht und Monstranzspenden haben sie alles andere vergessen. Vom Taleingang zum Snow und hinauf zum Ferner gehört alles ihnen. Sie sind die Besitzer.

Doch halt. Sie sind nur Teilbesitzer. Die von drüben haben hier ebenfalls Eigentum. Seit Jahrhunderten und Jahrtausenden. Deswegen kommen die Hirten und die Schafherden aus Laas, Göflan, Kortsch, Schlanders, vom Sonnenberg. Deswegen geht heute der Hirt mit mir schauen. Die alte Steinhütte hinter der Kaser wird drei Monate lang seine Heimstatt sein, sein Lager, seine Küche, der Hundeplatz für den Waldi, die Ecke für das Hunde-Wasser und das Lager mit neuer Matratze, ohne Strom, ohne Komfort.

Weiter draußen stehen supermoderne Viersternhotels. Mit allem Komfort. Nobler und feiner als in besten Stadtwohnungen. Dreizehn Hallenschwimmbäder in zwanzig Viersternhotels. Wer sonst kann das vorzeigen? Dort der Luxus. Und die inwendige Not. In keiner Zeit der zehntausendjährigen Kultur und Unkultur des Tales ist es so schlimm gewesen mit der Herzens-Kultur, hat der fremde Gast gesagt, mitten ins Gesicht am Abend an der Bar. Der schrecklichste Ort der Ausbeutung und Prostitution sei es geworden.

Aber auf dem Berg der Schafe ist es anders. Der Schäfer ist knapp über dreißig. Ein junger Vinschger. Ein schneidiger Mensch. Dunkelhäutig. Mit durchdringend dunklen Augen. Einem Schnauzer. Stark gebogener Nase. Wie bei den Schnalser Schafen. Der Widderkopf. Wie ein Widderkopf mir seiner Nase. Knapp über einssiebzig. Ich folge ihm knapp. Ich kann ihm kaum folgen. Er geht schnell. Sehr schnell und leichtfüßig und berggewohnt. Nahe den Gletschern. Helle, wache Augen und ein kritischer Blick. Mit einem langen Bergstock, wie ihn die Älpler bis zum heutigen Tag tragen, wie sie ihn seit sechstausend Jahren tragen.

Die meisten leben zufrieden dahin. Bis wieder eine 3
Katastrophe kommt; eine von denen, die seit Jahrhunderten ihr Leben bestimmen. Der halbe Berg kommt herunter. Drei Millionen Kubikmeter Wasser brechen aus und wälzen sich durchs Tal, sechzig Kilometer Zerstörung hinterlassend. Schon tagelang liefen die Warner

durchs Tal, von Ort zu Ort, immer lauter schreiend: „Der Ferner* kommt, der Ferner kommt!“ Es ist ein einziger Gletscher gemeint, wenn die Schreienden von Dorf zu Dorf eilen, warnend, rufend, klagend, schreiend, buchstäblich die Seele aus dem Leib schreiend. Es ist nur ein Gletscher gemeint. Das wissen alle im Tal. Der Vernagtferner. Der Ferner zu Vernagt im hintersten Tal, wohin die Landkartenmacher die wildeste Einöde der Alpen hingemalt haben, als sie anno 1604 in die Karte hineinschrieben *glacies continua et perpetua* und *der gross ferner*. Riesige zusammenhängende Gletscher- und Eisflächen, nach heutigen Maßen vierhundert Quadratkilometer Gletscherflächen, wie sonst nirgendwo in den Alpen so zusammenhängend, so sich in den breiten Höhenbecken ausbreitend.

Aus dem kleinen Wandschrank in der Schäferhütte holt Virgil, der Hirt, eines seiner Bücher, eines seiner Geheimnisse, greift in die Seiten, schlägt auf und liest. Der *weltbeobachtende Mann*, das hat er in einem seiner Bücher gelesen und auf einem Zettel notiert. Ein *weltbeobachtender Mann*, könnte er das sein? Zweifel kommen in ihm auf.

Unstreitig ragten die Gebirge dort am höchsten empor, wo der Alpenhauptkamm hinstrich, und er strich von Nordosten nach Südwesten. Von dort aus trennten die Meere nemlich am ersten von einander. Dort wards am ersten Land. Dort schneit es am ersten, und aus dem Schnee wurd Eis. Diese wurden zusammengeblasen, schmolzen ab und daher begannen die Flüsse, welche die Meere aufnahmen …

Mehrmalen, am öftesten habe ich aber von Norden her diese großen Schnee- und Eislagen gesehen, und mir kamen die, welche um dem Url oder der Wildspitze in Tyrol liegt, als die ausgedehnteste vor; und zwar vorzüglich deßwegen, weil sie weit und breit sich aneinander hängt und in alle Gegenden sich ausleert.

* Gletscher

Der weise Pater Plazidus aus dem schweizerischen Kloster wird wohl recht haben. Virgil klappt das Buch wieder zu, geht vor die Hütte und sieht zum ersten Mal die Schrecken des Tales und die inwendige Verheerung, die seine Laster hinterlassen haben in der Verehrung des Goldenen Kalbes. Rundum sieht Virgil die Anzeichen der Verwüstung und der Schäden. Wenn er könnte, würde er sich auf den Felsen stellen und seine erste Felsenpredigt halten. Er hat noch zu wenig Feuer und Mut in sich.

Zuhinterst nennen sie es das Hintere Eis. Hinter den zusammenhängenden und ewigen Eismassen des großen Ferners leben die geheimnisvollsten Bergbewohnerinnen.

Sie leben nicht dahinter, sondern drinnen, unten, im Gletscher, in den weiten, hunderte Meter tiefen Gletscherhallen und Gletschertoren, weit drinnen, wo die Einheimischen vom Kristallpalast erzählen, in dem die Geheimnisvollen wohnen. Es sind die SALIGEN. Manche nennen sie die SALIGEN FRAUEN und andere kennen sie aus der Überlieferung als SALIGE FRÄULEIN. Frau oder Jungfrau, verheiratet, nicht verheiratet, keusch, geschwängert, Mutter, kinderlos, jungfräulich, unbefleckt, rein, unnahbar, zutraulich, wunderschön, rächend, drohend, die Huren der Berge, die Heiligen der Berge, die Lawinenbringerinnen, die Murenhexen, die Helferinnen der Schäfer und Schäferinnen, wunderschön in weißen Kleidern, mit goldenem Strahlenkranz, die Madonna vorweg, der Strahlenkranz über den Häuptern der SALIGEN.

Dort liegt die sommerliche Welt des Schäfers. Romantisch und wildromantisch, Prospekttirol und heile Alpenwelt. Aber auch die verdammte raue Natur, der tagelange Nieselregen, der von den beleidigten SALIGEN heruntergesandte Regen, Nieselregen drei

Tage und zwei Nächte und nicht mehr austrocknen, dann der Starkregen und bald darauf der Schnee. Mitten im Sommer, einmal im Juli und zweimal im August der Schnee. Dann das Suchen nach Schafen und Lämmern. Der Hund keucht. Der Schäfer mit der langen Stange. Stochert vor der Überquerung der Schnee- und Lawinenbrücke, ob sie wohl halten wird, tappt vorsichtig drüber, rennt auf der anderen Talseite bergauf, vermutet dort im Tiefschnee steckende Schafe, geduldig im Tiefschnee steckende, wartende Schafe, *wie ein Lamm zur Schlachtbank geführt*, und will retten, was noch zu retten ist. Keuchend tappt er bergauf, sich an Alpenrosenbüschen festklammernd, nimmt das Fernglas, putzt es mit dem Taschentuch, es läuft an, er putzt es wieder mit dem sowieso schon angefeuchteten Taschentuch, schaut in die Felsen hinauf zum grünen, zum ehemals grünen Rasenfleck, weil er dort die versprengten, die geduldigen, die gottergebenen Schafe vermutet. Er will hinauf. Eine Lawine bricht los, reißt ihn mit in die Schlucht. Der Hund wühlt im Schnee, reißt ein kleines Loch, der Schäfer bekommt Luft, atmet, steigt heraus, verflucht die Welt, das Wetter, den Schnee, die SALIGEN, sein armseliges Schäferleben.

Hinter allen weiblichen Sagengestalten sieht Virgil, der Hirt, seine große Geheimnisvolle. Er sucht sie. Er findet sie nicht. Deswegen beginnt er eine lange Irrfahrt durch alle Kare und über alle Gletscher.

In seinen Sehnsüchten trifft Virgil, der Hirt, auf die fremde WILDE FRAU. Sie erinnert ihn an die WILDE FRAU vom geheimnisvollen Berg LUIBIS. Sie lebt, wenn es ihr gefällt, in der Doppelrolle. Dann schlüpft sie in die Kleider der Manderleut, will nicht als Frau erkannt sein. Wird da und dort gesehen. Niemand kennt sie. Niemand spricht mit ihr. Sie spricht mit niemandem. Niemand darf nach ihrem Namen fragen. Niemand darf es wagen, nach ihrem Herkommen zu fragen. Sie ist eine Wissende. Eine Allwissende. Manche nennen sie RUSILENA, eine Fremde, eine SALIGE. Der Hirt trifft auf die fremde WILDE FRAU. Er erschrickt und flüchtet.

Die Wilde lässt ihn nicht los. Überall sucht er nach ihr. Auch in den Büchern und Schriften. In einem davon liest er:

Diese Protagonisten der Ausbeutung der heiligen Berge würden ja, wenn sie gekonnt hätten, wenn sie endgültig den Landessieg feiern können, die Totalzerstörung starten, weiterführen und vollenden. Lawinen als Sensationen verkauft. Katastrophen als Chance des geschwundenen Sommertourismus. Ein paar Dutzend Schneetote. Zwischendurch ein Hoch in den Nächtigungen. Gesprengte Lawinen. Mitten durch die Köpfe der Schneetod. Die Herren und Monster im Schneegeschäft: die Zuhälter des „ewigen Schnees", der allmächtige Holländer, der dickwampige Seilbahnboss, der mehrfach mit Landesorden ausgezeichnete Bergbock, der schleimige Hurensohn, Knecht des größeren Hurensohnes im Monstercentralhotel. In der verschwitzten Zuhälterbar mit der Pseudomadonna mit bloßgelegtem Busen auf dem Porno-alpin-Dach alles voller Diener, Dienerinnen, Huren, Böcke, Kassierer, Geldscheißer, Schnapssäufer, Krawallmacher, mit und ohne Suff. Sonntagsbürger bei der Heiligen Sonntagsmesse beim Kommunionempfang. Bei der Freiwaschung aller Sünden. Das dienende Pfäfflein, das segnende Pfäfflein.

Jetzt werden sie, als Herren im Schneegeschäft, auf der besseren Seite von Porno und Kruzifix die weißen Gipfel erobern, einen nach dem anderen sprengen, mit Plattformen auf den Gipfeln, mit Aussichtsrampen, mit Schneewampen im Suff. Marke Zuhälterei und Porno alpin. Sölden ist geil. Der Sölder Bergbock stinkt. Schneebar fallweise geschlossen. Eintritt frei für die Huren aus Tschechien und Polen. Amen und das Kreuz drauf. Der Pfarrer segnet. Der Landeshauptmann kommt. Die Landespresse feiert den Totalsieg der Perversion. Der Landeshauptmann als Knecht und Vasall.

Am Strick hinaufgezogen & ausgemolken & Ja & Amen gesagt. In katholischen Landen der Segen. Bis auf 3600 Meter hinauf die Totalzerstörung, die Entweihung der heiligen Berge.

Snow und Suff die neuen Brüder. Heiliggesprochene, in der dominanten Regionalpresse im Stil der Seitenblicke-Gesellschaft, schleimerisch dahinkriechende Provinz-Primitiv-Paparazzi & Günstlinge. *Alles* untergeordnet. *Amen.*

Wie in einem schrecklichen Traum kommen die Namenlosen, die Huren, die Heiligen.

Virgil, der Hirt, sucht die alten Kalender in der Schäferhütte. Die frommen Erbauungsbücher. Die alten Geschichten unter dem Brett verborgen, versteckt. Im Holzkasten stecken sie drinnen: die alten und neuen Bücher. Auch vom Zaubern, vom Wettermachen, von Hexenprozessen, vom Bannen. Auch von der Apokalypse des heiligen Johannes, eine über alle geistigen Schöpfungen hinausragende Phantasie, eine nach den Gesetzen der Schönheit erdachte, erfundene, erdichtete Geschichte von den Anfängen und der Zerstörung der Heiligen Stadt. Die Anmut weicht dem Grotesken, dem Übermenschlichen, das Menschliche tritt zugunsten des Lammes zurück, das Unendliche hat ein scheinbar vorläufiges Ende gefunden. Es sind kühne, ergreifende, markerschütternde Gedanken, aus der Seele des gotterleuchteten Propheten hervorgeströmt, in der Nachfolge des Gilgamesch-Epos, die Edda vorausnehmend, die ältesten isländischen Kultdichtungen um Jahrhunderte vorausdenkend, in alpinen Untergangssagen rund um TANNENEH, ONANÄ und DANANÄ weitere Jahrhunderte später weitergegeben, bis in die Gegenwart lebendig geblieben. Zumindest die Erinnerung daran, aufgezeichnet in alten Sagensammlungen, von keiner Kanzel verkündet, von keiner Tourismusprostitution vereinnahmt. *Inmitten immer das Lamm und die Hure, das buhlerische Weib, das auf dem Tiere sitzt, dem mit den sieben Köpfen und zehn Hörnern – der Antichrist?*

Wieder sitzt Virgil, der Hirt, über den alten Büchern und schreibt langsam, zögerlich, wenig gewandt, eine zweite Tafel voll mit den geheimnisvollen Texten.

Wieder geht er vor die Türe seiner Schäferhütte, nimmt wieder einen Hammer und einen Nagel. Diesmal heftet er die Tafel an den Zaunpfahl hinter der Hütte. Nagelt und liest: „SEHET DAS LAMM!"

Er liest laut und geht zurück in die Hütte. Legt den Hammer an seinen Platz. Und sinniert.

Das Lamm öffnet das Buch mit sieben Siegeln, weswegen ihm alle Kreaturen huldigen. Und ich sah in der Rechten dessen, der auf dem Throne saß, ein Buch, überschrieben von innen und außen, versiegelt mit sieben Siegeln. Und ich sah einen starken Engel, der mit starker Stimme rief: Wer ist würdig, zu öffnen das Buch und zu lösen seine Siegel? Und niemand, weder im Himmel noch auf Erden, noch unter der Erde, konnte öffnen das Buch, noch hineinblicken in dasselbe. Und ich weinte sehr, weil niemand würdig befunden wurde, das Buch zu öffnen und in dasselbe hineinzublicken. Aber einer der Ältesten sprach zu mir: Weine nicht! Siehe, der Löwe vom Stamme Juda, die Wurzel Davids, hat überwunden, zu öffnen das Buch und zu lösen seine sieben Siegel. Und ich sah, und siehe, in Mitte vor dem Throne und den vier lebenden Wesen, und in Mitte vor den Ältesten stand ein Lamm wie getötet, und hatte sieben Hörner und sieben Augen, welche die sieben Geister Gottes sind, ausgesandt in alle Welt. (Apokalypse, 5.1–7)

Und es war wieder das Lamm, vor dem die vier lebenden Wesen und die vierundzwanzig Ältesten niedersanken. *Und alle hatten Harfen und goldene Schalen voll Rauchwerk.*

Die apokalyptische Katastrophe droht dem Tal, wenn die vier Millionen Kubikmeter gestautes Wasser binnen eineinhalb Stunden ausbrechen und das Tal verwüsten.

Und ich sah, dass es das sechste Siegel öffnete; und siehe, es ward ein großes Erdbeben, die Sonne ward schwarz wie ein härener Sack, und der ganze Mond wie Blut; und die Sterne fielen vom Himmel auf die Erde, wie der Feigenbaum seine unzeitigen Feigen abwirft, wenn er vom Sturmwind bewegt wird. Und der Himmel wich zurück wie ein Buch, das man zusammenrollt; und alle Berge und Inseln wurden von ihrer Stelle bewegt; und die Könige der Erde und die Fürsten und die Heerfüh-

rer und die Reichen und die Mächtigen und alle Knechte und alle Freien verbargen sich in die Höhlen und Klüfte der Berge und sprachen zu den Bergen und Felsen: Fallet über uns und bedecket uns vor dem Angesichte dessen, der auf dem Throne sitzt, und vor dem Zorne des Lammes! Denn es ist angebrochen der große Tag ihres Zornes; und wer kann bestehen. (Apokalypse, 6.12–17)

Wenn die Wasserfluten durch das Tal hinauswüten, die Ache mit Eis gefüllt, die Berge aus der Verankerung brechen, der Fischbach durch das Sulztal wütet, losgebrochen, losgerissen von den rächenden SALIGEN. Es fiel der Berg vom Himmel und die Wassermassen verwüsteten das Tal. Immer mehr und immer weiter verbreiteten sich die Schreckensmeldungen, von der apokalyptischen Talkatastrophe im Vale de Bagnes bis hinaus zum Bischofssitz von Martigny, dreihundert Menschen hinwegraffend, von der apokalyptischen Talkatastrophe im Passeiertal mitsamt dem ausgebrochenen Wildsee, vierhundert Leichen aus dem Meraner Friedhof hinausschwemmend, dreihundert Tote. Das Leiden kannte keine Grenze. Es ward das Leid vom Himmel geworfen. Die schrecklichen Engel, die verstoßenen Engel hatten zum Endkampf geblasen: *Und der erste Engel posaunte; da entstand Hagel und Feuer, mit Blut vermischt, und wurde auf die Erde hinabgeworfen, und der dritte Teil der Erde verbrannte, und der dritte Teil der Bäume verbrannte, und alles grüne Gras verbrannte. Und der zweite Engel posaunte; da wurde etwas wie ein großer brennender Berg in das Meer geworfen, und der dritte Teil des Meeres ward Blut. Und es starb der dritte Teil der Geschöpfe, die im Meer leben, und der dritte Teil der Schiffe ging zugrunde. (Apokalypse,* 8.7–9)

Anderswo schickte der dritte Engel oder der vierte Engel einen schrecklichen Tsunami auf die Erde, tötete zweihundertdreißigtausend, ein Drittel der dort Lebenden, und von den Leichen färbte sich das Meer und ward wie Blut.

Noch weit Schrecklicheres folgte mit Heuschrecken und Seuchen.

Es posaunte der dritte Engel, dann der vierte, auch der fünfte. Und diesem folgte der sechste Engel. Aber schon beim Posaunenklang des fünften Engels fiel ein Stern vom Himmel, wurde der Schlund des schrecklichsten Abgrunds geöffnet, kamen Heuschreckenschwärme aus dem Abgrund heraus und es geschah das Geheimnisvollste aller Naturwunder: Es sollten weder die Gräser noch die grünen Bäume noch alles sonstige Grün verletzt werden, *sondern nur die Menschen, welche das Zeichen Gottes an ihren Stirnen nicht haben.*

Es geschah aber, dass auch die Bewohner der Bergtäler, die um die von katholischen Pfarrern, Kuraten und Domherren verbreiteten Gräuel der Apokalypse wussten, einige Vorstufen der apokalyptischen Geschehnisse erleiden mussten und dass sie daran erinnert wurden, wie der Berg ins Tal stürzt, wie die Wassermassen ausbrechen, wie die Töne der Todesposaunen durch das Tal dringen, Schrecken verbreitend. Es war die Sünde. Es war der Schrecken und die Strafe für Laster, Wollust, Vergeudung, Sakrileg und Sodomie.

Apokalyptische Strafen folgen. Tag und Stunde kennen wir nicht.

Virgil, der Hirt, nahm noch ein glattgehobeltes Brett, zwei Meter lang, einen knappen halben Meter breit, schrieb darauf den nächsten Text, las und nagelte, richtete sich auf, dachte an die Verderbnis der Welt, an die Verderbnis der neuen Zeit in diesem Tale.

Und der fünfte Engel posaunte; und ich sah einen Stern vom Himmel fallen auf die Erde; und es ward ihm der Schlüssel zum Schlunde des Abgrunds gegeben. Und er öffnete den Schlund des Abgrundes; und es stieg Rauch auf aus dem Schlunde, wie der Rauch eines großen Ofens; und die Sonne und die Luft wurden verfinstert von dem Rauche des Schlundes. Und aus dem Rauche des Schlundes kamen Heuschrecken über die Erde, und es ward ihnen Macht gegeben, wie die Skorpionen der Erde Macht haben; und es wurde ihnen befohlen, dass sie weder das Gras der Erde, noch irgend etwas Grünes, noch irgend einen Baum verletzten sollten, sondern nur die Menschen, welche das Zeichen Gottes an ihren Stirnen nicht haben. Und es ward ihnen gegeben, sie nicht zu töten, sondern sie zu quälen fünf Monate; und ihre Qual ist wie die Qual des Skorpions, wenn er einen Menschen sticht. In denselben Tagen werden die Menschen den Tod suchen, aber nicht finden; sie werden begehren zu sterben und der Tod wird vor ihnen fliehen. Und die Gestalt der Heuschrecken war gleich Rossen, zum Kriege gerüstet, und auf ihren Häuptern waren wie goldene Kronen und ihre Angesichter wie Menschengesichter; und sie hatten Haare wie Weiberhaare und ihre Zähne waren wie Löwenzähne; und sie hatten Panzer wie eiserne Panzer und das Rauschen ihrer Flügel war wie das Rasseln der Wagen mit vielen Pferden, die in den Kampf laufen; und sie hatten Schwänze wie die Skorpionen und Stacheln waren in ihren Schwänzen; und ihre Macht den Menschen zu schaden war auf fünf Monate; und sie hatten über sich als König einen Engel des Abgrunds, dessen Name ist hebräisch: Abaddon, und griechisch: Apollyon, das heißt, wie im Lateinischen, der Verderber: Ein Weh ist vorüber, und siehe, noch zwei Wehen kommen danach. (Apokalypse, 9.1–12)

„VERDERBER OH VERDERBER OH VERDERBER“

Es ist wieder eine Frauengestalt aus den Alpen in seinen Sinn gekommen. Auch wieder eine von denen, die ihm so geheimnisvoll scheinen, die ihm solche Zusammenhänge vorgaukeln und die in ihm die Sehnsucht immer stärker anwachsen lassen. Mühsam summt Virgil, der Hirt, die Noten, wie einen alten Choral. Das hat er so gelesen. Die Geschichte ist so niedergeschrieben vor mehr als 1200 Jahren. Nicht weit weg von seiner Hütte und vom elterlichen Bauernhof. Nur über das Joch drüber, den Ofenpass, den Strelapass und drei weitere und das alles kein Hindernis.

Margareta, die SONTGA MARGRIATA, die alte Heilige, lebt als Mann verkleidet auf der Alm. Auf einer

Schweizer Alm in Graubünden. Die Männergesellschaft betreibt Sodomie zumeist mit den Geißböcken. Die junge Frau, eine Jungfrau, eine nach der Überlieferung unbefleckte Jungfrau, lebt in dieser Gesellschaft, erduldet und erleidet Männerwahnsinn. Sie muss verkleidet sein, weil Frauen als sündhafte Wesen die Männerwelt zur Unzucht bringen, wie es von katholischen Pfarrern, Kuraten und Domherren verbreitet wird, eingebläut, mit den schrecklichsten Strafen bedroht. Die Frau stürzt über den Felsen, der junge Knabe sieht, wer jetzt entblößt vor ihm steht: eine Frau, eine wunderschöne Frau mit Brüsten. Es folgt das bittere Ende. Die Frau muss weichen. Die Alm wird verflucht. Die Milch soll vertrocknen, die Gräser sollen verdorren, die Kräuter am Boden sollen verwelken. Alles Leben soll weichen. Eine der größten alpinen Poesie-Geschichten endet apokalyptisch.

Die Natur wird nicht verschont. Der Frevel der Älpler hat die härtesten Strafen zur Folge: den Untergang der Alm mit Kräutern, Kälbern, Schafen, Hirten, Sennerinnen und Jungfrau. Es folgt der Schnee, es folgt der Gletscher, es folgt der Untergang ehemals reicher goldener Städte, wie von TANNENEH, ONANÄ und DANANÄ: Dort lebte die DANA. Dort lebte die SONTGA MARGRIATA. Wenn sie weit weg in den Schweizer Bergen wohnt, dann kommen in den Bergen der Ötztaler Alpen deren Sagengestalten auf Virgil zu. Er kann sich kaum erwehren. Rundherum, ummedum solche Frauen. Eine von ihnen die ANA, eine ANNA, eine Mutter. Ehrfurcht und Scheu packt ihn, den Virgil. Jetzt sind sie fortgezogen, alle miteinander, sind verbannt, geächtet, verjagt, missbraucht, geschwängert, der hochalpinen Gletscherherrenprostitution geopfert.

Virgil, der Hirt, sucht in den Dörfern des Tales nach einer Gefährtin. Er sucht sie im hochgelegenen Berggasthof. Er sucht sie an der Kasse des Supermarktes weit drunten im Dorf. Am Sonntag packt er den Rucksack, stapft in die kleine Dorfkirche hinein, greift zum Weihwasser, tappt mit dem nassen Zeigefinger der rechten Hand auf Stirn, Mund und Brust, versucht ein Kreuz hineinzumalen, dreht sich um, erwischt einen leeren Kirchenstuhl. Schaut auf die Weiberseite. Diejenige, die er sich vorstellen könnte, ist nicht dabei.

RUSILENA ist anderswo.

Zuhinterst im Zeitschriftenständer liegt der Tourismusprospekt. Fett und geil und bunt grüßen Trachtenmodels. Eine Veränderung kommt auf den Ort zu: eine neue Seilbahn. Ein Monsterbauwerk. Das Beste der Alpen. Das Höchste und Geilste. Virgil, der Hirt, nimmt den Tourismusprospekt aus dem kirchlichen Zeitschriftenständer, packt, aufmerksam geworden, die Prospekte in seinen Rucksack. „Sellamool wöll." Bei solchen Gelegenheiten muss er zugreifen. Statt Kommunionempfang und frommen Liedern heute diese wichtige Information. Zum ersten Mal liest er vom Projekt „Similaun". So heißt es.

Mit dem Schäfer unterwegs in den Schluchten und Schründen, ein verlorenes Schaf aus dem Gletschertor geholt, das Salzen unter den Steinblöcken, das Weinen und Klagen versprengter Jungschafe. Virgil, der Hirt, erzählt vom schrecklichen Schneesturm, den sie vor sieben Jahren beim Übertrieb der Schafe erleben mussten. In der Nacht ist der Schnee gekommen. Einen halben Meter. Es schneit weiter. Aus dem Tal wird Verstärkung angefordert. Dreißig Mann stehen bereit, schaufeln den

Weg durch Disen hinauf zum Joch, vorbei an der Frau. Die Verengung zwischen den Felsen knapp unter dem Joch nennen sie die Frau. Einer der Treiber erzählt von der Frau: eine SALIGE sei es gewesen.

Virgil, der Schäfer, nimmt den Prospekt, zeigt auf die geplanten Glückseligkeiten der maßlosen, der geilen und gierigen Touristiker. Er liest. „Sell", meint er, „wird nix."

Er wolle sich das alles genauer anschauen, sagte er, die Pläne im Detail sehen, er ist sich sicher, dass er dagegen sein wird, und wenn es nach ihm geht, werden auch die anderen Schäfer, Schafbauern und Hirten dagegen sein.

Der Schäfer erzählt von den Ereignissen des Schafübertriebes anno 1987.

Sell, ja ja.

Ja ja, kannst dir vorstellen. Wie es geschneit hat, die Sicht immer schlechter, vor den Augen nur das Weiß und immer das Weiß von Schnee und Schnee und weiße Schafe über und über mit weißem Schnee bedeckt. Der Sturm immer schlimmer. Denken wir, wie die Alten erzählt haben. Das hat es früher auch gegeben. Das erzählen die Alten. Heuer erwischt es sie wieder. Ich kann dir sagen: Das ist die Angst. Du kannst es dir nicht vorstellen. Mitten im Sommer kommt der Schneetod auf uns zu. Wir treiben die Schafe von Disen herauf. Zuerst geht's gut. Etwas flacher ist es. Dann der steile Anstieg. Wir haben einen ganzen Tag mit den Schaufeln den Weg ausgeräumt. Dass die Schafe hinaufkommen. Kannst dir vorstellen: einen halben Meter und noch mehr und das alles bergauf, steil zwischen den Felsen hindurch. Dann die Eisplatten am Weg. Dann der Schweiß und die nassen Füße. Acht Stunden haben wir geschaufelt. Am nächsten Tag sollten die Schafe kommen. Knapp zweitausend Stück.

Sie sind gekommen. Und auch der Schnee ist wieder gekommen. Wir haben in der Nacht hinausgeschaut und haben uns gefürchtet. Das kannst du dir nicht vorstellen, wie schrecklich dunkel und schrecklich eine solche grausige Nacht sein kann. Wir erkennen die Schafe der Bauern an den Buschen. Das Schaf des einen Bauern hat nur einen Buschen in der Mitte am Rücken. Andere haben vorne und hinten am Rücken einen Wollbuschen. Andere haben die Wollbuschen auf der Seite. Einmal zwei vorne und einen hinten. Oder zwei hinten und einen vorne. Andere haben sogar drei. Das Färben mit dem Lack macht die Wolle kaputt. Aber es ist besser zum Schauen und Erkennen und Suchen. Die grellen grünen, blauen und roten Flecken auf der Wolle helfen mir beim Schauen in einer solchen Nacht, wenn es draußen nur weißen Schnee gibt und nichts als weißen Schnee. Wir haben kaum schlafen können. Der kommende Tag sollte schrecklich werden. Für uns und für die Schafe.

Ich bitte ihn, weiter zu erzählen. Der Hirt schaut über Mutmal, über den Mutmalboden hinweg und sucht versprengte Schafe. Mit freiem Auge sieht er aus dreihundert Metern Entfernung, wem das Schaf gehört. Suchen. Einen Hund muss ich immer dabei haben. Das Schaf ist vom Schlanderer Nedersberg.

Er reicht mir das Fernglas. Ich schaue durch das Glas, suche in der Einöde der grauen und eintönigen Geröllhänge das Schaf, finde es nicht, suche weiter. Der Hirt deutet mit dem Bergstock genau in den Hang, wo das versprengte Schaf steht. Jetzt legt es sich nieder.

Es würde dort lämmern. Dafür hat es eine abseitige Stelle gesucht. Nach ein paar Tagen kommt die Schafmutter mit dem Lamm wieder zur Herde zurück. Vom Märchen mit dem Steinadler und dem Lämmergeier will er noch erzählen. Es würde so erzählt, dass die Schafe und vor allem die neugeborenen Lämmer so schnell als möglich den bunten Farbfleck bekommen müssen, weil sonst der Steinadler oder der Lämmergeier geflogen kommt, oder wie die Einheimischen diesen geheimnisvollen Vogel nennen, dass also die Adler oder Geier dieses Schäflein nicht angreifen, weil sie angeblich den Geruch nicht mögen, schon von weitem diesen widerlichen Lackgeruch nicht leiden können und also das Neugeborene verschonen. Schlimmer seien aber diese schwarzen Jochvögel, diese widerlichsten Vögel in unseren Bergen, die haufenweis um die Schutzhütten und Touristenrastplätze herumzigeunern, ja herumzigeunern, wie sie schnell zugreifen, wenn ein Stück Brot auf den Boden fällt, wie sie gierig danach tappen und davonfliegen. Und dann kommen andere geflogen, setzen sich auf die Steine, das Gipfelkreuz, den Rucksack, picken gierig und fliegen davon. Diese schwarzen Raben sind gefürchtet. Bei den Schäfern mehr noch als bei den Touristen und Bergsteigern. Den Schäfern sind sie ein abschreckendes Scheusal. Brutaler kann kein Lebewesen sein. Wer es einmal gesehen hat:

Das Lamm kommt hinten hinaus. Die Mutter beginnt es zu lecken. Ist noch schwach. In der Luft der dunkle, kleine fliegende Teufel. Schnell heruntergeschossen. Auf das Neugeborene und dann nichts als das: Dem Lämmlein sofort und als erstes die Augen auspicken, aushacken mit dem scharfen Schnabel und gierig davon. Das Mutterschaf weiß sich nicht zu helfen. Das Lamm hat keine Augen. Es muss verrecken. Das Mutterschaf leckt und schleckt eine Weile. Lässt es bald bleiben. Der Leib des jungen Lammes erstarrt. Bleibt liegen. Die Mutter weint um das tote Lamm. Habt ihr schon einmal gehört, wenn eine Schafmutter um das tote Lämmlein weint? Habt ihr schon zugeschaut, wenn sie es zuerst geschleckt und geputzt hat und wenn sie mit den Vorderfüßen das Neugeborene gestoßen, geschubst hat, als wolle sie ihm sagen: Wach doch auf! Steh auf! Probier das Saufen an meiner Zitze! Habt ihr schon zugeschaut, wenn sie das Neugeborene verlässt? Sie geht davon und achtet nicht mehr auf das Lamm. Wenn es nicht lebensfähig ist, wird es liegen gelassen. Es wird nicht mehr genährt, gefüttert, gestoßen, gesäugt. Langsam geht die Mutter davon. Sehr langsam. Der Schäfer hat davon erzählt. Das alles habe ich selbst erlebt, gesehen, erlitten und immer wieder Jahr für Jahr weitererzählt.

Die schwarzen Raben. Der weiße Tod. Virgil, der Hirt, und sein Gehilfe, der Hund. Die Steinhütte. Die drohende Schneekatastrophe. Noch viel schlimmer die weit zurückreichende Erinnerung an den Tod von mehr als tausend Schafen und elf Treibern, der Tod durch das achtzig Kilometer lange Tal hinaus, wenn der Fernersee losbricht, wenn die SALIGEN den Tod schicken. Den ganzen Tag hat es genieselt. Dann hat es geregnet. Dann ist wieder der Schnee gekommen. Der Rauch will nicht abziehen. Die Augen brennen. Nasse Kleider kleben am Körper. Zieht er sie aus, friert er noch mehr. Die inwendige Kälte ist noch weit schlimmer. Und die Sehnsucht, das Verlangen. Das Feuer erlischt. Dann die Angst.

Und im Winter, wenn im Lawinental die weißen Lawinen niedersausen, die Windlawinen mit rasender Geschwindigkeit, unberechenbar, unvorhergesehen, ständig bedrohend, und die berechenbareren Nassschneelawinen, die Grundlawinen, die Drecklawinen mit den Bäumen und Steinen und dazwischen dem toten Reh, der toten Gämse, wie es heuer wieder geschehen ist. Das Tal ist ein grausamer Ort der Verdammnis und der Schrecken und der lebendigen Strafe. Woher aber nehmen die Leute die Kraft, diesen Widerwärtigkeiten zu widerstehen, sich aufs Neue Jahr für Jahr, Winter für Winter und erst recht wieder an warmen Föhntagen im April zu widersetzen, wenn die dreckigen Lawinenmonster über die Felsen brechen, niederdonnern, krachen, abwärts wälzend, alles mitreißend, Bäume, Steine, Zäune, Rehe, Gämsen? Der Tod ist wieder da.

Der Schäfer erinnert mich daran. Wenn ich ihn besuche, gehen wir miteinander Richtung Joch. Unter einem Felsen hat er Salz gelagert. Dort hat er ein Brett über die Steine gelegt. Ein Rastplatz. Und ein Suchplatz, wenn es regnet, wenn er durch den Regen hindurch die Schafe sucht, einen Adler irgendwo oben mit der weiten Bahn und dem Niederfallen. Das wäre der Aasgeier. Den interessiert nur der verwesende Knochen, die Fäulnis, der Duft der Gestürzten, der Gemordeten, der Neugeborenen mit den ausgehackten Augen. Dort kauert der Hirt unter dem Felsen. Wenn die Sonne unerbittlich niederbrennt, wie es an wenigen heißen Tagen im Sommer geschehen kann, hat er einen sicheren Schutz, geborgen unter dem Felsdach. Dort breitet der Hirt seine Jause aus. Dort isst er Speck und Vinschgerlen, hart gewordenes Fladenbrot nach jahrtausendealter Art. Dort zieht er gierig an der Flasche. Rötel aus dem Vinschgau.

An diesem Tag erzählt er vom Schneechaos im Juni 1987.

Stell dir vor, wie eine Neuschneenacht schrecklich dunkel sein kann, direkt schwarz und grausig, wenn wir wissen, es geht in der Nacht so dahin und es hilft uns niemand und die Treiber sind gekommen und die Schaufler, aber es sind immer zu wenige. Sie haben keine Zeit oder keine Lust. Weißt ja, dass die Schafhalter einen schlechten Ruf haben bei den Rinderbauern. Das sind die Besseren. Meinen sie. Und die Jungbauern aus einem solchen Rindviehhof haben nur die Euter im Sinn, die Milch und noch viel mehr die Größe dieser Rinder, immer schwerer und fetter. Es gibt dicke Prämien und Ausstellungen

und landeshäuptliche Belobigungen. Das Schaf ist etwas Minderes geworden. Schade.

Ja, das stell dir vor. Wir hocken in der Stube beim Tisner und schauen, dass draußen der weiße Schnee immer schwärzer ist. Die Nacht ist da und das lange Warten und dann erst der Sturm. Wie der über den Hof gepfiffen hat, dass wir gemeint haben, es reißt den Kamin weg. Wie wir hinter dem Schnapsbudele gesessen sind: jeder bis oben voll Angst und Suff. Und wir haben blöde Witze gerissen. Männerwitze. Dreckig und das alles, weil wir uns gefürchtet haben.

In der Früh ist es losgegangen. Draußen die Schafe. Tief verschneit und alle mit weißen Hauben. Aber geduldig und wie der Pfarrer sagen würde und es sich von uns wünschen würde und wie er es nennt: „gottergeben". So auch das Schaf. Die Schafe. Und wir treiben sie bergauf. Zuerst geht's gut. Da ist noch ein bisschen Wald. Eine knappe Stunde weiter ist alles anders. Nur mehr weiße Wüste. Wir treiben die Schafe an, eine alte Mutter als Leitschaf will nicht mehr. Der Instinkt ist stärker. Bleibt nichts anderes übrig, als zuerst gut zureden, ermuntern, sogar streicheln und noch einmal, „jetzt geh, jetzt geh endlich". Dann das Schlagen, das Ziehen, der Schellriemen ist fest und breit. Immer näher dem oberen Boden, wo der steile Aufstieg beginnt. Gestern den Weg ausgeschaufelt. Heute alles wieder zu, wenigstens einigermaßen begehbar und wieder das Hinaufschaufeln, das Ausrutschen auf den Eisplatten, das Abrutschen und wieder Hinaufschwitzen, das Fluchen und das Schaufeln und das Antreiben der Schafe bis hinauf zur Frau und zum erlösenden Joch. Nein, zum schrecklichen Tod im Schneesturm. Mit allergrößter Mühe haben wir geschoben, immer einer von uns das Leitmutterschaf von hinten angetrieben und immer geschoben, hinaufgeschoben zur Frau, und alle anderen sind nachgekommen. Es hat zwei Stunden gedauert, sicher zwei Stunden, vielleicht drei Stunden an diesem Tag, ich habe nicht auf die Uhr geschaut. Sonst sind die Schafe dahin, wenn sie das Grün über dem Joch im anderen Tal schmecken. Dann sind sie auf und davon, dass wir Hirten und Treiber kaum folgen können.

Vorbei an der Frau: am Joch angekommen. Es erwartet uns, wie wir von unten her schon gehört haben, der Sturm. Nichts als der Sturm und der Sturm mit Schnee und stell dir vor, ein Meter Neuschnee. Stell dir vor, ein Meter Neuschnee. Hinunter muss es. Alle hinunter und heraus aus der Schneehölle. Es wird Mittag. Es dämmert. Das Klagen und Weinen wird schlimmer. Und dann auch der Hunger. Das Erfrieren der Lämmer. Die alten Schafe haben ihre Pelzmäntel. Der große Widder hat die Lust verloren. Er kauert sich an das Mutterschaf, rückt ihm nahe. Auch die anderen rücken zusammen, immer enger, dreihundert aneinandergepresste Schafleiber, dann fünfhundert und zuletzt fast zweitausend Schafleiber wie in einem Knäuel beieinander. So schützen sie sich gegenseitig. Und sie wechseln sich ab, rücken von innen heraus, noch immer gut angewärmt, Ruck um Ruck nach außen, wechseln sich ab mit den Schafen des Außenringes, lassen sich innen wieder aufwärmen, drängen sich schützend um den Kern der gekauerten Herde, um die Jungen, die Neugeborenen, die Schwächsten, die jämmerlich nach der Muttermilch weinenden Lämmer.

Da ist uns nichts anderes übrig geblieben: Wir haben den Schafen in der Hütte, die am Joch steht, Platz gemacht. Wir haben den Schafen die Hüttentür geöffnet. Wir haben die Schafe hineingetrieben, ja ja schon ausgesucht. Nur Mutterschafe mit Lämmern und solche Lämmer, die ihre Mutter verloren haben und vergeblich nach ihr suchen, weinend und klagend. Es ist ein Elend, sage ich dir. Wir haben sie hineingetrieben, durch die Hüttentüre hinein, in die Gastzimmer, in alle drei Gasträume der Schutzhütte, hinauf über die Holzstiege, die Schafe in die Schlafkammern hinauf, so viele wie Platz haben, alle hinauf und hinein in die Kammern, in das Matratzenlager. Eine Ecke in der Küche haben wir für uns behalten. Eine Ecke zum Rasten, Essen, Ausschnaufen, Schnaps trinken, Angst haben. Ja, da haben wir Angst gehabt. Und die ganze Herde und nichts für die Schafe zum Fressen. Zwei, drei Wecken Brot. Aber was nützt das?

Wie viele haben wir in die Hütte hineingebracht? Vielleicht dreihundert. Nicht mehr. Alles voll und hinauf in die Schlafkammern getrieben und wieder von draußen die Lämmer mit den Müttern ausgesucht und in die Hütte getrieben, am Schellriemen hineingezogen. „Pamperle Pamperle“ gerufen, gelockt, liebkost, geschrien, gestoßen, wieder gerufen, gelockt, liebkost, „Pamperle Pamperle“ und andere Koseworte und schreckliche Flüche. Mehr als tausendfünfhundert haben draußen bleiben müssen. In der Nacht im Schneesturm. Eingeschneit in einem Meter Schnee. Die Härtesten werden durchkommen, die Halbwüchsigen, die Jahrlinge, die jungen Stoßer und Raufer, die „Halbstarken“. Jetzt können sie zeigen, was sie aushalten können.

Es ist zum Plearn gewesen. Zum Weinen und zum Heulen. Diese Nacht werden wir nicht vergessen.

Ein anderes Mal wird er weitererzählen. Mehr als vierhundert haben sie in die Schutzhütte gebracht. Dazu mussten dreißig Männer eine kalte Nacht auf dem Küchenboden verbringen, zusammengekauert in einer Ecke, einige vom Schnaps konserviert, weil sie nichts gespürt haben. Andere haben gebetet. Ja, gebetet. In der Not wird das Beten gelehrt. Nicht gelehrt, sondern erzwungen. Einige haben gebetet. Leise gebetet, flüsternd gebetet, andere haben mitgebetet. Eine Nacht der Gebete, der Flüche, der Kälte, des Schnapses, der erfrorenen Finger und Glieder, eine Nacht und das Zurückheben, weil kein Klosett erreichbar ist, vollgestopft mit Schafen.

Wir legen das Sitzbrett in die Höhle unter den Felsen. Der Hirt packt den Rucksack, steckt das Fernglas hinein, verschnürt ihn, öffnet ihn wieder, hängt das Fernglas mit der Schnur um den Hals, verschnürt den Rucksack, steht auf, dreht sich, schaut zum Mutterschaf unter Mutmal, nimmt zufrieden das Fernglas wieder ab, packt den Stock, geht weiter. Sagt nichts mehr. Schweigt. Schweigt eine Stunde oder noch länger. Beide atmen und keuchen. Er weniger als ich.

Dann zeigt er auf die dahinschmelzende Eiswand von Similaun. „Sell kann nit sein." Dass sie dort eine Bahn hinaufbauen, durch das Niedertal eine breite Straße bauen, dass sie das Tal zerreißen, zuschütten, aufgraben, zugraben, zerstören. An seiner Schäferhütte hängt die Tafel „WIR WEHREN UNS".

Virgil, der Hirt, denkt an Widerstand und Protest. Er habe Helfer und Sympathisanten. Und wie er alles organisieren wolle. Jetzt erst recht!

Im Fernglas leuchtet die Eiswand. Im Fernglas nähert sich die aufgetürmte Gewalt der großen Eisbrüche vom

Murzoll*. Darunter soll die Gletscher-Metro gebaut und gebohrt werden, die gewaltigste Gletscher-U-Bahn der Alpen. Ein Monster aus Glas. Im Reich der SALIGEN. Unvorstellbar: im Reich des Kristallpalastes der SALIGEN.

Virgil, der Hirt, bleibt stehen, hat den Bergstock zum Körper gedreht, setzt ihn an die Brust, in der Haltung des Wartens und Schauens, stützt sich drauf, schaut zur glitzernden Eiswand, stößt einen Vinschger Fluch aus, spuckt auf den Boden, macht sich Luft. Und er schreit und er schreit, wie ich nie vorher einen Menschen gehört habe, und er verflucht die Mafia der Gletscherberge, die grausamen Monster des Geldes und der Gier. „Weh o weh!" Dass es dröhnt und widerhallt. „Sellamool o weh o weh!"

Und ich muss an dieses schreckliche Ereignis denken mit dem Schaftrieb und dem Tod der Schafe und dem Schaftrieb im Schneesturm und dem elendiglichen Verrecken und den Schrecknissen dieser Landschaft des Grauens. Und ich sehe das Mutterschaf mit dem Neugeborenen, dem offenbar kein Auge ausgehackt worden ist, das also überleben hat können, das die wieder erstarkte Schafmutter beschützen hat können, die sich gegen die angreifenden schwarzen Vögel, diese widerlichen Räuber und Mörder der Berge, widersetzen hat können.

Der Hirt reicht mir das Fernglas. Ich kann es selbst sehen, wie das Lamm, mit gebeugten Vorderfüßchen unter die Mutter geduckt, die lebensnotwendige Nahrung sucht und sie offenbar auch findet. Das Neugeborene am After leckend, regt es die Mutter zu noch intensiverem Trinken an.

Ich warte auf den kommenden Tag. Der andere Hirt, der von Timmels, erlebt es 1987. Einmal hinter Ramol.

* Heute gebräuchliche Schreibweise: Marzell.

Einmal im hinteren Timmelstal. Und er versucht, Tonfall und Klang der Pseirer nachzuahmen;

*In Mantig hobm mir schon den erschtn Schnea kopp. Und in Mantig drauf hon i in Berg oogschaut und oogschaut. Ietz sein außr Ramol hoach obm Schofe gwesn. Honn i mitn Glos gseachn. Hoach obm. Sogt der Alfred vo Schönwies: Gea nur jo nit auchn. Gea nur jo nit auchn. Na, i gea nit. Sog i. I gea nit auchn. Und er ischt hoam gongen außn und i gea zum Briggl ochn und in die Laanschtriche auchn und i bis inchn obm und han di elf Schof genommen. Oane hot glämpert und hot a Lampl, wilde wie a Fuchs. Obr si lebm.**

Weil das Mutterschaft fünf Tage dort gewesen ist. Mitten im Schnee und nichts zu fressen und das Lamm ist wild wie ein Fuchs. Aber er hat es herunterbekommen. Dann sind wieder die Lawinen gekommen und der Schnee und die Angst und die Warnungen. Der Schäfer geht und kümmert sich nicht darum.

In Pfinstig bin i inner ins Longtol. Sogt dr Siggi, gea nur jo nit in die Schwärze durch. Und sein obm Schof, honn i obm 58 schtean kopp. Sell honn i gwisst. Und die Schwärze ischt a gfährlichs Ort. Und i honn gsogg: Na, i gea nit. Und i bin vo dr Hitt außi und inni und ibr di Brugg und bin in die Schwärz. Nebmen Boch hon i in Rucksock niidrglegg und hon in Hund gmocht zuachisitzn. Nochr bin i auchi. Di Schof sein obm zu zwoa Schiibler gwesn. Auchgewootn und honn an Wiidr drwuschn. In sem han i aufn Ruggn niidrglegg und bei de hintrn Schtuutzn oorgezoogn bis zen Boch. Nor honn i an Weg kopp. Und nochr bin i aur um

---

* Am Montag haben wir den ersten Schnee gehabt. Und am Montag drauf habe ich den ganzen Berg abgesucht, habe geschaut und geschaut. Jetzt sind außer Ramol hoch droben Schafe gewesen. Habe ich mit dem Glas gesehen. Sagt der Alfred von Schönwies: Geh ja nicht dort hinauf. Geh ja nicht dort hinauf. Nein, ich geh nicht, sage ich. Er ist nach Hause gegangen und ich gehe zur Brücke hinunter, in die Lawinenstriche hinein und hinauf und bis hinten oben hinein und habe die elf Schafe genommen. Eine hat gelämmert und hat ein Lämmlein, wild wie ein Fuchs. Aber sie leben.

*di ondrn. Und hon di ondrn her und hiegrn Boch. Und außrwärts bin i in Longtol zuegekeart und hott dr Siggi gschumpfn. Alloan do inni in ar selln Gfoor. Obr i honn mir gedenkt, wenn di Sunn auskimmt, bricht alls und laant obi und di Schof hon i hiin.**

So war es. Das war hinter Gurgl drin auf der großen Alm und drüben auf Kippele. So nennen sie den Weideplatz dort.

Zu Mittag ist der Hubschrauber gekommen und hat Heu abgeladen. Die Bauern von Gurgl haben das Heu zu den Schafen getragen, sonst wären alle verhungert. Die Bauern haben geholfen. Sind gute Leute. Mit dem Widder eine Spur durch den Schnee gezogen. Einen Weg in den Lawinenhang, bevor die Sonne herauskommt und die Lawinen kommen. Den Widder an den Hinterbeinen zusammengehalten und hinunter mit ihm, senkrecht zum Bach und die anderen Schafe geholt. Es ist an diesem Ort und in diesem Jahr keines seiner Schafe zu Tode gekommen.

---

* So war es, dass ich am Dienstag ins Langtal hinein bin. Sagt der Siggi: Geh ja nicht in die Schwärze hinauf. Oben sind Schafe. Habe ich droben 58 stehen gehabt. Das habe ich gewusst. Und die Schwärze ist ein gefährlicher Ort. Und ich habe gesagt: Nein, ich gehe nicht. Und ich bin von der Hütte hinaus und hinein und über die Brücke und bin in die Schwärze hinauf. Neben dem Bach habe ich den Rucksack niedergelegt und habe den Hund geheißen dort zu sitzen, zu wachen. Dann bin ich hinauf. Die Schafe sind oben zu zwei Büschel zusammen. Ich bin hinauf, hinaufgewatet durch den tiefen Schnee und habe einen Widder erwischt. Den habe ich auf den Rücken gelegt und habe ihn bei den Hinterfüßen heruntergezogen bis zum Bach. Dann habe ich einen Weg gehabt. Nachher bin ich wieder hinauf und habe die anderen herunter und herüber über den Bach. Und hinauswärts bin ich im Langtal zugekehrt. Und hat der Siggi geschimpft. Allein da hinauf in einer solchen Gefahr. Aber ich habe mir gedacht, wenn die Sonne herauskommt, dann bricht alles und die Lawinen kommen und alle Schafe sind tot.

4 Der schreckliche Ferner kommt & erste Nachrichten vom MALEFIZ-BUA

Hinter der ersten Wegbiegung nach der Schäferhütte, ganz nahe und im Angesicht der gleißenden Ferner, hat Virgil, der Hirt, eine weitere Tafel befestigt, auf einer Stange zwischen zwei Felsen eingeklemmt: „RUSILENA – WO BIST DU?“

Das Lamm öffnet das zweite Siegel. Es kommt ein zweiter Reiter. Ihm ist es gegeben, den Frieden wegzunehmen von den Menschen und von den Herden. Und es ist ihm gegeben, die große Wasserflut ins Tal zu schicken. Und das schreckliche Morden und Zerstören. Der zweite Reiter auf dem feuerroten Ross, der MALEFIZ-BUA. Oder der auf dem Steinbock reitet. Feuerrot.

Wie er durch das Sulztal stürmt, den Bach herunterbrechen lässt, die Muren hinter Untenlehn. Wie er die Bauernhöfe durchstreift. Wie er nach der WILDEN FRAU sucht. Wenn wieder die Schafe herüberkommen, sucht er nach ihr, nach der schönen RUSILENA: Von der reden sie alle. Sie soll nach ihm gefragt haben.

Dann ist der Ferner gekommen und der wilde Gletscherbach.

In der Lokalzeitung lesen die Leute des Tales von der neuen Attraktion zuhinterst im Tal, bei den Gletschern, die sie hier Ferner nennen. Es sollen dort riesige Staumauern errichtet werden. Bis zu 190 Meter Höhe. Mit bis zu 120 Millionen Kubikmeter Wasser, die dort gestaut werden sollen, zum Segen des Landes, zum Segen der landeseigenen Elektrizitätsgesellschaft, ausgestattet mit dem allerhöchsten Segen des großen Herrn, den sie Landesvater nennen dürfen, ausgestattet mit den Versprechungen, so die Existenz des Tales sichern zu können, die Energieversorgung des Landes. Es ist im Jahre 2004 geschehen.

Seitdem ist das Leben in diesem Tal und den Nachbartälern nicht mehr das Leben, das sie vorher gehabt haben. Jetzt macht sich Angst breit. Sie kennen, was sich anno 1600, 1678, 1717, 1845 und 1848 und wieder, erst jüngst anno 1965 und 1987 und 1999 ereignet hat: immer das Wasser, das schreckliche Wasser, die Wasserfluten, die stinkende braune Ache, das Ausbrechen, das Überschwemmen der Felder, das Durchbrechen der Dämme. In Sölden sind die nahe der Ache gelegenen Keller in den Fluten versunken. Öltanks und Konserven, Reste von Präservativen, die Reste der Winterhuren schwimmen talauswärts.

In derselben Regionalpresse haben sie von gigantischen Tourismusplänen gelesen, die sie Infrastrukturanpassung nennen, von neuen Plänen in den Bergen zur Ankurbelung des Sommertourismus, zur Ausweitung der Wintersaison, zur Vermehrung von Snow-Gewinn mit und ohne Pornografie, Almbar, Hüttenpuff, Saisonbock, Schweinigl und angekarrte Huren zur Belustigung der noblen Gäste, mehr noch zum Nutzen der Bosse in den taleigenen Seilbahnen, der Aufsichtsratsvorsitzenden der Bergbahn. Jetzt werden sie bauen und ausweiten. Auf den Gipfel hinauf planen sie eine neue Seilbahn. Die landeshoheitlichen Seilbahngrundsätze müssen über den Haufen geworden werden, müssen in den tiefen Gletscherspalten der Ferner verschwinden, in den Geldtaschen und Geldwampen zwischen Suff, Herrgottschnitzern, Porno alpin und Sonntagspredigt.

Ja, sie bauen eine neue Bahn.

Der Gletscher ruft.

Wenn es unten schmilzt, rücken sie nach. Der Landeshauptmann denkt und handelt in ihrem Sinn. Also kommt die neue Seilbahn auf 3606 m hinauf.

Auf den Similaun? Nicht auf die 3528 m hohe Weißseespitze, sondern auf den Similaun, den weißen

Gletscherberg, vom Niederjoch hinauf, nein, direkt von Samoar und über die mächtigen Gletscherflächen vom Murzoll, die Gletscherbrüche abenteuerlich nahe querend, mit einer Monster-U-Bahn unten durch, die Eiswand hinauf, die steile, noch immer zumindest teilweise vorhandene Eiswand hinauf, knapp am Eis streifend; abenteuerlich mit den Jodlern der Taljodler und der bezahlten Lustigmacher und schnurstracks auf den Gipfel. Zur Vermeidung einer weiteren Abschmelzung werden mit wissenschaftlicher Kompetenz über die gesamte Nordwand, achthundert Meter hoch, die weißen Wunderwindeln gezogen, gehängt, vom Gipfelkreuz bis in den Gletscherbruch. Es sind neue Vliese aus dem Wunderstoff, der das Abschmelzen des Eises verhindern soll. Über die Wand gezogen, wird es das größte aller neuen Wunderwerke der Alpen sein. Der Gletscherexperte redet und schreibt von der Wohltat der touristischen „Nutzung“ der Ferner, wenn die Ferner geschützt werden, wenn die Raupen und Snowkatzen nicht mehr wüten, sondern wohltätig das Zurückweichen der lebensnotwendigen Eisflächen verhindern. Und droben auf dem Gipfel entsteht NEU-DANANÄ.

Virgil, der Hirt vom Niedertal, von Gulfeben, vom Soom, von Samoar und Murzoll, holt mich in die Schäferhütte, zeigt mir die Meldungen, berichtet von ersten Protestaktionen der Hirten und Schäfer. Zögerlich redet er davon, eine neue Kraft ausprobieren zu wollen, seine Körperkraft. Er könne gewaltige Steinblöcke aufheben, verschieben, in den Bach rollen. Er habe etwas Neues in sich selbst entdeckt: Ja, stell dir vor, ich habe es bei einem schweren, großen Mutterschaf bemerkt. Dass ich es auflupfen kann, über hundert Kilo schwer. Dass ich ein solches Mutterschaf vom Bach herauf getragen habe, steil, wild bergauf. Droben habe ich es abgesetzt. Fast eine halbe Stunde steil bergauf. Über hundert Kilo. Und dann habe ich es ausprobiert: Ein Schaf auf der anderen Talseite fest anzublicken, es anstarren, wie ein Hypnotiseur, habe ich mir gedacht, wie der DORIS in der alten Sage aus Vent, habe ich es ausprobiert: Das Schaf hat mich gesehen. Ich habe es auf dreihundert Meter bannen können. Dass es stehen bleibt. Dass es wie erstarrt stehen bleibt, zu mir her schaut. Erst wenn ich es freigebe, wird es wieder lebendig. Stell dir vor. Und wenn ich das bei den Gämsen ausprobiere? Bei den Männern in den Baggern und Raupen?

Es wird wieder der Ferner kommen, sage ich dir. Warte nur. Und das Wasser. Wie damals in Längenfeld.

Wie der Pfarrer von Längenfeld anno 1678 nach dem zweimaligen Ausbrechen der Kirchache in die Kirche gelaufen ist, aufgesperrt hat, das Sakramentshäuschen aufgerissen hat, die allerheiligste Monstranz gepackt hat, hinausgerannt ist, vergessen hat abzusperren, hinter der Kirche auf den Berg hinaufgerannt ist, darunter das bedrohliche Näherkommen des Wassers gespürt hat, wie es damals von Gries heraus gerumpelt hat, wie die Steine, das Wasser und die Bäume herausgebrochen sind, da hat er schleunigst mit dem hochwürdigsten Gut die Friedhofmauern überklettert, in der langen schwarzen Kutte, ist fast hängen geblieben, ist hinaufgehastet, atemlos, hinauf zum Felsen, zum überhängenden Felsen knapp oberhalb der Kirche, dort atemlos und keuchend und schwitzend das Allerheiligste auf die Steinplatte gestellt hat, das Kreuzzeichen geschlagen hat, die Hand an der Stirn, die Gebete gemurmelt hat. Es wird in den alten Chroniken von Johannes Kuen fein säuberlich beschrieben und der Chronist Franz Stippler hat seine Katastrophengeschichten des Tales mit der Sintflut verglichen. Schreibt er *ischt der Sindfluss gwößen*, wird er vom Wasser geschrieben haben, wird er vom Laster und den Sünden geschrieben haben, von den Strafen, immer nur von den Strafen. Für die Sünd sind die Menschen des Tales, fromme Pilgersleut auf Erden, eifrige Wallfahrer zu den heiligen Stätten, hart bestraft worden, kam das Gericht von oben. Es kommt als Wasserflut, als riesige Wasserflut aus dem Tal, von den Bergen herab, von den Gletschern der Sulze, von Rofen und Vernagt, wahrhaftige Strafen für Sünde und Laster. Der Sündfluss rinnt durchs Tal hinaus, die Strafe, das Strafgericht und obenauf auf dem Eis steht und gestikuliert der fromme Kapuziner aus Imst, schreit und krächzt, ja; er krächzt und seine Stimme überschlägt sich: „Ischt der Sündfluss kommen, allzeit der Sündfluss, wehe wehe!"

Und Virgil, der weise Hirt, schreit es in die kalten Berge hinauf, steigt auf den Felsblock, wie immer, wenn er solche Predigten an seine Schafe und an die Steine hält, schreit und ruft und beschwört und wiederholt: „Weil du lau bischt, schpeib ich dich aus, aus meinem Mund die Rache, und es entstand das große Wasser, die Flut, ein Halbteil der Erde versink in den Fluten, wehe wehe, Laster und Sünd: Ihr habt es, ihr verdient es, Sodom Sodom! Die erste der sieben Plagen."

Hockt der Pfarrer unter dem Felsen. Zwei Tage und eine Nacht. Schier erfroren. Hat sich müssen dort aufhalten. Zwei Tage und eine Nacht. Eine lange Nacht. Unten im Dorf rennen die Leute, verzweifelt, ratlos, aufgescheucht, eine wilde Horde, rennend und jammernd, in Gottes Namen die Strafe, Männer schleppen Steine, stopfen das Loch in der Friedhofmauer. Es kommt der zweite Guss aus dem Sulztal. Die Friedhofmauer reißt auseinander, die Toten schwimmen an den Häusern vorbei, in die Keller, zum Mesner, in die Stallungen hinein.

Dann ertönt der Ruf der Späher: „Der Ferner kommt, der Ferner kommt!"

Sie kennen es alle. Aus der Überlieferung, aus Erzählungen, aus den Strafpredigten: es kommt die Sündflut, heraus aus dem eigenen Tal, selbstgemacht, selbstverschuldet, die Flut aus den Gletschern, die wahnsinnige Rache der SALIGEN. Die Strafe für Sodomie. Das kennen sie alle von den Älplern, den Männern im sommerlichen Sündenleben auf den Almen, drei Monate weiblos und immer stärker die Gier, das sündhafte Treiben mit den jungen Buben, dem Hilfshirten, dem vormals tugendhaften Knaben. Wenn der Hirtenbub nicht da ist, kommt die Goaß dran, das junge Kalb. Es muss ein Loch hinten dran sein. Wenn das Sauviech nicht stehen bleibt, taugt es nicht. Eine gehoamische Goaß tut am besten. Für den Frevel kommt die Rache. Das kommt auf sie zu: wie anno 1600 und jetzt wieder anno 1678, schrecklicher als sie es je erlebt haben.

Ist auch dazumal die Friedhofmaure untergraben, auch zum Teil verwesnen als auch unverwesnen Todten Körper aus den Gräbern bey 12 oder noch mehr aus ihren gesegneten Ruhebett hinweg geschwemmt worden. Da ist auch der wohlerbaute Widum, die beyliegenden Gärten, auch fast alle Häuser, Städl und Kästen auf Oberlängenfeld, theils ganz, theils halbs ruiniert, auch alle nächst gelegenen Felder mit vielen Stainwerck und Letten überschüttet worden.

Dann auch noch der Ferner, der sein gestautes Wasser herausschickt, diese allerschlimmste Strafe des Tales. Alles zusammen an zwei, drei Tagen, mitten im Sommer, die armen Bewohner bei der Heuarbeit, jetzt jammernd und klagend. Der Bote, der Späher schreit von Dorf zu Dorf: „Der Ferner kommt!"

Es kommt nicht der Ferner, der Gletscher, das Eis. Es kommt das Wasser aus dem Tal zu Rofen, das vom Gletscher aufgestaute Wasser, das zu einem mächtigen Stausee angeschwollene Wasser, das den Eisdamm durchbricht, das als gewaltige Sturzflut in einer Stunde, zwei Rosenkranzlängen, ausbricht, drei Millionen, vier Millionen Kubikmeter Wasser, gestautes Gletscherwasser, eiskaltes Gletscherwasser.

Davor haben sie Angst, panische Angst. Allein der wilde Fischbach aus dem Sulztal heraus hat Schrecken und Not und Zerstörung gebracht. Jetzt auch der Ferner. Als ob Gottes Zuchtrute nicht schon wild genug zugeschlagen hätte.

Es war dazumal ein großes Elend und Seufzen, gleich wohl neben diesen allen hat die göttliche Güte sich jederzeit auch sonderbar spüren lassen, weil augenscheinlich erschienen, dass unser Gebet gnädiglich erhört worden.

Ist dieses göttliche Walten als gnädig empfunden worden? Ist es den Leuten wie ein Segen vorgekommen, weil nur ein einziges Menschenleben in den Fluten zu beklagen gewesen ist? Ansonsten nur Not und Zerstörung an Häusern, Feldern, Ställen und alles zusammen die „gerechte“ Strafe.

Ist schon anno 1676 die Rede erschollen, dass der Ferner im Wachsen begriffen sei, in schnellem Wachstum, und dass er sich ins Tal hinunter ausbreite, dass er sich quer durchs Haupttal ausstrecke und dort in die Höhe wachse, gestaut an den Felswänden der Zwerchwand, ganz quergestellt, bis über 100 Meter in die Höhe. Ist damals der See langsam ausgeronnen. Hat keine größeren Schäden angerichtet. Und es wird vermeldet, dass *anno 77 im Herbst ein Gewächs gegen den Berg außer den grawn Graben hinüber völlig vernicht, dadurch das Wasser wie eine Mauer aufgehalten und verrammelt und folgends ein großer See sich hintersezen müsse, darauf im Monat May etwas weniges, aber im Monat 17 Juli 1678 dieser Ferner sich zerspaltet und das Gewässer völlig und erschrecklich mit vorangehenden stinkenden Nebl mit Sausen und Brausen herausgebrochen. Dazumal sind Häuser, Wege, Straßen und alle Bruggen im Özthal vernicht worden.*

Das große Elend ist über das Tal gekommen. Es wird hingenommen als Gottes Strafe für Laster und Sünden, für vermeintliche Sünden, die ihnen eingeredet sind, von frommen Strafpredigern aus Imst, die Habgier und Putzgier der Weiber mit bunten Tüchern, aufgesteckten Haaren, färbigen Weiberkitteln, der Pfeife rauchenden Mannsbilder, Geldverschwender bei einem sonntäglichen Braten samt Wein und Sünd. Das begierige Schauen der Buben nach den Mädchen auf der anderen Kirchenseite, am Sonntag, pflichtgetreu am Sonntag zur Messe. Eingetrichtert wie allemal. Das große Elend als Strafe des Himmels? Und das mit der Sodomie und der Blutschande?

Ins Tal gesandt erscheinen, aus *gnädiger Lizenz Ihro fürstlichen Gnaden Herrn Paulin Bischof zu Brixen*, drei Priester und Kuraten auf dem obersten Berg, steigen in den langen schwarzen Kutten zum Ferner, heben das Kreuz, lassen die Leute sich versammeln, niederknien und beten. Zuunterst, wo das Eis beginnt, steht das Kreuz. Dahinter die schwarzen Kuttenmänner, die Strafmannschaft des allergnädigsten Bischofs. Es ist verfügt worden, dort die Heilige Messe zu lesen, nicht einmal, sondern mehrmals, täglich, den Ferner zu bannen, die Gefahr zu vertreiben. Das alles in der frommchristkatholischen Absicht der Buße und der Abtötung des Lasters. Dort ist der Altar aufgerichtet, quer zur Zwerchwand, vor dem mächtigen Ferner, dem sich ständig in seinem Bett wälzenden Ferner, krachend und donnernd, wenn die Eistürme niederbrechen.

Auf einer Ring Mauren das Hl. Messopfer samt einer eifrigen Predig in Gegenwart der Procession von 2 Communitaten als Längenfeld und Sölden verrichtet worden.

Viel Volk ist gekommen, aufgescheucht, angstvoll, schuldbeladen, fromm, fluchend, den Rosenkranz betend, die frommen Lieder singend, voller Wut die

Not hinausschreiend, immer nur heimlich, wenn's der Pfarrer nicht mehr hört, die verbotenen Winkeltänze der Verzweiflung in den obersten Stuben der obersten Höfe. Weit entfernt von schwarzen Kutten und Strafpredigten ergibt sich der junge Hirte dem Alten. Wenn es nichts mehr nützt, dann ist die große scheckige Ziege im Stall hinter der Steinhütte. Dort vollzieht in höchster sexueller Not der Hirt, was ihm andernorts verwehrt ist. Das Strafgericht zu DANANÄ ist schrecklich, weitaus schrecklicher als alle Nöte und Beschwernisse durch die ausbrechenden Wassermassen hinter der mehr als hundert Meter hohen Mauer aus Eis, der Eiswand des Schreckens und der Züchtigung.

Es kommen die Pilger aus allen Orten des Tales, vierzig und sechzig und achtzig Kilometer weit, alle zu Fuß auf beschwerlichen Wegen, über die reißenden Bäche, zumeist weglos. Alle Brücken sind weggerissen. Neun Zehntel des Weges sind weggeschwemmt. Trotzdem kommen sie, angestachelt, neugierig gemacht, in stundenlangen Märschen durchs Tal und bergauf zum großen Ferner. *Eifrig und andächtig* haben sie sich eingefunden. Es sind auch zwei Kapuzinerpatres aus Imst gekommen, extra eingesetzt wie zur Teufelsaustreibung, diese Patres in den braunen Kutten aus Imst.

Etliche Wochen bleiben sie dort, wohnen in Vent, predigen und gestikulieren am Ferner, halten täglich das Heilige Messopfer zur Abwendung weiterer Gefahr, *item sind zu unterschiedlichen Orten andächtige Kreuzgänge angeordnet, auch insonderheit durch die kleinen Kinder gehalten worden.*

Von der Brunau, aus Haderlehn, von Östen und Tumpen, von der Hube und aus Armelen und von der Seite sind sie gekommen: mehr als hundert oder zweihundert Kinder, Kleinkinder, Halbwüchsige, Schulkinder, dem Säuglingsalter knapp entwachsene Kinderlein aus dem ganzen Tal, angestachelt von frommen

Ermahnungen. Diese Kreuzzüge der Kinder gelten als das absolute Höchstmaß an Wirksamkeit, nahezu einer Kinderopferung gleich. Ein schreckliches Sakrileg wider alle Vernunft und Gesundheit. Kindersegen. Kindergebet. Kinderwallfahrt: das Maximum des Einsatzes wider die Naturgewalten? Wider die Lasterhaftigkeit der Erwachsenen? Die keuschen Kinderherzen als Bollwerk zum grausamen Ferner gesandt. Dann die Predigten der Kapuziner. Dann die Botschafter, die extra von Landesfürst und Bischof zum Ferner entsandt worden sind. Zwei Tage sind sie unterwegs, Hascherlen, offene Wunden an den Füßen, an den spitzen Steinen wundgerieben, abgekühlt im reißenden und eiskalten Wasser der Ache, beim barfüßigen Überqueren des Wassers, das notdürftige Verbinden der Wunden mit Leinenstreifen und einer Lederschnur, das Heulen und das heimliche Winseln, das Jammern. Ja ja, das alles ist bestes Heilmittel, ist ein Wundermittel.

Ey doch! Erkenne man endlich hier das so gemeine Verderbnis unserer Zeiten! Nie hat man so viele Schauspielhäuser aufgebauet; nie selbe so kostbar und prächtig ausgezieret; nie so viele und zahlreiche Banden der Possenreißer geworben, gesammelt, begnadiget; nie selbe so eifrig allenthalben eingeladen, bestellt, gebethen; nie so theuer bezahlet, so gerne belohnet, so niederträchtig geehret; nie so viele Tänzer, Sänger und Sängerinnen angebethet, als in unseren schönen Theatraltagen.

Diese Predigten am Ferner. Die harten Worte der Buß-Prediger. Die Erinnerung an die Apokalypse des heiligen Apostels Johannes. Der braune Kuttenmann aus Imst kennt sich aus. Dafür ausgebildet, weiß er um die Rituale des Exorzismus, der Teufelsaustreibung. Und nicht anders verhält es sich am Ferner. Der braune Kuttenmann aus Imst kennt die Texte aus der Apokalypse, in- und auswendig. Er vergleicht und er interpretiert. Wie er es gelernt und erprobt hat. Die Sätze sind ihm vertraut. Er wirft sie den Frommen vor, die angstvoll, verschreckt, eingeschüchtert, Rosenkranz betend, heimlich die Faust in der Hosentasche ballend, heimlich gotterbärmlich einen Fluch unterdrückend, am Fernerrand geschart sind, einem Heiligen Messopfer beiwohnend, auch die Strafpredigt über sich ergehen lassen. Und wie er es ihnen vorwirft, wie er sie ermahnt, wie er droht, wie er das ganze Register der schlimmsten Strafen zieht, wie er also aus der Apokalypse zitiert, das dortige Unheil mit dem hiesigen Unheil vergleicht, und wie er gekonnt immer wieder innehält, auf das Kreuz verweist, auf die Eismassen hinzeigend, die sich krachend ins Tal bewegen.

Und o wieviele ärgerliche Missbräuche und Sünden tanzen auf unseren Tanzböden unter allerlei Larven herum! Ungeachtet alles Vorsorge der Obrigkeiten welche Hoffart der Kleidung, mit Federn, mit Buschen, mit Schmuk, Gold und Silber! Welche Frechheit der Masken, der Blicke, der Gebärden, der Sprünge, des abscheulichen Walzens! Welche Unverschämtheit im Reden, im Lachen, im Singen und Schreyen! Welche Unmäßigkeit, welche Verschwendung des Geldes, der Zeit, ganzer Tage und Nächte bis in den hellen Morgen!

Wieder kehrt Virgil, der Hirt, von einem stundenlangen Suchen nach verschollenen, nach verstiegenen, nach eigensinnigen Schafen zu seiner Hütte zurück, kommt zu einer der apokalyptischen Tafeln und wie immer liest er, lernt es auswendig oder flüstert, hält inne oder gerät in immer rasenderen Redeschwall.

Im ganzen Tal verbreitet sich die Kunde, der MALEFIZ-BUA wäre gesehen worden. Und er sei in Armelen beim Kuprian gesehen worden. Und der habe einen schrecklichen Fluch ausgestoßen. Immer habe er seinen Zauberstab bei sich. Und wieder erinnern sich die Leute an die Strafpredigten des braunen Kuttenmannes. Und wie er immer und immer wieder die Geheime Offenbarung herausgezogen und daraus zitiert hat, so laut, dass die Kanzel gewackelt hat und die Frauen mit den umgebundenen Kopftüchern das Schreien nicht mehr aushalten können und sich mit den Händen die Ohren zuhalten.

Und ich sah, dass es das sechste Siegel öffnete; und siehe, es ward ein großes Erdbeben, die Sonne ward schwarz wie ein härener Sack, und der ganze Mond wie Blut. Und die Sterne fielen vom Himmel auf die Erde, wie der Feigenbaum seine unzeitigen Feigen abwirft, wenn er vom Sturmwind bewegt wird. Und der Himmel wich zurück wie ein Buch, das man zusammenrollt: Und alle Berge und Inseln wurden von ihrer Stätte bewegt. Und die Könige der Erde, und die Fürsten, und die Heerführer, und die Reichen, und die Mächtigen, und alle Knechte, und alle Freien verbargen sich in die Höhlen und Klüfte der Berge und sprachen zu den Bergen und Felsen: Fallet über uns und bedecket uns vor dem Angesichte dessen, der auf dem Throne sitzt, und vor dem Zorne des Lammes: Denn es ist angebrochen der große Tag ihres Zornes. Und wer kann bestehen? (Apokalypse, 6.12–17)

Morgen wiederholt sich das Schauspiel. Die Pilger, die Frommen, die armen Kinder, haben verstanden, haben es zumindest teilweise verstanden. Sie zucken zusammen, wenn er schreit, wenn er noch einmal und immer wieder schreit, auf den Ferner deutend, der sich deutlich sichtbar ins Tal schiebt, auftürmt, der sich als Eisturm aufbäumt, wieder zusammenbricht, der krachend zusammenstürzt, dass die Leute erschrocken innehalten.

Dann wiederholt er schreiend und drohend:

Fallet über uns und bedecket uns vor dem Angesichte dessen, der auf dem Throne sitzt! Und alle Berge wurden von ihrer Stätte bewegt.

Schaut doch, wie der Eisturm bricht, wie der Berg zu Tal kommt, schreiend und krachend. Schaut und seht, wie schrecklich der Herr ist, der euch dieses Unheil schickt.

Wehe wehe. Das ist schlimm wie DANANÄ, wie ONANÄ und TANNENEH.

Das kennen die Leute des Tales. Sie wissen, dass oben unter dem weiten Ferner eine versunkene Stadt liegt, dass diese Stadt unter dem Eis vergraben liegt, dass sie wegen der Lasterhaftigkeit der Bewohner, weil sie Bettler abgewiesen und verjagt haben, weil sie dem Laster der Sodomie verfallen waren, untergegangen ist.

Die Talbewohner kennen die alten Geschichten der untergegangenen Städte im Eis der Ötztaler Ferner. Allen sind die Warnungen im Ohr:

„DANANÄ DANANÄ
Weh o weh
Es gibt an Schnee
Der apert nimmermeh!"

Der Pater hat eine kaum verheilte Wunde aufgerissen. Sie wissen von der Strafe und dem Untergang. Jetzt kommt er, vom Bischof hierher versetzt, und droht mit Gottes Strafgericht. Und kein mildes, tröstendes, aufmunterndes Wort kommt aus seinem Mund. Auf den Felsblöcken kauern die halberfrorenen Kinder. Hungrig und müde.

Über die Beschaffenheit des Gletschereises forscht Johann Kuen, ebenfalls an diesem Sonntag am Rande der Eismassen des Ferners und den Drohungen des braunen Kuttenmannes aus Imst lauschend, aufmerksam wie immer, weil er die alten Schriften kennt, weil er von seinem geistlichen Bruder die Apokalypse zum Lesen bekommen hat, weil er unermüdlich in den alten Chroniken und Berichten liest. Und auch sein Sohn Benedikt, der die Chronik seines Vaters weiterführt und der in seinem Freund Franz Stippler, dem gelehrigen Wundarzt aus Längenfeld, einen vertrauensvollen und umsichtigen Kenner gefunden hat, mit dem er Freundschaft geschlossen hat.

Johann Kuen hat den durch den Ferner gestauten See erforscht, hat gemessen, hat die Schritte gezählt, auf beiden Talseiten, soweit es das Gelände zulässt, abgeschritten, hat notiert und erwogen. Umgesetzt auf die amtlichen Maße würde sich eine Länge des Sees von etwa 1300 Meter ergeben, eine maximale Breite von 300 Meter und eine Höhe des Eisdammes von knapp 150 Meter. So also wird er sich besonnen und überlegt haben, auch darüber nachdenkend, wie künftig solche Schäden vermieden werden können und wie vor allem das rechtzeitige und maßvolle Ablassen des gestauten Wassers ermöglicht werden könnte. Und er versuchte, seine Überlegungen hineinzuschreiben in die Chronik von den Ausbrüchen der Fernerseen anno 1600 und 1678.

Ist zu wissen, dass anno 1600, wie man von unseren Voreltern gehört, der große Ferner hinter Rofen – wie gemeldt – nachdem derselbe sich seiner natürlichen Gewohnheit nach in das Thal herunter gesezt, an Pfinstag vor Jakobi obgemeldten Jahrs ausgebrochen, durch das Özthal hinaus großen Schaden gethan, die Wege und Straßen ruiniert, und alle Brücken hinweggenommen, wie das Wasser dazumalen im Kirchspiele Lengenfeld von Retlstein bis an die Lehner Kohlstatt die Güeter überschwemmt.

So hat er es von den Voreltern gehört und so hat er es aufgeschrieben.

So wird er auch die Geschehnisse von 1676, 1677 und 1678 überliefern, wie er sie von seinem Vater gehört hat, wie er sie niedergeschrieben vorgefunden und eifrig studiert hat und wie er sie aus verschiedenen amtlichen Aufzeichnungen entnommen hat.

Es ist eine einzige Katastrophengeschichte von Lawinen, Unwettern, Gletscherseen und anderen Katastrophen in diesem Tal. Schreckliches und abschreckendes Lawinen- und Muren- und Katastrophental! Dahinter in den Gletschern versteckt, heimlich und listenreich leben die SALIGEN: hoch gelobt und gepriesen als huldvolle Wesen, strahlend und rein, aber auch rücksichtslos die Frevelhaftigkeit rächend, die Lawinen losschickend, die Muren und die Fernerseeausbrüche.

Das alles kennt der Johann Kuen und das kennt sein Sohn Benedikt und das kennt der Längenfelder Wundarzt und Chronist Franz Stippler, kaum 30-jährig, hoch begabt, hoch geehrt und jung gestorben. Kaum 30-jährig.

Vom *Thall Schnals und großen Ferner daselbsten* kündet die Beschreibung vom Gericht Castellbell im Vinschgau aus dem Jahre 1619 mit dem Bericht von Peter Püppel über den Ausbruch des Fernersees von Vernagt am 16. Juli 1600 und einem Bericht von Abraham Jäger, dem verdienten und geachteten Hof-Bauschreiber. Dieser Abraham Jäger hat seinem Bericht ein Aquarell beigelegt, das den durch den Vernagtferner gebildeten Stausee zum Inhalt hat und das als das älteste Gletscherbild der Welt gelten darf. Dieser Abraham Jäger hat den damals gebildeten Stausee hinter dem Eisdamm abgeschritten, gemessen und festgehalten. Dieser habe eine Länge von 625 Klafter, 175 Klafter Breite und bis zu 60 Klafter Tiefe gehabt. Das würde einer Länge von ungefähr 1200 m, einer Breite von ungefähr 320 m und einer Tiefe von bis zu 100 m entsprechen und wäre also ähnlich groß und schlimm wie der See von 1678 und der nächstfolgende See, der sich 1845 und 1848 gebildet und auch wieder – in beiden Jahren – durch seinen Ausbruch im ganzen Tal schreckliche Schäden und Unheil angerichtet hat. Und es wird vorweg daran erinnert, dass es ein alpines Horror-Szenario anno 2020 oder schon 2015 geben wird, das alles Bisherige in den Schatten stellen wird. Es wird ein DANANÄ II geben und es wird eine gewaltige spezialalpine Tsunami-Katastrophe geben, wenn – wie im Oktober 1963 in den Vajont-Stausee nahe Longarone – 150 oder 200 oder 250 Millionen Kubikmeter Gestein und Geröll in den Stausee von Vernagt stürzen und eine noch nie dagewesene Wasserwelle und Todeswelle durch das Tal schicken. Ob es dabei mehr Tote geben wird als in Longarone? Reicht die Zahl zweitausend oder dreitausend oder werden es nur zweihundert sein?

Virgil, der Hirt, hockt über den alten Aufzeichnungen des Hof-Bauschreibers Abraham Jäger und vergleicht die Geschehnisse von 1600 mit den Geschehnissen im Jahre 1678 und liest zum wiederholten Mal, erst leise, dann laut, wie der Bauschreiber Abraham Jäger das Eis und den Ferner und das Stauen des Wassers hinter dem Eisdamm beschrieben hat:

Solcher ferner ist auch nit, wie andere mit ganzem eiß glatt gewachsen, sondern mit lauterm krackgestell, spüzen, zünnen, wasserstubnen, zwerchklüften und seltsamen farben, das man sich darob ni genueg verwundern kann.

Und eifrig weiterlesend, entdeckt Johann Kuen auch noch die Meldung in der Fugger'schen Zeitung von 1601, niedergeschrieben offenbar von einem kundigen Zeitgenossen und Zeitzeugen, jetzt wiederholend nachgelesen von Virgil, dem Hirten, dem weltbeobachtenden Mann in der Einsamkeit und Schrecklichkeit der Berge:

Nachfolgendt hat sollcher Ferner ain schwölle und ain see gemacht, da vor zeiten anderst nichts als ein schöne alben und grassboden, wunn und waidt gewesen.

Allwo, so übersetzt Benedikt Kuen, hat der Ferner eine Barriere gebildet, einen Damm, eine Schwelle, dort, wo sich früher eine Alm befunden mit einem Grasboden, dass sich die Tiere wonniglich dort ernähren haben können und dass es dort fruchtbare Weiden gegeben.

Aus diesem Jahr des Schreckens 1601 hat es vielerlei Berichte und Aufschreibungen gegeben. Eine davon stammt vom amtlichen Pflegsverwalter zu Petersberg, der damaligen Verwaltungsstelle im noch heute bestehenden Schloss Petersberg im Inntal bei Silz. Der amtliche Verwalter, der nach heutigen Verhältnissen zuständige Bezirkshauptmann, hat entgegen den ihm angelasteten Versäumnissen kurz und bündig verlauten lassen: *weil es ohnedieß ein lautbares geschrei gewesen, auch alle menschliche hilfe unmeglich und es höchst lebensgefährlich sei, sich dem ferner zu nähern. bittgänge und prozesionen würden ohnedies vorgenommen; so sei die gemeinde Oetz nach Seefeld gewallfahrtet.*

Das Versagen und die Hilflosigkeit der amtlichen Stellen wird aus dieser Meldung am besten deutlich. Es zeigt sich in der Geschichte bis auf den heutigen Tag, dass amtliche Maßnahmen dort am allerwenigsten greifen, wo die Kenntnis am geringsten ist, wo also, wie hier, keinerlei technische Maßnahme vorgeschlagen wird, sondern nur das Beten und das Wallfahren und die Prozessionen.

Johann Kuen hat es überliefert und hat vieles aufgeschrieben. Sein Sohn Benedikt hat das Werk weitergeführt. Beide Herren waren im heutigen Sinn vergleichbar mit einem Bürgermeister, beide waren hoch angesehen und geschätzt und es gelten ihre Aufschreibungen als die besten ihrer Art bis auf den heutigen Tag. Der geachtete und mit kaum 30 Jahren verstorbene ehemalige Wundarzt von Längenfeld namens Franz Stippler hat diese Aufzeichnungen ergänzt, erweitert, fallweise kommentiert.

So ist auch berichtet, dass es nach 1678, also nach dem verheerenden Ausbruch des Vernagt-Stausees hinter Rofen, Meldungen gegeben habe, ein herumziehender Mann, der Zauberei und der Wettermacherei bezichtigt, soll wegen dieser Missetaten in Meran hingerichtet worden sein. Diese Begebenheit ist mitsamt einem umfangreichen Gerichtsakt überliefert.

Hoffnungsvolles liest Johann Kuen in der von seinem geistlichen Bruder an ihn übergebenen Abschrift der „Geheimen Offenbarung des heiligen Johannes“, der „Apokalypse“, und er will Grausames und Schreckliches vergessen mitsamt der Strafpredigt des braunen Kuttenmannes aus Imst:

Es sind die, welche aus großer Trübsal kamen, und ihre Kleider gewaschen und rein gemacht haben im Blute des Lammes … Sie werden nicht mehr hungern, noch dürsten, es wird nicht mehr auf sie fallen die Sonne, noch irgendeine Hitze, denn das Lamm in der Mitte vor dem Throne wird sie weiden, und zu den Quellen des lebendigen Wassers führen: Und Gott wird alle Thränen abwischen von ihren Augen. (Apokalypse 7.14–17)

Virgil, der Hirt, sinnt lange darüber nach. Die Rolle der Schafe muss er immer wieder überdenken. Diese rätselhafte Sprache erinnert ihn an den Schäfer, an die jährlichen Gletscherwanderungen der Schafe, an die Rolle des Schäfers, an die des unumschränkten Herrn der Weiden, und er muss an die SALIGEN denken, denen die Rolle der Beschützerinnen in den höchsten Regionen dieser Berge zugedacht worden ist; wie seit Jahrhunderten und Jahrhunderten. Und er muss in den alten Aufschreibungen lesen.

Es ist wieder etwas Hoffnung zurückgekommen. Ein kleines Stück von dieser Vision, die gutmeinende Pfarrer mit dem versprochenen Paradies in die Herzen der Gläubigen zaubern wollen.

Im Jahre 1683 hat Johann Kuen seinen Bericht beendet. Das Jahr 1678 ist vorüber. Allerorten sind im Tal die Schäden sichtbar und spürbar. 1679 ist der Ferner gebrochen, hat aber keine größeren Schäden verursacht. Die Bauersleute haben angefangen, ihre Güter wiederherzustellen. Ist dann 1680 wieder das Wasser gekommen, hat den Bauersleuten die frisch aufgeschütteten, gebesserten Grundstücke, das lockere Erdwerk wieder weggenommen. Haben sie geklagt und gejammert. Vor allem die Bauern in Huben und Längenfeld. Hat dieser Ferner hinter Rofen anno 1680 wieder seine Wut gezeigt, hat am Sankt-Veits-Tag abends wieder durch seinen Ausbruch Schäden an Häusern, Städeln, Wegen und Brücken verursacht. Aber der See ist langsamer gebrochen als 1678.

Anno 1681 stunde man abermahl in höchsten Sorgen eines nochmaligen Ausbruchs. Damahlen kam ein Person für sich selbst von Innsbruck namens Paul Huber Hoftischler daselbst, begehrt mit etwelichen Personen von hier aus Lengenfeld einen Augenschein einzunehmen, ob etwen Mittl zu erfinden dieses Übl vorzubeigen oder abzuhelfen. Wie dann solcher Augenschein bis auf Vendt erfolgt, alda gab ermelter Hueber seinen Rath und Einschlag eine Clause von turmhohen Steinen und Köflen mit zwei Canalen und eigenen Schutzthüren wohlverwahrter zu erbauen wodurch das Wasser aufgehalten und solches sowohl die herbringenden Stein nach und nach ablassen würden, und weilen hierzu wegen des viel herbringenden Holzes und Unrathes sonsten kein tauglicher erfunden, sollte diese Clause von Vendt heraus zwischen selbigen Schrofen hoch und breit zu genießen fest erbauet werden, welches den Hueber sein Einschlag denen Özthalern sehr wohl gefallen und wohl möglich zu seyn wie selbig erachtet, bey nebens aber sich beklagt, dass sie zu diesem Werk nothwendigen Kosten nicht zu bezahlen wissen, ist hierüber solches an Ihro hochfürstliche Durchlaucht zu Innsprugg gelangt und um die Spesa unterthänigst gebeten, auch folgends von derselben vermitelst einer Comision auch einen Augenschein bis auf den Ferner erfolgt, weil aber diese Comision den Kosten von der Herrschaft zu spendieren nicht hat anraten wollen, hat dieses Clausen Gebäude hinterständig bleiben müssen.

Die Schrecknisse des Jahres 1678 in Längenfeld mit dem Fischbach und im ganzen Tal zusammen mit dem wilden Ausbruch des Fernersees zu Vernagt hinter Vent bleiben wie eine dunkle Wolke über den Leuten hängen. Geschichten werden erzählt, weitererzählt, aufgebauscht, vergrößert, immer neu und schrecklicher und immer mehr wird von der Kommission berichtet und von deren Parteilichkeit. Und schließlich erzählen die Leute bis zum heutigen Tag die Sage vom PLATTERPUTZE und von der Ungerechtigkeit beim Ausstecken und Zuteilen neuer Felder; beim Verlegen der Ache in einen neuen Runst.

Es sind etliche Bauernhöfe samt und sonders hinter Huben, zu Platten, zu Armelen, auf der Bruggen, im Löechwald und am Dotterschrofen elendiglich zugrunde gerichtet worden. Sie sehen den PLATTERPUTZE auf dem feurigen Ross durch die Pollesschlucht reiten und im Bach verschwinden, einen roten Reiter auf dem feurigen Ross.

Die Ereignisse vom 17. Juli 1678 haben sich tief in die Erinnerung des hinteren Tales eingegraben. Von Vernagt und Glaseir kommen die ersten Ferner quer zum Rofental. Der vereinigte Ferner rückt mit großer Geschwindigkeit durch die Schlucht, erreicht das Rofental, überquert den Bach, mächtig gespeist aus dem Haupttal von Hintereis, Hochjoch, Kesselwand, sperrt das Tal ab. Das Eis steigt, hat auf der anderen Talseite die steinharte Barriere der Zwerchwand, greift gierig bergauf, staut sich, bildet eine Eiswand, zuerst fest und hart, dann immer lockerer und poröser und gefährlicher. Der Eisdamm wächst bis auf eine Höhe von 150 Meter. Dahinter ist das Wasser gestaut, frisst sich durch lockeres Eis, bildet dennoch den See, über 100 Meter tief.

Es ist der Ausbruch des Sees am 17. Juli des Jahres 1678 geschehen. Es ist der See durchgebrochen, binnen einer Stunde der Großteil des Wassers, binnen eineinhalb Stunden nahezu der gesamte See, bis zu 3 Millionen Kubikmeter. Alles binnen eineinhalb Stunden ausgebrochen. Der Eisdamm locker, die Rinne schlagartig vergrößert, das Elend nahe, der Todesschwall nahe den Dörfern, eine halbe Stunde in Vent, eine Stunde bis nach Sölden, eine weitere Stunde talauswärts in Huben und Längenfeld die größten Verwüstungen anrichtend. Der mehr als hundert Meter hohe Eisdamm ist gebrochen. Das Wasser ist bei der Rofner Brücke bis zu 14 Meter angestiegen, hat in Vent einige Häuser, eine Mühle, einen Kasten* hinweggespült, viel Feld, in Winterstall neun Zehntel des Feldes, hat zwischen Aschbach und Huben mehrere Bauernhöfe mit allem Getier, mit Haus und Stallung und Schupfen und Feldern hinweggerissen. Alles talauswärts.

Der Schrecken im Tal. Die Boten unterwegs: Der Ferner kommt. Der Ferner kommt. In rasender Geschwindigkeit die Boten, die Warner, die Delegierten.

Ist der Bruch im Ferner den 16ten Juli frühzeit in der Nacht geschehen, auf die Hueben aber ist es den 17ten dieses anbrechenden Tags kommen, hat viel Holz und Eis herbracht, sobald man das Getös gehört, hat man die Leute aufgeweckt, die Kinder und das Vieh in Sicherheit zu bringen.

Es hatte die Warnung gegeben. Die Boten und die Experten wussten Bescheid. Den Bauern wurde geraten, das Heu früher als sonst einzubringen, bevor es reif war, und sie sollten sich beeilen. Und sie haben das Vieh auf die Almen getrieben, alles im Tal haben sie in die Berge getrieben. Sie sollten sich vorsehen.

Und es habe sich zugetragen, *dass ein Cruzifix und zwei Nebenbilder zu Völs aufgehebt und schier unverletzt befunden worden,*

* Pfostenspeicher

und man hat erkannt, dass sie aus dem Kirchl Hueben sind, und man hat sie hierher gebracht, und nachdem man das Kirchl wiederum neu erbaut hat, hat man sie zuoberst auf den Altar ehrerbietig aufgestellt, wo sie noch verehrt werden.

Der große reiche Hof Oberlängenfeld, aus vielen Häusern bestehend und mehr als einem Dutzend einzelnen dazugehörigen Bauerngütern, ist *schier völlig unter Wasser gesetzt und beinahe ein See gewesen.*

Bis in die Puit hinter den Häusern von Oberlängenfeld hat es mit dem Wasser auch Eisschollen gebracht, solche vom Eis des angestauten Ferners. Und viel Holz und angeschwemmte Fahrnisse sind im Wasser geschwommen und etliche tote Tiere und Betten und Kästen und Heiligenbilder und Brautkränze. Da ist ein Jammern und ein Elend losgebrochen.

Vom alten Hof Armelen hinter Huben war der ehrsame Andre Kuprian ausersehen, als Bote alle Wochen vor dem Unglück zum Ferner zu gehen, mehr als zehn Stunden jede Strecke, und von der Gestalt des Ferners der Herrschaft Meldung zu machen und wie das angestaute Wasser dem Druck standhalten würde und wie die drohende Ausbrechung des Wassers nach menschlichem Ermessen vorhersehbar sein könnte. Ungefähr um Weihnachten 1677 habe das Wasser den Stau begonnen und habe sich dort bis zum Ausbruch sechseinhalb Monate später im Juli 1678 aufgestaut.

In der Küchenkammer hat der junge Zillertaler geschlafen, den alle im Lande als den MALEFIZ-BUA kennen, den Zauberer und Wettermacher.

Zwischenbericht vom Wasserstau, wie er anno 2004 geplant war und vorerst verhindert worden ist und wie und letztendlich mit viel Geld dennoch und mit gigantischem Ausmaß er die Leute im hinteren Teil des Tales, insbesondere in Vent erschreckt und sie bedroht. Die Leute des Dorfes fahren am Wochenende nach Longarone, weit drunten in Italien, überqueren die restlichen Teile der Alpen, gelangen in die hoch gelobte Weinbauregion Venetien, erklimmen zuhinterst im Piavetal das nutzlos gewordene Staubecken, besichtigen eine intakt gebliebene Staumauer, staunen über die ausschließlich neuen Häuser von Longarone, wollen mehr wissen vom schrecklichen Unglück des Jahres 1963, als am 9. Oktober 250 Millionen Kubikmeter Fels vom Monte Toc in den damaligen Stausee gestürzt sind, in ein gigantisches Meisterwerk weltweit gerühmter Dammbautechnik, hoch gelobt, gesegnet und strukturstärkend und sowieso ein Wunder der Technik.

Zwischen 1941 und 1959 ist die Staumauer gebaut worden. Die höchste Bogenstaumauer der Erde. Der Gigant von Macht und Wasserstau, die göttliche Menschenmacht, die apokalyptische Supervision. Und dann dieses Unglück. Kein Unglück. Aber eine Katastrophe. Ebenso gigantisch wie der Bau. Unvorstellbare 250 Millionen Kubikmeter Fels und Stein und Geröll und Dreck und Verheerung! Kilometerweit hörbar. Wie ein Weltuntergang. Die Techniker hatten geschworen. Die Pfarrer hatten gesegnet. Die Leute hatten Angst gehabt. Die Bewohner haben Weltruhm und neue Arbeitsplätze erwartet. Die Venter besuchen 2004 den ehemaligen Stausee, wandern über die Mauerkrone, lassen sich Zahlen vorlegen, unvorstellbare Katastrophenzahlen aus dem Horrorfilm: 250 Millionen Kubikmeter Masse stürzen in den See. Wie ein Tsunami, wie der wirkliche alpine Tsunami stürzen Stein und Fels und Dreck und Geröll und noch einmal Fels und Stein und Geröll in den See, eine gigantische Mure, ein Losbrechen der Berge, stürzen in den See, reißen die Wassermassen mit, schleudern sie heraus, schwemmen sie über den Damm, reißen sie donnernd und krachend und berstend über den Damm, vom Damm hinaus und hinunter über die

Dammwand, mehr als 260 Meter hoch, hinunter und immer schneller und schrecklicher in die Schlucht, in das Tal, die ersten Häuser erreichend, alles niederreißend, alles wegspülend, sie erreichen die in Goldgräberstimmung schwelgende Stadt Longarone, richten das schrecklichste Murenunglück der alpinen Geschichte an.

48 Millionen Kubikmeter Wasser sind losgebrochen, sind wie ein Tsunami über den Damm geschleudert worden, haben sich Bahn gebrochen, alles niederreißend bis Longarone hinaus.

2500 Menschen werden getötet. Longarone und seine Nachbargemeinden werden völlig zerstört. Auf schreckliche Weise werden apokalyptische Katastrophenszenarien wahr. Auf dramatische Weise wird Leonardo da Vincis Vision Realität: Er hatte empfohlen, in den Bergen Flüsse aufzustauen, um mit ihren Wassermassen die anstürmenden Türken hinwegzuschwemmen. Die Realität ist schrecklicher als die Vision. Keine Türkenhorden sind weggeschwemmt. Mehr als 2500 hoffende Bürger des armen Bergtales werden weggerissen, werden unter den Wassermassen begraben, liegen tot und ersoffen und erschlagen und auseinandergerissen, mit offenen Bäuchen, von Bäumen und Steinen erschlagen, erdrückt, werden mitgerissen, zuerst dreihundert, vierhundert aus den ersten Häusern, dann tausend und tausendvierhundert, nachträglich gezählte mehr als zweitausend Menschen sind tot. Der alpine Tsunami. Die falsche Hoffnung der Techniker, der Ingenieure, der Politiker und Machtherren und Geldmacher und Versprecher.

Ein paar Bewohner aus Vent sind gekommen. Sie wollen sehen und ermessen können, was ihnen – Gott bewahr uns! – drohen könnte. Ein vergleichbares Szenario? Eine in ihren Köpfen konkrete Vorstellung: Von den Hängen links und rechts hinter Vernagt, vom

Kreuzberg und aus Plattei stürzen die locker gewordenen, durch den zurückweichenden Permafrost aufgeweichten Massen an Erde, Geröll, Schotter, Steinen, Felsen in der zehnfachen Dimension von Longarone in den Stausee, reißen das Wasser mit, reißen das Wasser über den Damm, die Wassermassen springen wild geworden über den Damm, durch die Schlucht hinaus, brechen dann los, wenn sie, frei geworden, die weiten Felder erreichen, wenn sie sich endlich austoben können, stinkend, alles mitreißend, Verderben hinterlassend, reißen Hotels und Häuser fort, Stallungen, Viersternhotels, Pensionen, tausend Fremdenbetten, einhundertachzig Einwohner, dreihundert Sommergäste, hunderteinundzwanzig Autos, den Rundfunkmasten, das ganze Dorf samt und sonders und dann wieder in die Schlucht und diese verengt sich, die Massen stauen sich wütend, bauen sich kurzfristig, zumindest Sekunden lang, Augenblicke lang hinter quergestellten Bäumen in der Schlucht talauswärts auf, erreichen Winterstall, reißen alle Felder und Wiesen, alle Häuser und Stallungen und Menschen und Autos und die kostbaren Figuren der Kapelle mit sich, gelangen in die nächste Schlucht, lärmend und markerschütternd und stinkend und immer weiter durch das Venter Tal. Ein unvorstellbares Szenario?

Die Venter Delegation staunt, vergleicht, diskutiert, wägt ab. Wassermassen gegen Wassermassen, Staudammhöhe gegen Staudammhöhe, Kubikmeter und Millionen gegen andere Kubikmeter und Millionen:

Zwischen 1,4 und 3 Millionen Kubikmeter Wasser sind anno 1600, anno 1678, anno 1845 und 1848 binnen eineinhalb Stunden durch das Tal gebrochen. Ja, das sind dann die Katastrophen gewesen im Tal, sechzig Kilometer und bis nach Innsbruck die Schäden. Alle Brücken im Tal weg und neun Zehntel des Weges.

Und damals sind die Häuser auf Anhöhen gestanden, auf den Rücken der Berge, möglichst nicht an den Ufern. Im Gegensatz dazu wären Siedlungen von heute, knapp an den Ufern, in zigfacher Dimension betroffen. Sowieso sicher und dank Wildbachverbauung und Gelöbnissen und teuren Versicherungen. Sölden ein totales Chaos, Huben ein totales Chaos, das gesamte Längenfelder Becken eine einzige Katastrophenlandschaft. Der Super-Aqua-Dome, in der roten Zone erbaut, trotz der Proteste und Einwände kritischer Bürger und trotz der Warnungen dort erbaut, mit 250 Betten und einem Superwellnessbad, wird in den Wasser-, Geröll- und Schmutzmassen verschüttet, wird zwischen Ache und gestautem Fischbach zermalmt, zerrissen, auseinandergerissen, versenkt, durchs Tal hinausgeschleudert. Daran denken die Venter und blättern in den Aufschreibungen der Ausbrüche des Vernagteissees der Jahre 1600, 1678, 1845 und 1848. Im günstigsten Fall fünftausend, im schlechteren Fall achttausend Tote. Apokalypse.

Der neue Stausee, das Monster, das sie nicht wollen: Oberstufe Rofenache-Vernagt als Pumpspeicherkraftwerk mit dem Jahresspeicher Rofenache. 96 Millionen Kubikmeter Wasser gestaut. Laut Bürgermeister das Monsterwerk als „Hochwasserschutz". Perverse fehlgeleitete Hirne. 96 Millionen und die Kleinigkeit von seinerzeit 3 Millionen! Jetzt mehr als das Dreißigfache! Jetzt und jederzeit die Versprechungen einer absolut sicheren Sache mit Stausee, Spitzenstrom und hohen Gewinnen! Das Staudammmonster von Rofen erreicht annähernd die Vajont-Stausee-Massen von Longarone: *Der Speicher Rofenache mit einem Damm von ca. 170 m Höhe liegt talauswärts des Hochjochhospiz und im Bereich der Einmündung des Vernagtbaches in die Rofenache.* Mit einem Fassungsvermögen von 96 Millionen Kubikmeter. 48 Millionen Kubikmeter Wasser sind von

Vajont ausgeschwemmt worden. Und im Falle einer Rofenberger Tsunami-Katastrophe? Nicht auszudenken!

Zynismus pur im Optionenbericht der Landes-Elektrizitätsgesellschaft: Da *werden dadurch ökologisch und wasserwirtschaftlich angemessene Verhältnisse in den betroffenen Gewässerstrecken sichergestellt. Die einzelnen Bachfassungen werden landschaftsschonend gebaut, an das Gelände bestmöglich angepasst und sind großteils unterirdisch ausgeführt.*

Aber der Staudamm misst trotzdem 190 Meter. Der „alte“ Eisdamm, durch den Stau des Vernagtferners aufgeschoben, erreichte nur knapp über 100 Meter. Aber auch: *Für den Speicher Rofenache sind Weideflächen in Anspruch zu nehmen.*

Die Bauern, die bäuerlichen Grundbesitzer, die acht Schnalser Bauern, denen dort die Gründe gehören, werden nicht gefragt. Ihre Weideflächen sind *in Anspruch zu nehmen.* Wie ein Befehl, wie seinerzeit, habe ich von Ventern gehört, in der Sowjetunion, bei den Kommunisten, im Osten. Der Alpenverein meldet dort den betroffenen Besitz von 250 Hektar. Diese Flächen sind *in Anspruch zu nehmen.* So ereignet sich Anti-Demokratie der Macht, gepaart mit Geld, Skrupellosigkeit und harten Herzen, gar keinen Herzen, der Herzlosigkeit der Macher. Freuen wir uns und hegen den festen Glauben an die neuen Herren des Tales und des Wassers: *Der Speicher Rofenache trägt zum Hochwasserschutz des Ötztales bei.*

Amen. Der Pfarrer predigt. Der Bürgermeister wiederholt es. Das Land ist maßlos. Es ist alt. Zehntausendmal die Gier, der Mord, die kalte Pein, gebüßt, gelitten, gestorben, gehasst, gemurt, überschwemmt und schön. Alles maßlos groß geworden. Brutaler Wahnsinn. Allemal das Grauen. Ein wenig Hoffnung wird überleben oder übrig bleiben.

Virgil, der Hirt, gehört zu den ersten im Tal, die zum Widerstand aufrufen. Hoteliers wollen den Skizirkus bis ins Pitztal, wollen die Seilbahn aufs Taufkarjoch. Virgil mahnt. Eines ist wie das andere. Eine Zerstörung droht.

In seiner Hütte sammelt er Zeitungsmeldungen. In seiner Hütte lauscht er am Abend den Berichten aus dem Radio. Er verstärkt die kleine Solaranlage auf dem Dach der Hütte, er muss fernsehen können, die täglichen Berichte.

Gierig greift Virgil, der Hirt, an diesem Abend zu den Schriften und Aufzeichnungen im hölzernen Wandschrank. Er sucht nach den Sagen des Tales, gesammelt und niedergeschrieben von Dorflehrern und Pfarrern. Virgil, der Hirt, will zwischen den Zeilen die ältesten, in den Sagenaufzeichnungen verloren gegangenen Zwischentöne suchen. Was dort steht, hat zu schrecklichen Hexenprozessen geführt. Solche sind hundertfach aus vielen Teilen Europas überliefert, viele davon aus Tirol. Fast alle künden von Wetterzauber und Wettermacherei, von übernatürlichen Kräften, vom Bannen und Verwünschen. Ein solcher „Hexer" wird auch der DORIS von Vent oder das KLASERMANDLE von Huben gewesen sein. Virgil, der Hirt, erschrickt, weil er sich wiedererkennt, weil er hier lesen kann, was schon längst und immer wieder an übermenschlichen Fähigkeiten überliefert ist. Virgil, der Hirt, erkennt in den niedergeschriebenen Sagen, dass alle diese Menschen, zumeist waren es Männer, immer nur in den negativsten Farben dargestellt werden. Kann es nicht auch, so sinniert Virgil, der Hirt, auch positive Kräfte geben?

6 Bei den Suugelen* und es ist zum *Weinen*

Wir treffen uns in der steinernen Schäferhütte unter dem Joch der DISEN. Das sind unsere wichtigsten Göttinnen, klärt er mich auf. Wir stapfen hinauf zum Mutmal, immer das weiße, das glänzende Trapez des Similaun vor uns.

An manchen Jahren ist er mit den Schafen über Kurzras zum Hinteren Eis gezogen. Dann haben sie manchmal über das Disenjoch ausweichen können. Sie fahren mit den Schafen, wenn sie mit ihnen gehen. Fahren statt gehen. Einen langen Zug bilden. Das Gefährt der zweitausend Schafe, der achttausend Füße, der vierzig Zweibeiner, der drei Hunde mal vier: ein langer Zug der Fahrenden in eine andere Zeit, aus einer anderen Zeit heraus, sechstausend oder noch mehr Jahre. Er erzählt mir, dass er schon vierundzwanzig Mal mit den Schafen gefahren sei, zu Fuß übers Joch und weiter in den Vinschgau, nach Laas oder nach Göflan, und im Juni wieder von Göflan oder Kortsch oder Laas durch das lange Tal und zum Taschljöchl, herunter nach Kurzras und der andere Zug nach Vernagt und dort hinauf aufs Hochjoch und aufs Schnalser Joch. Fallweise wären sie in früheren Jahren über das Joch der DISEN gefahren.

Virgil packt den Rucksack aus, nimmt Speck heraus, lässt mich kosten, hat eine Flasche Wein, einen Roten, lässt mich kosten. Und erzählt wieder vom Unglück im Schneesturm. Vergangenen September hat er mir erzählt, wie sie beim Schafezusammentreiben solche Probleme gehabt haben, weil die Schafe zuhinterst im Schalf nicht zu finden gewesen waren, tagelang wegen des dicken Nebels, dass sie keine vier Meter weiter

* Lämmer

gesehen haben. Die Schafe bleiben irgendwo stehen, an einen Felsen gedrängt. Sie melden sich nicht. Die Sauviecher melden sich nicht. Da hörst du keine Glocke. Da stehen sie im Nebel und stehen im Nebel und warten und stehen und gramailen*. Da stehen sie stur und still und stehen immer im Nebel und lassen alles mit sich geschehen, lassen den Regen niedergehen, bleiben stur stehen, lassen den Schnee auf ihre dickwolligen Leiber herunterschneien, rühren sich nicht, schlagen keine Glocke an. Kein Lamm weint. Kein Widder greift an. Der Geier kreist über dem Tal. Der Nebel nimmt auch dem Geier die Sicht. Besser als wir Menschen kann er aber schauen und vor allem viel weiter, von ganz oben. Mehr als ein paar hundert Meter. Und wartet auf ein totes Schaf. Sie sagen Geier dazu. Es kann der Lämmergeier sein, der Junggeborene packt und davonträgt. Es wird der Bartgeier sein. Aber die Leute kennen sich nicht gut aus mit der Natur, in der Natur, nicht einmal die Pflanzen, die Blumen kennen sie, manche schon, aber viele nicht und es interessiert sie auch wenig. Wichtiger sind den Hirten und Treibern die Schafe, die Schafglocken, ein springfreudiger Widder, ein Stück Speck, der Hirtenstock, einigen der Bergamasker Hirtenhund, den sie inzwischen als Schnalser Eigenproduktion benennen und den sie unbedingt brauchen. Virgil hat so ein feines, so ein verständiges, so ein schaftüchtiges Hündchen, das er sogar streichelt. Die Leute, vor allem die Bauern, streicheln das Vieh nur selten. Das ist ihnen zu kindisch. Das ist etwas zu Weiches. Das Küssen kennen sie sowieso nicht, wenn sie sich verabschieden, wenn das Kind in die ferne Schule fährt. Die Mütter haben andere Zeichen der inwendigen Trauer und des Abschiedsschmerzes, vielleicht ein Kreuzzeichen auf

* käuen wieder

die Stirn. Aber kein Abschiedskuss, kein Händchen drücken und kein Umarmen. Einfach sich umdrehen. Ein wenig tänzelnd, von einem Fuß auf den anderen, kurz zur Türe, wieder zurück, ja ja, es wird schon. Also: Pfiet di. Dann kein Winken und kein Weinen. Auch nicht beim endgültigen Abschiednehmen bei einem Begräbnis. Solche trockenen Begräbniszeremonien habe ich im Tal erlebt. Keine Träne in der ganzen Verwandtschaft. Wenn eine Kuh krank ist, kommt Trauer. Wenn ein Schaf verwirft, ist es geschehen. Ein totes Tier bringt keine Erträge. Das Sterben wird hingenommen. Der Schäfer sucht dennoch jedes einzelne der knapp unter zweitausend Stück zählenden Herde.

Virgil, der Hirt, erzählt und schweigt. Dann isst er wieder. Nimmt ein Stück Speck, schneidet mit dem Messer schmale Streifen, hebt die schmalen Streifen von der Schwarte, führt den Speck, noch auf dem Messer, zum Mund, kaut, schluckt, redet weiter, reicht mir einen Schluck Rotwein. Wirst heute noch brauchen, meint er. Das genügt. Er bespricht mit mir die Spruchtafeln. Überall hin hängt er die handgeschriebenen Tafeln. Es sind ungeheuerliche Botschaften, wie er sie in der geheimnisvollen Apokalypse des Johannes gelesen hat, aufgeschrieben und wiedergegeben in vielfacher Weise von Klerikern, von Theologen und Weisen. Virgil, der Hirt mit den zweitausend Schafen, dem Hund und dem einsamen Leben in den hohen Regionen der Berge, kennt sich besser aus. Weil er den Atem spürt. Den einer langen Erfahrung durch alle Völkerschaften der Erde, gespeichert und aufgeschrieben in den alten Sagen und Legenden der Sintflut und der Auslöschung.

Es wird eine kalte Juninacht. Es ist wie im letzten Jahr eine Juni-Fahrt mit den Schafen, stundenlang durch den Neuschnee. Ich will wissen, wie es damals war, als dieses schreckliche Ereignis mit dem Schneesturm passiert ist. Der Schäfer erinnert sich. Nein, er erinnert sich an das, wie es sein Vater, der dreißigmal dabei war, der es selbst erlebt hat und der es ihm weitererzählt hat und wie er es wieder seinen eigenen Kindern weitererzählt, von Mund zu Mund gereicht, dass es auch die Jungen wieder wissen. Man könne nie wissen, ob es nicht wieder einmal so geschehen könnte. Sicher wird es wieder einmal vorkommen. Er selbst wolle es aber nicht erleben, also mitmachen und wolle nicht an diesem Elend teilnehmen und zuschauen müssen, wie die Schafe im Schneesturm erfrieren. Ich erinnere mich an die alten Geschichten, die erzählt werden und die teilweise aufgeschrieben sind, von dem alten Weibele, das sie „Hexe" genannt haben und das sie gewarnt habe „Mandr Mandr husch husch" und dann sind über tausend Schafe zugrunde gegangen. Und hinzugefügt wird meistens, aber nicht immer und dann eher am Rande, dass auch elf Treiber im Schneesturm umgekommen sind. Umgekommen, heißt es, wenn der Tod einen anderen Namen bekommen muss. Wie sie zum Zerstören nicht immer Zerstören oder Kaputtmachen sagen, sondern das Leid zum anderen Leid dazulegen, wenn sie etwas „ze loade leegn", etwas Leid zum bereits dort befindlichen, zum dort liegenden Leid dazulegen, den Leidhaufen also vergrößern, vermehren. Dann schweigt der Hirt. Mit noch unter vierzig ist er der Erfahrenste unter allen. Weil er am öftesten dabei gewesen, weil er jedes Jahr dabei ist, weil er das ganze Jahr darauf wartet, bis wieder der große Tag der Fahrt über den Gletscher kommt.

Nur die Härtesten kommen durch, sagt er. *Die Jahrlinge. Gut gefüttert, viel im Freien, wenn der Schnee geht, dann sofort hinaus ins Freie und herumrennen. Schlimm sind die Bauern, wenn sie einen Tag, zwei Tage vor der Fahrt die Schafe zum ersten Mal ins Freie lassen, sie ausrennen lassen; schauen sowieso zuerst herum, wissen mit der Feld-*

freiheit nichts anzufangen. Anders, sage ich dir, als die Ziegen. Die Schafe müssen abgehärtet sein für diesen Berg. Jetzt passiert es immer öfter, dass sie nicht vorher abgehärtet sind: Du musst verstehen, vorher, nicht erst bei der Fahrt über den Ferner. Da gehn die meisten zugrunde, elendiglich, erfrieren. Nein, mit dem Verhungern ist es anders. Ein gut gesömmertes Schaf, in diesem Berg gesömmertes Schaf hat Ende August so viel Kraft und Reserve, dass es zehn, vierzehn Tage völlig ohne Fressen überleben kann, eine ganze Woche im Schnee drinnen stecken. Macht alles nichts. Solche Schafe haben wir nicht bei der Fahrt über den Ferner im Juni. Das ist heikel, sage ich dir.

Am nächsten Morgen ist es zum Weinen gewesen, zum Plearn. Ich hätte es auch zurückhalten müssen, das Plearn wegen der vielen toten Schafe an diesem Morgen. Stell dir vor, wir gehen vor die Hütte, es wird gerade Tag, über dem Similaun verziehen sich die Reste des Schneesturms, sehen wir die Bescherung. Liegen sie vor der Hütte, im Schnee dort, bei den Steinen haben sie Schutz gesucht. Liegen dort: Mehr als hundert sind tot. Das haben wir gleich gesehen. Zweihundert fehlen noch. Wir suchen im Schnee, wir suchen weitum rings um die Hütte. Wir zählen die toten Schafe. Dreihundert sind sicherlich tot. Die Männer packt das Grausen. Das wirst du verstehen. Die Schutzhütte voller Schafe. Die haben überlebt. Alle. In dieser Nacht haben wir fünf Lämmer gehabt: Alle haben überlebt. Kannst dir denken, das sind zähe Mütter. Die Schafe draußen haben erfrieren müssen. Oder sind erstickt. Verhungert ist uns keines: Haben wir versucht, die Lebenden aus der Schneehölle hinauszutreiben, hinunter über den Ferner, drei Stunden immer über den Schnee, haben sie Schnee gefressen, haben keine Handvoll Gras bekommen. Sieben Stunden talaus. Kein Gras, kein Futter. Da haben wir sie nicht mehr antreiben müssen. Alte Schafe, alte Mutterschafe haben den Weg gewusst. Die haben sich davongemacht, dass wir kaum nachkommen konnten. Nach sieben Stunden kommt das erste Gras. Gierig stürzen sie sich drauf. Wir rasten, setzen uns nieder, schnaufen, beten, fluchen, reden, lenken einander ab.

Das ist lange her. Wir wissen das Jahr nicht mehr, als mehr als tausend erfroren sind. Ich selbst war 1989 dabei. Da sind wieder mehr als hundert im Schneesturm umgekommen oder sind abgerutscht, hinuntergerutscht, an der Frau vorbei und weit über die Felsen. Mehr als 60 davon hat der Leo mit dem Hubschrauber geholt, abtransportiert. Harte Sache. Es kann sein, dass der eine oder andere von uns heimlich eine Träne verdrückt hat, einen Zahar. Das kann sein. Aber das Mitleid können wir nicht herzeigen.

Es kann sich niemand vorstellen, wie es in der Früh in der Schutzhütte ausgeschaut hat. Wir haben dem Hüttenwirt geholfen beim Ausräumen, beim Wegräumen der Googlen* von den Schafen. Es ist alles gutgegangen.

Wir haben eine heiße Suppe bekommen.

Einige haben wieder gelacht.

Der Hirt, der für alles verantwortlich ist, hat ins Tal Nachricht geben lassen, dass mehr als dreihundert Schafe erfroren sind, zugrunde gegangen sind, dass es so ergangen ist. Nein nein, damals hat es kein Telefon gegeben. Hat sich einer der Treiber bereit erklärt, ins Tal abzusteigen, auf Schnalser Seite, und den Schaden zu melden. Die Hirten und Treiber haben ihn aber droben gebraucht. Wie der Leo damals mit dem Hubschrauber mehr als 60 Schafe abtransportiert hat, haben wir schon ein Funktelefon gehabt, zum Telefonieren mit den Carabinieri in Schnals und mit einem Bauern in Laas.

Der Stefan will es wieder übers Eisjoch probieren, habe ich gehört. Über das Eisjoch?

„Mandr Mandr husch husch", habe ich in Erinnerung. Das ist purer Selbstmord. Das überlebt keiner, wenn der Sturm kommt. Die Randspalte hat den Ferner so weit aufgemacht, dass sowieso niemand drüberkommt. Der Stefan will es trotzdem probieren. Zuerst allein, einfach den Weg erkunden. Dann mit einigen Schafen. Wieder auf Gurgler Seite über das mehr als 3150 m hohe Joch. Ist ja eher niedriger wie das Joch der DISEN. Kann schon sein.

Virgil, der Hirt, steht wieder vor der Türe der Hütte und wartet.

Heute bleibt er den ganzen Tag einsilbig. Er sagt stundenlang gar nichts. Wenn er stehen bleibt, erwarte

---

* Exkremente

ich jedes Mal, dass er etwas sagt. Er sagt nichts, dreht den Hut, rückt ihn rechts oder links herum, nimmt ihn kurz ab, schaut drunter hinein, setzt ihn wieder auf, geht weiter. Wenn er sich schnäuzen muss, schleudert er den Rotz, die Nasenflügel zusammengepresst, einmal links, einmal rechts, schleudert den Rotz auf den Boden. Es passt.

Virgil, der Hirt, ist einsam und sehnt sich nach einer jungen Gefährtin. Viele Wanderer kommen vorbei. Mädchen sind dabei. Viele davon würden ihm gefallen.

Da geschieht es, dass er an einem verregneten, kalten Julitag, der Schnee reicht knapp zur Hütte herunter, dass er an diesem Spätnachmittag zur Hütte kommt, dass er aufsperrt, dass er drinnen im Dunkeln etwas riecht, etwas bemerkt, dass er einige Augenblicke warten muss. Der Tag bringt für ihn ein neues Leben.

In der Schäferhütte trifft er die fremde WILDE FRAU. Er sieht sie im Dunkeln der Hütte. Aus dem Spalt leuchtet der Lichtstrahl über die Augen. Er erschrickt, stolpert, drängt zur Türe hinaus, bekreuzigt sich, geht zurück in die Hütte. Das Feuer ist erwacht. Der Lichtstrahl bricht sich an den schwarzen, an den pechschwarzen Haaren und Augen, die ganz tief drinnen liegen. Sie räkelt sich auf dem Lager. Auf seinem Lager, schlüpft in den Sack, schaut ihn an, steckt das Gesicht in den Sack, streift die Sonnenstrahlen ab. Sie wartet auf den Mann. Virgil, der Hirt, hat sie zum ersten Mal gesehen, diese fremde, diese WILDE FRAU, von der die Leute im Tal so viel erzählen. Jetzt ist sie in seiner Hütte. Auf seinem Lager. Und räkelt sich, schlüpft aus dem Sack. Lacht.

Hat er sie wirklich gesehen? War sie in seiner Hütte? Auf seinem Lager?

Jetzt wartet er. Hat er sie wirklich gesehen?

Virgil, der Hirt, vollzieht in seiner Tollpatschigkeit die alten Rituale des Grüßens und zugleich der Abwehr, zieht den Bergstock zu sich heran, bekreuzigt sich, hebt den Bergstock Richtung Lager, erschrickt, errötet, weicht zurück, sagt „Grüß Gott" oder „grieß di". Oder es kommt kein Wort über seine Lippen. Wenn es die ist, die sie RUSILENA nennen? Wenn es diese Wilde von LUIBIS ist, von der die Leute im Tal berichten, die da und dort und zugleich da und dort gesehen worden sein soll, die sich den Hirten genähert haben soll und die zudringlich geworden sei, vor der sich die jungen Hirten gefürchtet hätten, vor der sie sich fürchten müssten, wegen der Strafe des Himmels, der Unkeuschheit und wie diese Strafe von den Kanzeln herunter den Leuten in die Herzen und Hirne und Bäuche und Eingeweide und hinunter bis in die Genitalien eingebläut worden sei. Nein, nein, das kann sie nicht sein. Sie ist zu schön. Aber wild. Er hat Angst. Weil er meint zu wissen, wer diese Frau da auf seinem Lager sein könnte, diese mit den pechschwarzen Haaren und den brennenden Augen, diesen wie in Gier und Feuer brennenden Augen und wie sie sich dort räkelt auf seinem Lager. Da fürchtet er sich und rennt hinaus, erwischt das Weihwasser, spritzt mit den Fingern etwas in die rauchige Hütte. Rennt davon, dreimal um die Hütte herum, rennt wie um sein Leben, rennt und wird magisch zur Hüttentür gezogen. Er reißt sie auf, rennt in die dunkle Hütte, vor sich den Stock, den Bergstock mit den eingeschnitzten Kreuzen oder was auch die Hirten in das Holz geritzt und geschnitzt haben, drinnen ein Skapulier, etwas Geweihtes. Und wie sie zurückschreckt. Nein. Sie greift nach ihm und nach seinem Stock. Er hat gehört davon. Und dass es eine schreckliche Kraft wäre, die von ihr ausgeht, dass sie zaubern kann, dass sie an einem Ort und an einem anderen, weit davon entfernten Ort zugleich sein könne, dass sie im Laufen noch stricken würde und dass sie schön sei. Wunderschön und pechschwarz. Eine Heilige? Nein. Kann es nicht sein. Eine Hure aus der Sage? Eine Wilde.

Virgil, der Hirt, erschrickt. Es ist wie ein wilder Traum, wie ein schrecklicher Traum, dass er um sein Leben rennen muss, wieder dreimal um die Hütte herum, dass er sie wieder sehen muss, drin in der Hütte, auf seinem Lager, auf dem Lager, das seins ist und wo er rasten und schlafen und träumen kann. Wo er halbe Nächte nach ihr sich gesehnt hat. Jetzt ist sie da. Leibhaftig. Virgil kann es nicht fassen. Er hat zugleich Angst. Gewaltige Angst. Beinahe Todesangst. Er weicht zurück, nimmt den Bergstock, will auf sie losschlagen, der Stock verfängt sich in der Türe, er erwischt das Kruzifix, schlägt es, unabsichtlich, vom Nagel. Das Kreuz am Boden. Erwischt das zerschlagene Kruzifix, schleudert es. Der Schweiß auf der Stirn. Die Hitze im ganzen Körper.

Er flüchtet. So schnell er kann flüchtet er. In seiner Hütte ist es ruhig. Niemand da. Keine Wilde, keine Hure, keine Hexe, keine Heilige, keine RUSILENA: Virgil, der Hirt, hat einen schrecklichen Traum gehabt.

Er kann das pechschwarze Haar nicht vergessen. Er kann die pechschwarzen, wie Feuer brennenden Augen, diese glühenden Feueraugen nicht vergessen, die heute in seiner Hütte von seinem Lager herausgeleuchtet haben. Nein, gebrannt haben sie, diese Augen. Nicht einmal ihre Stimme hat er gehört. Vielleicht hat sie nichts gesagt. Hat nur auf ihn gewartet. Dass er zu ihr unter die Decke kriecht. Dass er sie wärmt. Dass er sie zu sich zieht. Ob sie Bocksfüße hat? Er hat ihre Füße nicht gesehen. Warum hat er nicht die Decke zurückgezogen und hat nicht geschaut, was sie abwärts alles hat, vielleicht Bocksfüße? Vielleicht ist es gar nicht die

Frau, die sie RUSILENA nennen. Oder einen Schwanz hinten dran? Wie beim Teufel? Es ist ihnen im Tal so eingeredet worden. Vielleicht mit einem Schwanz wie beim Teufel. Alles nicht wahr? Oder doch wahr?

Virgil, der Hirt, rennt so schnell er kann wieder zurück zur Hütte, reißt die Tür auf, will mutig hineinspringen, will sich auf die fremde WILDE FRAU stürzen. Niemand da: alles aufgeräumt. Alles an seinem Platz wie immer, wie er es gewohnt ist, wie er die Hütte verlassen hat, wie er sich das Lager für die Nacht hergerichtet hat. Und keine Spur von einer Veränderung, keine Spur von einem Benützen seines Lagers. Alles in der besten Ordnung. Er kennt sich nicht aus, er stutzt, nimmt den kleinen Spiegel von der Wand, schaut hinein. Nein, er hat sich nicht getäuscht: er ist es, leibhaftig. Er selber. An der Wand hängt unbeschädigt das kleine Kruzifix.

Virgil, der Hirt, irrt an diesem Tag und in den folgenden Tagen wie ein Irrer, ganz durcheinander in seinen Gedanken, wie ein Träumer über die Weideflächen. Er ist geblendet und aufgewühlt. Er rennt durch die Kare, rennt stundenlang bergauf und bergab auf der Suche nach ihr. Überall nur die blöden Schafe, das Gebimmel, das blöde Gaffen der Schafe, wenn er sie anredet, wenn sie ihn nicht verstehen, weil er anders zu ihnen redet als sonst. Dann drehen sie den Kopf zur Seite. Das alte Mutterschaf, seine geliebte Göre. Er erschrickt, wenn sie sich abwendet. Er hat jetzt eine andere Sprache gefunden, die seine Schafe nicht verstehen. Hastig überquert er die gefährliche Lawinenbrücke über die Rofner Ache. Die Lawinenbrücke gibt nach. Er stürzt in den Bach. Über die Schlucht wirft er Steine, misst an den Steinen seine Kraft, schleudert den Stein auf die andere Talseite. Er will und er muss den Lärm des Baches hören, das Tosen und Brausen an den Felsen, das mächtige Rauschen, das alle anderen Töne im Tal übertönt. Dass er fast schreien muss, sein inwendiges Elend wegschreien und dann wieder das Weinen. Steinkolosse kegelt er in den Bach, er wartet auf das Aufschlagen in der Schlucht, wartet auf ein Echo, vielleicht auf einen schrillen, spitzen Schrei von unten. Er wartet auf das Losbrechen und das Echo. Virgil, der Hirt, irrt durch seinen Berg, immer den Schafen nach, immer diese Schafe und ihren blöden Blick meidend und kehrt in der Nacht zur Hütte zurück, will den Rest ihres Geruches finden, aber er findet keinen Geruch, keinen Rest ihrer schwarzen, pechschwarzen, teuflischen Hexenhaare. Er sucht den Schlaf und findet ihn nicht.

Das wilde Schauen erinnert ihn an die Gespräche der Alten, wenn sie zum hundertsten Mal die alten Geschichten von der WILDEN FRAU von LUIBIS erzählen. Und noch schlimmer, wenn sie vom anderen Tal die Geschichten bringen von dieser Frau, die sie die LANGTÜTTIN nennen. Das wilde Geschau hat ihn daran erinnert, wie sie da und dort auftaucht, zugleich an mehreren Orten, mehrere Gehstunden voneinander entfernt, wie er ihr Kopftuch hinter einem Felsen verschwinden sieht, wie der alte Hirt vom Knott erzählt. Sozusagen geflogen sei sie. Denn anders wäre ihr Verschwinden und gleichzeitiges Auftauchen nicht erklärbar. Das haben die Leute erzählt.

Virgil, der Hirt, ist auf der Suche nach dieser fremden WILDEN FRAU. Vergangene Woche, so hat er gehört, wäre sie auf Geislach aufgetaucht, droben bei den Mauern, wohin die Leute des Tales den alten Hof hinaufsetzen, wenn sie von den höchstgelegenen Bauernhöfen im Tal berichten, von denen, die längst wieder aufgelassen worden sind. Auf einem dieser Höfe ganz zuoberst oberhalb von Geislach soll eine solche gehaust haben, die sie später RUSILENA genannt haben, der sie diesen für sie unverständlichen, fremden Namen gegeben haben. Das ist eine solche vom höchsten Berg. Sie trägt einen spitzigen Hut. Andere sehen sie mit einem roten Kopftuch. Sie trägt goldene Ohrringe. Das ist in dieser Gegend etwas Außergewöhnliches. Virgil, der Hirt, hat sich daran erinnert.

Am Abend sucht er unter seinem Lager nach dem Ohrring mit den glitzernden Steinen. Er hat den Ohrring nie gefunden und keine glitzernden Steine. Sie waren hell wie der gleißende Sonnenschein gewesen. Und sie ist dort gewesen, in seinem Lager, er hat sie unter die Decke kriechen gesehen und hätte sie herausgezogen, hätte ihre Haare erwischt, hätte sie an den Haaren herausgezogen, hätte den Ohrring herausgerissen, hätte ihn geküsst. Ja. So wartet er Nacht für Nacht. So leuchtet er unter sein Lager hinein. So sucht er die Haut und Reste der pechschwarzen Haare.

Immer wieder drängt es ihn zur Hütte zurück. Und doch, sie ist dagewesen. Lebendig und wahrhaftig. Ein menschliches Wesen. Eine Frau. Eine Hexe. Eine Hure: Ein wildes Weib. Genau richtig für Virgil, den Hirten. Wenn sie anders wäre, als sie von den Leuten geschildert wurde? Wenn sie sanftmütig wäre? Wenn sie ihm helfen würde, die versprengten Schafe zusammenzutreiben, Kräuter auszuwählen, die rechten Kräuter einzusammeln, auf dem Hüttendach zu trocknen, Kräuter gegen das inwendige Leid, gegen den Schmerz? Sie würde da sein und ihm helfen. Immer wieder drängt es ihn, nach dem Bergstock zu schauen und nach den dort versteckten Reliquien. Vom Skapulierstock haben die anderen Hirten geredet. Der ein Wundermittel wäre auch gegen die inwendige Hitze, die zugleich eine schreckliche Kälte ist.

Er sucht Linderung im Eis der Gletscher. Weit innen im Reich der SALIGEN sucht er den Kristallpalast der eisigen Kälte. Dort will er seine heiße Gier im Eis erstarren lassen. Zugleich umfängt ihn das Wissen um das geheimnisvolle Leben der SALIGEN in diesem Kristallpalast der Gletscher. Dorthin hat sie sich vielleicht zurückgezogen. Über ihm schimmert durch das Eis das Glänzen und Gleißen. Im Hintergrund hört er das Plätschern eines weit entfernten Flusses. Er hört den Wasserfall unter dem Gletscher über den Felsen. Alles weit weg und ganz nah. Dort verbringt er viele Stunden. Da hört er wieder das Rauschen und eine helle Stimme. Er vermeint, ihre Stimme hören zu können. Er weiß nicht, ob es wirklich ihre Stimme ist, er hat sie nie gehört.

Wenn das Licht im Gletschertor schwächer wird, wenn er immer weiter hineingeht, zuerst aufrecht, dann gebückt, wenn das Rauschen des Wasserfalls näher kommt, immer näher dem Rauschen und Fallen der Wasser. Dann kniet er nieder. Dann legt er sich auf den Bauch. Beinahe steckt er mit dem Kopf im Eis. Oben und unten hartes Eis. Aber es kühlt. Er schlägt seinen Kopf an die Eiszapfen. Es schmerzt. Aber es kühlt seinen heißen Kopf. Dann wartet er auf die kalte Hitze, die immer wieder aufsteigt. Er könnte sich den Kopf blutig schlagen.

Ganz hinten im Gletscher, wo es noch ein wenig aufleuchtet, wohin der letzte Strahl fällt, hat er sie wieder gesehen: diese wunderschöne fremde WILDE FRAU mit den pechschwarzen Haaren und dem Feuer in den Augen, mit der Gier im Blick, diese Frau mit dem fremden spitzen Hut, den glänzenden Ohrringen. Mit der überwältigenden Schönheit.

Sie ist sein Traum. Sein Phantom. Eine alpine Fata Morgana im Gletschereis. Oder eine Erinnerung an eine sehr alte, an eine längst vergangene Zeit, eine Erinnerung an ein altes Märchen, das die Leute im Tal noch immer und immer wieder erzählen.

Virgil, der Hirt, ist nahe daran, verrückt zu werden. Deswegen hat er die Sprache der Schafe verlernt. Deswegen schaut ihn die alte Göre so verständnislos an. Dann erinnert er sich an die Geschichten von den verhexten Tieren, vom weißen Schindwurm, den man nur mit dem Spiel der kleinen Knochenflöte vertreiben kann. Daran erinnert er sich. Er kriecht zurück, hebt seinen Körper, steht wieder aufrecht, kommt wieder ans Tageslicht, verliert das Rauschen in seinem Kopf, hastet weiter, rennt stundenlang planlos und dann wieder zielstrebig seiner Hütte zu. Er sucht die weit versprengten Schafe. Lockt sie. Ruft sie beim Namen. Sie hören wieder auf ihn. Er behütet das Neugeborene. Die alte Göre hat heute geworfen. Zwei gesunde Lämmer. Jetzt muss er schnell sein, muss schnell bei den Lämmern sein, bevor der schwarze Vogel kommt, bevor der schwarze Vogel vom Felsen herunterkommt, wo er schon wartet, von wo aus er sich auf die Neugeborenen stürzt und ihnen die Augen aushackt. Nichts als das: die Augen aushacken. Dann davonfliegen. Das Lamm ist blind. Das Mutterschaf hat nur eines der beiden Lämmer schützen können. Virgil, der Hirt, muss jetzt sehr schnell sein. Der schwarze Vogel bringt den Lämmertod. Der gute Hirt muss schneller sein. Das Mutterschaf ist mit einem der beiden Lämmer beschäftigt. Das zweite Lamm nimmt die Göre nicht mehr, ohne Augen ist es lebensfähig. Droben auf dem Felsen lauert der Lämmertod. Dahinter der Geier und der gefräßige Aasfresser. Binnen zwei, drei Tagen ist alles verschwunden.

Virgil, der gute Hirt, hat das zweite Lamm vor dem Zugrundegehen schützen können.

Virgil, der Hirt, irrt weiter durch die Steinwüste vom Gletscher zur Hütte. Er hat einen Teil seines Gleichgewichts wieder zurückgewonnen. Er reißt, in der Hütte angekommen, die Reliquien aus dem Bergstock, wirft sie ins Feuer, schüttet Schnaps in seine Gurgel, lässt ihn hineinrinnen, hineinbrennen. Und er heult. Er weint. Er schreit und lacht. Dann schläft er ein und hat einen wundersamen Traum.

Sie stammt aus dem Geschlecht der LANGTÜTTIN.

Davon hat er in dieser Nacht geträumt.

Rundum in den Sagen der Alpen gibt es diese geheimnisvollen Frauen. Virgil kennt ihre Geschichten. Fast überall haben die Pfarrer probiert, diese *Wibspersonen* auszurotten. Es ist nicht überall gelungen. Die schweizerische Hure KATHRY ist geblieben und die WILDE FRAU von LUIBIS und die SALIGEN. Schwestern der LANGTÜTTIN. Die Schwestern hatten untereinander keinen Kontakt. Die eine lebte zuhinterst am Piller Berg, dort, wo der weiße Stein liegt. Die andere lebte unter den Felsen des LUIBIS. Sie war einmal da und am nächsten Tag drei Tagesreisen weiter. Sie war zudringlich zu den Hirten. Der alte Pfarrer hatte für seine Längenfelder Chronik ehrenwerte Männer aus der Pfarre geladen. Sie sollten ihm die alten Geschichten erzählen. Er wollte diese Märlein und Sagen in seiner Chronik festschreiben, für alle Zeiten, abschreckend wider die Laster und Sünden, abschreckend wider die alten heidnischen Vorstellungswelten der Pfarrkinder, etlicher Pfarrkinder, nicht auszurotten. Er ließ sie gewähren. Er ließ sie erzählen. Er drängte nach, wenn sie zögerlich die Weibergeschichten hervorklaubten, unglaubliche Geschichten von eiterspendenden Müttern, von Muttersteinen in den Felsen, von Frauenhöhlen und vor allem von den SALIGEN. Schrecken der katholischen Pfarrherren. Einer der Männer begann zu erzählen. Ein alter Hirt von der Leck-Alm erzählt vom alten Hirten auf Innerberg. Wie er es erzählte, hat es der brave Pfarrer seelsorglich und korrekt aufgeschrieben und so ist es überliefert und so habe ich es vor dreißig Jahren abgeschrieben und so ist es in späteren Jahren aus dem Pfarrhof verschwunden und nur meine mit der Schreibmaschine übertragene Fassung ist überliefert geblieben.

Vielleicht war es wirklich eine Schwester oder eine Cousine der LANGTÜTTIN, vielleicht auch nur über drei oder vier Ecken verwandt, gfruitet, Geschwisterkind.

Der Hirt auf der Alpe Innerberg war allein auf der Alm, da sein Kamerad nach Längenfeld hinuntergegangen war. Er hatte das Vieh in das Felderkar getrieben und setzte sich auf einem erhöhten Platz zur Ruhe nieder.

Da erblickte er gegenüber unter den Felsen eine weibliche Gestalt. Er sah genau hin und erkannte, dass sie strickte. Sie trug ein weißes Fürtuch, einen runden, zugespitzten Hut und Ohrringe. Sie war sehr schön.

Sie war sehr schön. Der Hirt sah ihre außerordentliche Schönheit. Das war keine Hexe, war nicht eine grausig gemachte alte Schlampe, ein Fetzenweib und auch ohne Riesennase und auch ohne Warzen. Es war eine Muttergottheit. Eine Madonna, die strickte, ein fremdes Weib, das Ohrringe trug. Dort droben, mehr als drei Stunden weit droben in den Bergen, sitzt keine fremde schöne Frau, die strickt und Ohrringe trägt und noch dazu ein weißes Fürtuch, eine schützende Schürze ganz in Weiß. Sie war sehr schön. Der Hirt vom Innerberg wunderte sich. In der Nähe davon liegt ein mächtiger Stein, eine Steinplatte mit Schalen, aus dem Fels herausgeschabt oder geschliffen, kreisrund, mehrere Schalen nebeneinander. Dort rastet das Rindvieh. Dort wird Leck für die Kälber ausgestreut. Dort saß vielleicht der Hirte der Alpe Innerberg.

„Wie kommt ein Weib in diese abgelegene Gegend?“, sagte er zu sich. Es erfasste ihn ein durchdringender Schauder, es wurde ihm ganz unheimlich zumute. Kaum neigte sich der Tag, da eilte er mit der Herde der Hütte zu.

Auf der Alphütte im Innerberg hielt es ihn jedoch nicht lange allein. So lief er, sobald die wichtigsten Arbeiten getan waren und so schnell ihn seine Füße trugen, zur Almhütte auf der Leck. Der Hirt auf der Leck hatte ein gewaltiges Feuer in seiner Hütte und einen gewaltigen Stock an seiner Seite. Ganz aufgeregt empfing er den

Hirten vom Innerberg: „Heute triffst du mich, Nachbar, in einem kuriosen Zustand an. Ich bin heute allein. Diese Einsamkeit wünsche ich nicht mehr.“ Auf die Frage des Innerberger Hirten, was denn los sei, erzählte er:

Vor kurzer Zeit kam eine Weibsperson hierher, welche sich sehr frech und zudringlich gegen mich benahm. All mein Lärmen, Schreien, Abweisen, Fluchen und andere Grobheiten halfen nichts. Endlich ergriff ich diesen massiven Stock allda und abwehrend flüchtete ich in die Hütte und machte Feuer an. Hierher folgte sie nicht. Ach wie froh bin ich, dass du hierher zu mir gekommen bist.“

Darauf erzählte der Hirt vom Inneren Berg sein Erlebnis. Beiden erschien es unmöglich, dass dieses Weibsbild in dieser kurzen Zeit und dazu auf einem anderen Weg zur Leck habe kommen können. Das könnte nichts Rechtes sein, urteilten die beiden Männer.

Die schöne Frau war zu Besuch gekommen: In ihren Träumen war immer die schöne Frau, die Almhirten-Frau, die Erlöserin und auch die Mutter, bei der sie weinen konnten. Raue Männer weinen, wenn der Schmerz zu groß ist, die Sehnsucht nach dem Leben unter Menschen im Tal zu stark angewachsen ist. Die schöne Frau war eine Berggöttin. Eine von der alten Gattung, denen die Berge gehören und die Almen und die Kräuter. Eine von denen, die sich in der Abgelegenheit der Berge und Almen, der wilden Schrofen und Gletscher bis auf den heutigen Tag in der Erinnerung erhalten konnten, zumindest in den alten Sagen und Geschichten, die später von Pfarrern und Lehrern aufgeschrieben und ausgeschmückt wurden. Diese unbekannte Frau auf LUIBIS war etwas Besonderes. Weil sie jung und schön war. Weil sie ein weißes Leinentuch als Schürze trug, darinnen vielleicht Kräuter und den getrockneten Birkenröhrling, das Allheilmittel, das Wundermittel, die Universalmedizin, der Zauber, der allmächtige Zauber. Die fremde Frau ist schön und trägt Ohrringe. Sie kann sich in kürzester Zeit von einem Ort zum anderen bewegen, wie es für die berggewohnten und bergerprobten Hirten nicht möglich ist.

Sie wurde zudringlich. Sie kam zur Hütte auf der Leck und benahm sich *frech und zudringlich*. Sie wollte den Hirten für sich, ihn aufs Lager werfen, ihn vergewaltigen, sich auf ihn stürzen, sich seiner bemächtigen, sexuell bemächtigen, in ihren Reden und Berichten all diesen „schmutzigen“ Dingen ausweichend. Der Pfarrer konnte es nicht niederschreiben. Der Hirt konnte es nicht aussprechen, konnte die Details nicht schildern, wie sich die fremde WILDE FRAU über den Hirten hergemacht hatte. Es bleibt der Phantasie überlassen, wie der Hirt sich bedrängt fühlt und wie die fremde WILDE FRAU, die schöne Frau auf LUIBIS den Hirten gefügig machen will. Aber der Hirt von der Leck weiß sich zu helfen. Sein Stock ist ein besonderer Stock, ein Wunderstock. Der Skapulierstock, der Wunder- und Abwehrstock des Älplers, des Hirten, des Mannes in der Almhütte. Im festen Stock drinnen war ein Versteck herausgeschnitzt worden und darin befand sich irgendeine Reliquie einer Heiligen. Der Skapulierstock bewahrte den Hirten der Leck vor dem Schlimmsten. Was ist das Schlimmste für einen Hirten? Wenn ein Stück Rind abstürzt und elendiglich in der Schlucht zugrunde geht? Wenn eine Kuh auf der Alm von der schleichenden Seuche heimgesucht wird, von stechenden großen Fliegen und Bremsen und wenn sie schwanzaufwärtsgedreht bergab stürzt, sich überschlägt und tot liegen bleibt? Wenn ihm die reifen September-Rauschbeeren die Besinnung geraubt haben, wenn er wie tot und teilnahmslos in der Ecke der Hütte liegt, nahe dem Tod und der Himmel offen, die Sterne, das schönste Leben im Traum und der schreckliche Schmerz des Rauschgiftes: Eine Frau kommt nicht auf die Alm. Vielleicht die Mutter, die Schwester. In den Schweizer

Almen nimmt der junge Hirt seine Freundin mit. In den Tiroler Almen ist die Anwesenheit von Weibspersonen streng untersagt. Bei Strafe des Zuchthauses.

Trotzdem hat der Hirt den Skapulierstock bei sich, hat den Stock in der Hütte an einem bestimmten Platz, hinter der Hütte griffbereit hingelehnt. Für alle Fälle. Gegen Teufel und böse Geister, gegen den Almputz, gegen Wölfe und weiter unten den Wald zu gegen Bären. Nie aber gegen eine schöne WILDE FRAU, die strickt, die Ohrringe trägt, die nicht scheu und schüchtern ist, Dienerin des Mannes, Lustobjekt wider Willen, sondern Herrscherin, mächtige SALIGE: Mutter und Jungfrau und Hure zugleich.

Diese unbekannte Frau wurde noch von anderen Leuten in diesem Gebirge gesehen. So sah sie ein Hirt aus Umhausen auf der Wurzbergalm. Sie saß am Steg und beschäftigte sich mit Stricken. Jener redete sie an: „Woher bist du?“ Sie antwortete: „Weither.“

Den Hirten packte ein Schauder und er entfernte sich eilends. Die unbekannte, schöne Frau war noch lange im Gerede der Leute. Wie konnte die Frau, sprachen die Leute, da sie die Gegend nicht kannte, so schnell von einem Ort zum anderen Ort in dieser kurzen Zeit kommen? Trotz vielem Herumfragen sah die Frau niemand im Tal, sah sie niemand übernachten, essen oder trinken und ihr Erscheinen war unheimlich und unerklärlich. Es muss der Leibhaftige selber sein, sprachen die Leute weiter, der sich in dieser Gestalt den braven Hirten nähert, um so leichter Beute zu machen.

Fromme Geschichten, aufgetischt und niedergeschrieben, am Sonntag von der Kanzel verkündet, vom eifrigen Pfarrer, Gift und Galle verspritzend, auf die versammelten Gläubigen hinuntergeschrien, das Kreuz beschwörend in der Hand gehalten, eine Drohgebärde.

Der Leibhaftige. Das auf diese Weise klerikal ausgerottete Wissen um SALIGE, um heilige Frauen und Jungfrauen und Mütter und Huren. Alles zugleich.

Virgil, der Hirt, kennt die alten Geschichten. Mehr als die meisten Leute im Tal drunten. Deswegen sucht er nach den Schätzen. Sucht in den Bildern und Legenden, in den Sagen. Aber er kommt nicht immer zurecht, er dankt an die Freundin, die Partnerin, aber so vieles versteht er nicht. Können die SALIGEN und alle diese geheimnisvollen Frauen keine Kinder bekommen? Sind sie allesamt Jungfrauen? Warum sind sie von den Pfarrern so verdammt und verteufelt worden? Er kann es sich nicht zurechtdenken, wie diese geheimnisvollen Frauen zugleich HURE und HEILIGE sein können.

Weiter drinnen im Tal stößt immer wieder eine wilde Mure ins Tal, überschüttet die Felder, lenkt den Bach auf die andere Talseite, verbreitet Schrecken und Angst. Schönfiecht ist dafür ein schöner Name, von einem schönen Fichtenwald am Rande der breiten Ebene knapp nach dem steilen Felsen. Die Schönfiechtmure ist eine Weiberangelegenheit.

Schon wieder eine dieser negativen Zuordnungen. Aber es konnte nicht ausgerottet werden, was andernorts radikal und gründlich ausgerottet werden konnte, im Flachland, im weiten Tal draußen, in der Ebene. Nicht so in den Bergen, durch viele Jahrhunderte beinahe komplett von jedem Verkehr und Zugang abgeschnitten, sozusagen isoliert wie auf einsamen, unzugänglichen Inseln, aber durch und durch und trotzdem katholisch gemacht, mit Verspätung zwar, aber umso gründlicher und es ist dieses Mustertal daraus gemacht worden, in dem durch Jahrzehnte jede Art von Hausmusik und jede Musik außerhalb kirchlicher Feste verpönt gewesen ist und in dem das Tanzen und Musizieren komplett ausgerottet worden war.

Virgil, der Hirt, setzt sich wieder, nimmt das Fernglas. Immer, wenn er aufgeregt, wenn er inwendig aufgewühlt ist, spuckt er, dann nimmt er das Glas. Er erzählt von der WILDEN FRAU und der Schönfiechtmure, von der wilden schönen Frau auf LUIBIS, zuletzt auch noch von der LANGTÜTTIN im Piller Berg, von der LANGTÜTTIN im Hangenden Ferner und der LANGTÜTTIN vom Niederjoch, die nur mehr als Hexe in die Geschichten des Tales eingehen hat dürfen.

Virgil erzählt von den schrecklichen Ausbrüchen des Eissees hinter Rofen und vom Wildsee nicht weit weg von den geheimnisvollen Heimstätten der LANGTÜTTIN und von den beiden geheimnisvollen Frauen, die draußen im Tal eine Steinlawine losgelöst haben, die sie später die Schönfiechtmure genannt haben.

Es war ein schöner Sommertag. Kein Wölklein schwebte am Himmel. Es rührte sich kein Zweiglein im nachbarlichen Wald und die funkelnde Sonne tränkte mit ihren Strahlen die Blumen des Feldes.

Im freundlichen Weiler „Zu der Mühl" saß der Müller auf der hölzernen Bank, rauchte sein Pfeifchen und blies den blauen Rauch in die weite Welt hinaus, während innen die Räder knatterten und die Stampfen wergelten.

Plötzlich bogen um die Ecke des Hauses zwei Fremde, vornehme Frauen in blauen, weiten Gewändern, die daran ein Schlepp nachzogen. Sie schlichen in gemessenen Schritten mit fliegenden Haaren am staunenden Müller vorüber. „Potztausend, dos sein zwoa! Tiets amol in Weg keern?" Kein Sterbenswörtchen kam von ihren Lippen, als wären sie stumm und taub zugleich. Dem Müller kam das Ding nicht recht geheuer vor. Er stand von seinem Sitz auf und schaute den beiden Frauen bedenklich nach aus lauter Wunder, was diese zwei etwa im Sinn hätten. Sie wandelten eine bedeutende Strecke weit über den Feldweg, dann schwenkten sie sofort über die Mühlbrücke und verschwanden eine Zeitlang dem nachsehenden Müller ins Dorf Huben. Gewindrig,** wie der Müller war, gaffte er nach den zwei Frauen, bis diese am Ende des Dorfes wieder zum Vorschein kamen. Sie schlenderten*

* „Potztausend, das sind zwei! Tut ihr den Weg kehren?"

** neugierig

gerade dem Müller gegenüber den Bach entlang, auf dem Feldwege fort, achteten auf nichts und redeten miteinander kein Wort.

Auf einmal blieben beide stehen, schauten auf den Berg hinauf, von dem ein kleines Bächlein niederstürzte und verschwanden. „Dos ischt nix Rechts", sprach der Müller und ging in die Mühle, wohin ihn die singende Schelle zum Aufrütteln rief.

*Etliche Wochen hierauf ging eine erschreckliche Mure von dem Berg herab, auf den die zwei Frauen hinaufgeschaut hatten, und verwüstete alles ringsum. Der Müller gedachte der beiden Frauen und sagte hintennach: „Dös sein zwoa Hexen gewösn und hobm die Müera ongelott."**

Sie haben sich am Talboden getroffen. Sie sind jetzt zu zweit. Wir wissen nichts über ihr Alter und ihr Herkommen. Sie sind zu zweit. Eine ist die Alte. Die andere ist die Junge. Und so könnte es gewesen sein. Eine als Mutter. Die andere als Jungfrau.

Sie schicken die verheerende Mure. Keine erkennbare Straftat ist vorausgegangen, auch kein Frevel, keine Vergeudung von Gottesgaben, keine Nachweise von lasterhaftem Leben und der darauf folgenden Katastrophe.

Die beiden Frauen sind merkwürdig gekleidet. Sie fallen auf. Sie ziehen eine Schleppe hinter sich nach, dass der Müller meint, die würden den Weg kehren, würden säubern und würden Gutes tun. Er schaut ihnen nach und wundert sich. Dann schicken sie aus heiterem Himmel die Mure, die große Schäden anrichtet. Und diese beiden Frauen gelten nicht mehr als SALIGE und als Herrinnen der Alpenwelt. Es sind jetzt zu Hexen herabgekommene Weibsgestalten. Es müssen Hexen sein. Der Aufzeichner dieser Sage, anno 1850 oder ein paar Jahre vorher, mit Namen Johannes Stippler, Student und Absolvent der theologischen Hochschule und angehender Geistlicher und späterer Sekretär des

* „Das sind zwei Hexen gewesen und haben die Mure losgelassen."

päpstlichen Nuntius in Wien, überaus „segensreich" dann wirkend als hochgeschätzter Theologe, Kanonikus in Brixen, Berater des Bischofs, schreibt die Sage im Stil seiner Zeit und seiner Bildung auf dem Weg zum katholischen Herrn und Repräsentanten. Er muss aus der SALIGEN eine Hexe werden lassen. Er muss die Verwandlung durchführen.

Die beiden geheimnisvollen und sehr mächtigen Frauen bestimmen über die Natur. Immer noch sind sie die Herrinnen.

Jetzt sind sie zu zweit. Gemeinsam mit der LANGTÜTTIN wären sie zu dritt und würden damit die alpine, die weltweite Dreiheit verkörpern. Im Kristallpalast der Gletscher im ewigen und unermesslichen Eis der *glacies continua et perpetua* sind sie als Dreiheit wieder und noch immer die drei Frauen, die Mütter, die Alte, die Junge, die Jungfrau, die Glänzenden und die Strahlenden, die Strafenden und die Rächenden, die Beschützerinnen und die Wissenden und Weisen, aber auch die Murenlostreterinnen, die Lawinenlosschickerinnen, die Eisdammzerstörerinnen. Dort sind sie nach wie vor zu dritt.

Mit und neben ihnen halten sie Wacht auf den weiten Gletschern: die DANA und die DISEN.

Ihr Reich sind die goldenen Städte ONANÄ, DANANÄ und TANNENEH. Die DISEN bewachen für alle Zeiten und Generationen den Disenhof, das Disental, das Disenjoch. Und es ist lange her, dass sie den Ötzi droben bestattet haben.

Dort kann es jeder lesen, der vorbeikommt, der innehält, der es lesen will, der Augen hat zu sehen und zu erkennen die geheimen Weisheiten. Mit Scheu gehen sie an der Hütte des Hirten vorbei. Menschenscheu sei er geworden, erzählen sie unten im Tal. Und er habe diese Tafeln überall hingestellt und aufgehängt und es würden immer neue Tafeln dazukommen. Und sie reden von ihm als von einem, der unheimlich ist, der sogar zaubern kann. Erste Botschaften sind bis in die Hotels hinein gedrungen, da würde einer die Gämsen bannen können, dass sie wie gefroren auf ihrem Platz verharren, und da würde einer mit allen Weisheiten auftreten, der nur ein kleiner Schafhirte sei und sich jetzt anmaße, mehr zu wissen als Pfarrer und Theologen und Gelehrte aus den Städten.

Wenn das dritte Siegel geöffnet ist, kommt der Widerstand. Virgil, der Hirt, ist ausersehen, den Protest anzuführen, die Widerständigen mit klugen Reden aufzustacheln, die Mutlosen zu ermuntern. Wenn er die Menschen wie die Schafherde behandelt? Jetzt kommt die ärgste Zeit über das Hochtal. Deswegen stürmt der Reiter auf dem schwarzen Ross heran:

Das Lamm öffnet das dritte Siegel. Auf dem schwarzen Ross stürmt der Reiter über den Gletscher. Er hat eine Waage bei sich. Damit misst er und damit teilt er und damit ruft er zum Widerstand.

In Arlund, einem späteren Bauernhof gleichen Namens im später Vinschgau genannten Trockental, haben sich zwei auf den Weg gemacht, der alte Vater mit dem Saiteninstrument, später Harfe genannt, und seine schöne Tochter, die ihn singend begleitet. Die Tochter ist eine SALIGE, die Menschengestalt angenommen hat. Der alte Saiteninstrumentenspieler hatte sich in jungen Jahren in eine der WILDEN FRAUEN verliebt, die im Sommer in das Tal kamen und die den Leuten bei der Arbeit geholfen, ihnen die besten Ratschläge erteilt haben, sie das Zubereiten von Butter und Käse gelehrt haben und ihnen alles geheimnisvolle Wissen um Bergkräuter, um heilende und um rauschfördernde Pilze, um Schneegefahren und Muren beigebracht haben. Diese geheimnisvolle Frau hat er zu sich auf den Hof genommen. Er hat nie danach fragen dürfen, woher sie gekommen ist, wo ihre Eltern gewohnt haben, wohin sie in manchen Nächten verschwunden und immer wieder zurückgekehrt ist, weiterhin mit ihm zusammen.

Jetzt machen sie sich auf den beschwerlichen Weg. Sie wollen nach DANANÄ aufbrechen, nach der geheimnisvollen Stadt weit droben in der gefährlichen Eiswelt. Heute liegt diese Stadt im Eis der Ferner. Als sie aufbrechen, das ist lange lange her, da hat es diese Stadt gegeben, da ist von ihr gesprochen und gesungen worden und da haben landauf landab die Leute vom liederlichen und lasterhaften Leben der dort wohnenden und herrschenden Leute berichtet.

Als die Gletscher der Alpen vor mehr als siebentausend und achttausend Jahren, wiederum zweitausend Jahre nach der so genannten Eiszeit, in rasantem Tempo dahingeschmolzen sind und als in den weiten Becken der späteren Gletscherflächen zu Vernagt, Langtaufers, Gurgl, Grub, Finail, Marzell und Ramol *wunn und waidt* gewesen sind, als dort Herden von Schafen und Ziegen, von zahmen Steinböcken und Gämsen geweidet haben, wurden von den Bewohnern dieser Gebiete die ersten Hütten errichtet, einfache Steinhütten, später besser ausgestattet und bequemer und dann haben immer mehr Leute in den Hochregionen arbeiten und leben können, haben in dreihundert Jahren immer größere Siedlungen errichtet, haben sie befestigt, mit starken Mauern ausgestattet, haben die ehemals kotigen Wege gepflastert, mit Steinplatten und immer mehr mit den harten Käselaiben, immer sorgfältiger und reichlicher, immer kostbarer und großzügiger. Da ist eine Stadt entstanden auf über 3000 Meter, eine richtige Stadt mit reichen Bewohnern, mit Sklaven und Dienerinnen und einem überaus grausamen Herrscher, den sie König nennen haben müssen, dem sie göttliche Verehrung angedeihen lassen mussten. Weil sie nicht anders gekonnt haben und weil sie dazu gezwungen wurden.

Sie hatten unbeschreiblichen Reichtum gesammelt. Sie hatten gleichermaßen in unbeschreiblicher Lust und in unbeschreiblicher Lasterhaftigkeit zu leben begonnen. Es ist die erste und schlimmste alpine Apokalypse:

Und es posaunte der erste Engel. Da entstand Hagel und Feuer, gemischt mit Blut. Und alles wurde auf die Erde geworfen. Und der dritte Teil der Erde verbrannte und alles grüne Gras verbrannte und die Weiden der Schafe, Ziegen, Steinböcke, Gämsen verbrannten. Und es kam der zweite Engel mit seiner Posaune. Und es wurde der ganze Berg ins Meer geworfen und der dritte Teil des Meeres ward zu Blut. Und es starb der dritte Teil der Geschöpfe und alle Bewohner der goldenen Stadt hatten Zeichen auf ihrer Stirn: das war der Untergang. Sie hatten gelästert. Sie waren der Strafe verfallen. Als der fünfte Engel posaunte, da fiel der große Stern vom Himmel, fiel auf die große, die goldene Stadt und alles versank in den blutigen Fluten des Sees. Skorpione krochen aus den Spalten der Berge, krochen auf die Stadt zu, überkletterten die goldenen Tore und es folgten ihnen die Heuschrecken, diese Heuschrecken, wie sie in alpinen Gletschergegenden niemals bisher aufgetaucht waren und wie sie in kommenden Jahrhunderten auch niemals wieder auftauchen würden, krochen millionenfach über die Mauern in die Stadt, fraßen und fraßen und alles ward kahl und tot und leer und sie suchten etwas Grünes, einen letzten Baum. Und die Qual der Stadtbewohner wurde schlimmer und größer und sie suchten den Tod. Sie suchten den Tod auf den Zinnen der Stadtmauer, in den Fäkaliengruben, auf den Felsen, so fest gebaut die Stadt, sie fielen von den Mauern und Zinnen, suchten den Tod. Sie fanden ihn nicht und ihre Not wuchs und wurde größer und die Gestalt der Heuschrecken nahm Menschenform an und ergoss sich in die Häuser, Stallungen, Adelspaläste, überschwemmte die Marmortreppen. Die Heuschrecken waren wie Reiterheere gerüstet, gepanzert und schnell und grausam. Sie hatten Haare wie Weiberhaare. Auf ihren Häuptern goldene Kronen. Ihre Zähne waren wie Löwenzähne und sie hatten eiserne Panzer und niemand konnte sie verwunden und mit ihnen Krieg führen. Und sie hatten Schwänze wie Skorpione und mit Stacheln und sie fügten den Menschen schreckliche Schmerzen zu. Der König des Abgrunds hatte Gewalt über die Stadt bekommen. (Apokalypse …)?

Das Verderben war über sie gekommen.

Aber die Menschen konnten nicht sterben. Sie konnten den Tod nicht finden. Sie verfielen den schrecklichsten Schmerzen und sie litten viele Nächte und Tage und sie jammerten und fluchten.

Aus Arlund ist der alte Saitenspielmann aufgebrochen, gemeinsam mit der singenden Tochter. Trotz aller Warnungen. Die Ruchlosigkeit der Stadt ist weitum berüchtigt. Sie würden dort droben elendiglich zugrunde gehen, würden über die Zinnen der Stadtmauer geworfen, würden vom hartherzigen Herrscher in das dunkle Eis- und Felsverlies gesperrt werden. Der Alte mit der singenden Tochter bricht auf, den verruchten Städtern die Umkehr zu predigen. Die beiden brechen auf. Drei Tagesmärsche in der Höhe liegt die Stadt, weit über den Tälern und Jöchern, den kleinen Pässen und Einschnitten. Geradewegs ziehen sie bergauf. Hinter den Jöchern hat sie der erste Schnee erwartet, der letzte Rest ehemals großer Gletscher. Im weiten Becken hinter Finail bricht es los, das Unheil, das Laster, die Gewalttätigkeit, der unermessliche Reichtum, das Gold und der Edelstein der Zinnen und Türme, die marmorgepflasterten Straßen und Plätze.

Hinter Finail stocken sie, bleiben stehen, warten, schauen. Die Tochter warnt vor dem Weiterziehen. Der Alte schiebt das Instrument unter einen Felsvorsprung, rastet, isst, schläft ermattet ein. Er träumt von den Weissagungen der Vorfahren. Und er erschrickt.

Die Tochter wartet neben ihm. Sie weiß, wie es weitergehen wird, welches Schicksal auf sie wartet, welche Leiden und Schmerzen auf sie zukommen sollten. Sie ist eine Andere: nicht von dieser Welt. Keine Diesseitige, sondern eine von drüben und dieses drüben ist das Droben in der Welt der Gletscher und des Eises, aus dem Kristallpalast der Gletscher kommend, aus der Welt der SALIGEN und der Leuchtenden, der Weisen und der Strahlenden und der Wissenden.

Ein Rest der ältesten Zeit. Eine Gefährtin und Beschützerin der Hirten. Eine Beschützerin der wilden Berge mitsamt allem Getier und den milchigweißen Strömen aus dem Gletscher, den segenspendenden Wassern zum Beweiden der tiefer gelegenen Almböden, zum allerbesten *wunn und waidt* durch viele Jahrhunderte.

Die SALIGE erinnert sich. Der junge Bub ist zum Tor des Kristallpalastes gekommen. Dort hat er gewartet, dort ist er hungrig geworden, dort hat er das Tor zu den SALIGEN gesucht und hat dort seine Suppe verschüttet, Gerstensuppe aus dem Tal. Dort hat er die Suppe verschüttet. Eine der SALIGEN kommt aus dem Kristallpalast des Gletschers, öffnet das Tor, lädt ihn ein mitzukommen. Er geht mit. Und es ist nichts anderes gewesen als das große Staunen.

Wenn Virgil, der Schäfer, in den alten Schriften zu lesen beginnt, öffnet sich von Tag zu Tag eine neue Welt? Die merkwürdigen, die unverständigen Geschichten lassen ihn nicht los, selbst dann nicht, wenn er auf seinem Lager endlich einschläft. Er träumt vom Knaben, der in den Kristallpalast eingelassen wird, hineingeführt, auf das köstlichste bewirtet, gehätschelt und umsorgt: von der Alten, von der Mutter, von der Jungfrau. Er darf eintreten, weit hinein in die glänzenden Hallen des Palastes der SALIGEN, er darf dienen. Und muss versprechen, niemals in seinem Leben den Gämsen, ihren Haustieren, nach dem Leben zu trachten, und niemals eine von ihnen zu töten. So wird nicht nur sein eigenes Leben verschont. So wird er auch zum jungen Geliebten der Großen Mutter.

Er könne sich das gut vorstellen, sagt Virgil, als er mir seinen Traum erzählt, mit dem jungen Hirten, der noch keusch und rein war, der noch mit keiner Frau geschlechtlichen Kontakt gehabt hat. Der aber der Schützling der Großen Mutter werden konnte. Virgil, der Hirt, kann sich nicht sattlesen und bis zur Glückseligkeit hineinlesen in die alten Sagen aus seinem Tal, aus den Tälern nebenan und überhaupt aus den Tälern, die am meisten den Naturgefahren ausgeliefert sind.

Am Fernerrand lebten einst drei WILDE FRÄULEIN. Sie wohnten in einem unterirdischen Palast, der durch eine geheime Felsgrotte zugänglich war. Die Gämsen waren ihre Haustiere. Sie fütterten sie, tränkten und pflegten sie und schützten sie gegen die Jäger. Gegen die Leute waren sie freundlich, kamen zu ihnen in liebenswürdiger Gestalt und gaben ihnen allerlei weise Ratschläge.

Ein junger Hirt kochte einmal vor dem Eingang in ihren Palast sein Mittagessen. Als er fertig war, stand er auf und wollte beten. Dabei schüttete er durch Unvorsichtigkeit die Nudeln in den Schmutz. Als er ganz traurig dastand, sah er auf einmal vor sich ein WILDES FRÄULEIN stehen. Die gab ihm eine andere, bessere Speise für die verschüttete. Nach dem Essen nahm sie den Hirten bei der Hand und führte ihn durch die Grotte in den Berg hinein. Wie staunte da der arme Hirt! Wie da alles glänzte und glitzerte von Gold und Silber und Edelstein. Die beiden Schwestern seiner Führerin kamen ihm sehr freundlich entgegen. Sie sangen wunderbare Lieder, sie stellten ihm die feinsten Speisen vor, wie er zuvor nie gesehen und gekostet hatte. Auch sagten sie ihm, er könne von nun an kommen, sooft er wolle, doch dürfe er nie einem Menschen auch nur ein Sterbenswörtchen davon erzählen und niemals Gämsenjäger werden.

Jahrelang hütete der Bub sein schönes Geheimnis. Er kam oft zu seinen Freundinnen in den Bergpalast und ergötzte sich dort.

Ergötzte sich dort und diente. Und wurde belohnt. Er diente den SALIGEN durch seinen Körper und seine Unschuld. Den Bergpalast kann man sich vorstellen als riesige glänzende Kaverne im Berg, im Gletscher, als Gletschertor, hundert und mehr Meter hineinreichend, zu großen Hallen sich erweiternd, dann wieder verengend. Und es war hell und strahlend, wenn die Sonne durch den dünnen Eispanzer schimmerte. Die unterirdischen Wasser voller Kraft und Stärke und mit allen lebensnotwendigen Mineralien gaben die Grundlage für das Überleben. Von der Decke hingen die Lampen aus Eis und alles glänzte, war völlig glatt, wie ein Spiegel, und darin konnten sie ihre Haare kämmen und dort konnten sie dem jungen Hirten ein Lager bereiten.

Aber einmal entschlüpfte ihm das Geheimnis im Gespräch mit seinem Vater. Er bereute es sofort. Doch es war zu spät. Als er am nächsten Morgen zur Grotte kam, war sie fest verschlossen. Wie er auch flehte und bat, es blieb alles still und steinern stumm. Er magerte nun ab vor Schmerz und Sehnsucht. Die WILDEN FRÄULEIN ließen sich nicht mehr sehen. Da packte ihn die Verzweiflung. Er ging mit anderen Jägern auf die Gämsen. Als er sein Gewehr auf einen schönen Bock abdrückte, stand auf einmal ein WILDES FRÄULEIN in verklärter Schönheit neben dem verfolgten Tier. Sie warf ihm einen zürnenden Blick zu. Er schwindelte und stürzte, geblendet vom Glanze der Erscheinung, in den schaurigen Abgrund.

So ist es mehrfach geschehen, so ist es überliefert, mehrfach in ähnlicher Weise; immer in der großen Gletscherregion im Hinteren Eis, in den *glacies continua et perpetua*, dort, wo nur Jäger und Hirten hinkommen. Dort ist der junge Hirt verschwunden, vor vielen Jahren, vor mehreren hundert Jahren, vor sechstausend Jahren und es ist immer so, als ob es gestern gewesen wäre.

Ähnlich ist es einem anderen Hirten ergangen, der zugleich der kühnste Jäger gewesen ist.

Doch einmal verstieg er sich am Rande des Ferners im wilden Gewände, dass er nicht mehr vor noch rückwärts kam. Er rutschte auf einer eisbedeckten Platte aus und stürzte ab. Er wusste von nichts mehr. Doch als er aufwachte, lag er auf Speik und Edelweiß gebettet im Kristallpalast der SALIGEN. Sie hatten ihn gerettet. Sie pflegten ihn gesund und wollten ihn nicht mehr fortlassen. Er durfte das schönste Leben führen, alles stand ihm zur Verfügung bei seinen lieblichen Retterinnen. Als er eines Tages fortging, musste er den SALIGEN hoch und heilig versprechen, niemandem etwas zu sagen, dass er hier gewesen war. Wenn er sein Versprechen nicht halte, werde es ihm schlecht gehen. Weiters musste er ihnen versprechen, niemals eine Gämse oder ein Schneehuhn, ja nicht einmal ein Murmeltier zu jagen. Auch durfte er keiner Menschenseele je den Zugang zu diesem Palast zeigen. Daraufhin ließen sie ihn in eine tiefe Felsenkluft hinab und unten in der Achenschlucht trat er nach zärtlichem Abschied ins Freie. Auch hatten sie ihm mitgeteilt, er dürfe an jedem Vollmondabend auf drei Tage wieder zu Besuch kommen. An dieser Felsenkluft solle er ein Zeichen geben, da werde ihm aufgetan werden. Der Bub kam wie umgewandelt heim, nahm nie mehr ein Gewehr in die Hand, mied alle Unterhaltungen, doch an jedem Vollmondabend war er auf drei Tage verschwunden. Niemand konnte erfahren, wohin er gehe. Seine Gestalt zerfiel zusehends. Er magerte ab.

Schau, erklärt mir Virgil, der Hirt; unsere Pfarrer haben die alten Sagen halt so aufgeschrieben, dass sie katholisch geworden sind, dass sie überhaupt am Leben geblieben sind. Deswegen haben sie all diese alten Sachen gerettet. Aber sie haben sie amputiert. Den Arm abgeschnitten. Das Glied auseinander. Das Gefühl ist weg. Sage ich dir.

Keusch wird von Sagensammlern und Sagenaufschreibern verschwiegen, was zwischen dem jungen

Hirten in der voll aufblühenden Kraft seiner neuen Männlichkeit und den männersüchtigen SALIGEN sich abgespielt hat und was sich abspielen hätte können und was wir als sicher vermuten können. Die Andeutungen sind klar. Der junge Hirt hat sich verliebt. Der junge Hirt kann seine Männlichkeit beweisen. Die SALIGEN erwarten seine Liebesdienste. Er dient und wird reichlich belohnt. Es sind die Superlative des „armen" Hirten. Das beste und schönste an Essen und Betreuung kann er bekommen.

Die Herrin der Tiere will eines nicht: die Jagd nach dem Getier der Berge. Nicht einmal das scheue Murmeltier, das eine wichtige Medizin liefernde Tier der Berghöhlen darf er jagen.

So ging der Herbst und Winter dahin. Doch im nächsten Frühsommer packte ihn die alte Jagdleidenschaft. Am Leben lag ihm nichts mehr. Er lieh sich ein Gewehr und stieg fiebernd vor Jagdlust dem Ferner zu. Endlich erblickte er eine Gämse auf einem Grat stehen. Diese pfiff und verschwand hinter dem Grat. Der Jäger eilte nach und traf drüben über dem Grat auf ein starkes Rudel Gämsen. Eine davon war ihm ziemlich nahe und dieses verfolgte er nun unablässig, bis das verängstigte Tier nicht mehr weiter konnte und am Rande des Abgrunds stillstand. Der Jäger legte an und da hörte er etwas wie eine klagende Mädchenstimme, doch seine Jagdleidenschaft war zu groß, um auf diese Warnung zu horchen. Er zielte und schoss. Da umleuchtete ihn ein heller Glanz und vor ihm standen die drei SALIGEN und schauten ihn zornig an. Den Jäger überfiel das Grauen. Er machte einen Schritt zurück und stürzte in den 300 Meter tiefen Abgrund. Steine und Geröll stürzten ihm nach und begruben den Ungetreuen in den Tiefen der Schlucht.

Jagdleidenschaft war offensichtlich stärker als Liebe und die Verbindung mit den SALIGEN. Diese Geschichte kennen bis auf den heutigen Tag die Leute des Tales. Und sie können die Geschichten immer noch und immer wieder in neuen Varianten erzählen und ausschmücken.

In einer dritten Variante ist es wiederum ein Jäger, der an Kühnheit und Ausdauer jedem anderen überlegen war. Raue Winterstürme schreckten ihn ebenso wenig wie die unheimlichen Gewitter des Sommers. Lawinen und Muren bedeuteten ihm keine Gefahr. Wohl hatte er ein kleines Bauerngütl weiter draußen im Tal, doch seine Jagdleidenschaft ließ dieses ganz vernachlässigen.

In seiner Jagdleidenschaft konnte er sich nicht mehr zurückhalten und jagte nach den Gämsen.

Da war es ihm, als ob der Hintergraslkamm sich spaltete und den Tieren einen Ausweg öffnete. Ein donnerndes Getöse und vor dem erschreckten Jäger stand eine wunderschöne, lichte Gestalt mit bis an die Knie reichenden goldenen Haaren und einem wie Kristall glitzernden Gewand. „Du kennst mich nicht und weißt nicht, wie viel Leid du mir angetan hast", sprach die silberklare Stimme: „Ich bin HALDIGA, das Bergfräulein, eine Schwester der SALIGEN. Heute bist du in meine Hand gegeben. Ich könnte dich in den Abgrund schleudern, da du zu weit in meine Welt eingedrungen, die Ruhe und den Frieden meines Reiches gestört und meine Schutzbefohlenen mit Wut verfolgt hast. Doch höre: Dies eine Mal stelle ich dir noch die Wahl zwischen zwei Dingen: Kommst du nie mehr hierher und störst du nie die heilige Einsamkeit der Berge, so sollst du glücklich sein, dein Besitz wird sich mehren, dein Reichtum wachsen und die schöne Kundl wird dein geliebtes Weib. Kannst du das aber nicht und überschreitest du noch einmal die Grenze meines Reiches, so wird Unheil über dich, deinen Besitz und das ganze Tal kommen. Meine Rache wird furchtbar sein."

Ehe der Jäger ein Wort sagen konnte, erscholl ein scharfer Pfiff und das Bergfräulein war verschwunden. Der Wildschütz kehrte nach Hause zurück. Das Gewehr versteckte er unter einem Stein und jagte den ganzen Winter nicht mehr. Als der Lenz ins Tal schaute, holte er sich in Rofen die schöne Kundl als Weib auf seinen Hof. Einen Sommer lang lebte er glücklich und zufrieden. Doch als der Herbst kam, packte ihn die Jagdleidenschaft mit ganzer Kraft. Sein besorgtes Weib konnte trotz ihrer Bitten und Warnungen nicht dagegen aufkommen. An einem Oktobermorgen war er ohne Gruß von ihr gegangen. Von unwiderstehlicher Macht getrieben stieg er mit seinem Gewehr den Fernern zu.

Schon sah er ein Rudel Gämsen. Er legte sein Rohr an, ein Pfiff und das Rudel stob davon den Gletschern zu. Der Jäger eilte nach. An der Spitze der Gämsen glaubte der Jäger einen weißen Gamsbock zu sehen. Den wollte er unbedingt haben. Da, auf einmal ein Krachen und Bersten, ein unheimliches Rollen und Stürzen in den Wänden ringsum. Der Ferner, auf dem er stand, zitterte, bebte und zerklüftete sich, die riesigen Eisschollen lösten sich los und der mächtige See, der sich seit Jahren angesammelt hatte, wälzte sich gurgelnd, alles vernichtend durch die enge Talschlucht hinaus ins Hochtal, hinunter ins Ötztal und hinaus bis an den Inn. Der Hof des Jägers war verschwunden. Von ihm selbst hörte man nichts mehr. Der Schutzgeist der Gämsen, die HALDIGA, hatte an ihm schreckliche Rache genommen.

Das Szenario wiederholt sich. Virgil, der Hirt, hatte an diesem Nachmittag ungewöhnlich lange erzählt und hat immer wieder unterbrochen, hat das Fernglas genommen, es eingestellt und ein wenig gedreht, hat geschaut, hat lange nichts gesagt, hat mich warten lassen. Der Hirt kennt sich aus und erzählt von den Katastrophen und den SALIGEN und wie er die Schafe aus dem Nebel herausholt, darauf wartet, dass ihm helfend eine SALIGE beisteht, ihn geleitet, ihn vor dem Absturz bewahrt. Virgil, der Hirt, hat alles Wissen in seinem Kopf und seinem Herzen versammelt und kann es weitergeben an Kinder und Kindeskinder.

Virgil, der Hirt, kann den weißen Schindwurm bannen, den gefürchteten weißen Schindwurm. Der ein Beißwurm war, eine giftige Natter, ein in der hohen Alm- und Weidenregion häufiger Wurm, eine solche Kreuzotter, häufig und giftig und immer gefährlicher. Überall breitet er sich aus.

In Rofen wussten sich einst die Leute fast nicht mehr zu helfen vor lauter solchem giftigem Gewürm. Im Keller, im Hause sah man sie, im Stalle sogen sie sogar den Kühen die Milch aus dem Euter.

Hinter Rofen, hinter der Zwerchwand, im Hinteren Eis bauen sie den Staudamm. Einhundertneunzig Meter hoch, hineingeklemmt in die Schlucht zwischen Zwerchwand und Plattei. Aufgetürmtes Monster des Grauens und des Schreckens. Im weiten Becken des Vernagtferners schmilzt das Eis. Die Hirten erwarten das Auftauchen ehemaliger Almhütten, vielleicht eines Dorfes, vielleicht der ruhmreichen, aber ruchlosen Stadt DANANÄ. Draußen am Geislachkogel haben sie bereits ein Monster errichtet, haben den Gipfel abgetragen, abgesprengt, haben eine Plattform erbaut, haben Eisentraversen in den Fels geschlagen, haben dort ein riesiges Gipfelkreuz befestigt. Zum Ruhm ihrer Taten. Der Pfarrer kommt am Sonntag Portiunkula und segnet das Gipfelkreuz.

„Nein, nein“, log der Bauer von Rofen. „Noch nie einen weißen Schindwurm gesehen.“

Der Schlangentöter ging am nächsten Morgen eine halbe Stunde weiter durchs Tal hinein, schichtete dort einen großen Haufen Holz auf und zündete ihn an. Er aber stellte sich daneben auf einen großen Steinblock hinauf, in die eine Hand nahm er sein Zauberbüchlein, in die andere seinen Zauberstab. Nun fing er an, die Schlangen zu beschwören nach allen Windrichtungen. Dann zog er sein Pfeifchen aus der Tasche und pfiff. Da wurde es in allen Wiesen und Walen lebendig und eine Unzahl Beißwürmer eilte aufs Feuer zu und stürzte sich hinein. Ja, auch aus den Häusern und Ställen, aus der Falbe von der Zwerchwand herüber, vom Rofenberg heraus, ja auch aus dem Niedertale her kamen sie und alle liefen ins Feuer. Da tat es auf einmal aus dem Niedertal heraus einen grellen Pfiff. Zu Tode erschrocken, rief der Mann: „Jetzt bin ich hin." Und schon sauste der gefürchtete weiße Schindwurm mit einem grünen Kränzlein auf dem Kopf, der Schlangenkönig, im Fluge vorbei und fuhr dem Zauberer wie glühendes Eisen mitten durch den Leib …

Die Stadt DANANÄ ist elendiglich zugrunde gegangen, unter dem Eis der Ferner verschwunden. Und der ständig sich talabwärts bewegende Ferner hat die Reste der Stadtmauern hinausgeschoben, hinunter in die Schlucht. Die Schulkinder kennen aus der Sage den Untergang und sie suchen im Wasser des Vernagtbaches die goldenen Kellen und die Silberteller.

Wieder ist eine gefährliche Seuche ins Tal gekommen. Eine wie früher mit dem Schindwurm, wie anderswo mit den Heuschrecken, wie anderswo mit der Pestilenz. Der weiße Schindwurm breitet sich aus. Mädchen und Burschen getrauen sich nicht mehr auf die Felder. Überall in den Wassergräben hausen die grauslichen, die giftigen Schindwürmer. Etliche Leute sind gebissen worden und erlitten schreckliche Qualen. Mit Knüppeln und Steinen wollten die Männer den Schindwürmern zu Leibe rücken.

Virgil, der Hirt, wird gerufen. Er soll helfen und soll zaubern. Zehn hatten sie erschlagen. Zwanzig krochen aus dem Boden. Zwanzig hatten sie erschlagen. Vierzig krochen aus dem Boden, aus dem Wasser, aus der Ache, aus den Ritzen und Spalten der Felsen.

Ja ja, er könne ihnen helfen. Aber nur, wenn kein weißer Schindwurm auftaucht. Nein nein, meinte der Rofner, wir haben keinen weißen Schindwurm gesehen.

Der weiße Schindwurm kommt in neuer Gestalt als Investor, als Bote des Geldes und des Reichtums hinter und auf den Staumauern, droben in der neuen goldenen Stadt, die sie später DANANÄ II oder DANANÄ NEU nennen wollten.

Der Rofner verspricht dem Virgil, wenn er das Tal vor dem weißen Schindwurm erretten könne, viel Geld, seine Lieblingsmagd, sein bestes Haflingerpferd.

Die Venter versammeln sich und lesen den Zwischenbericht der Kraftwerksgesellschaft. In der Hotelhalle zeigt die Wirtin den Spielfilm der Katastrophe von Longarone. Sie warten auf den alpinen Tsunami.

Droben im Becken von Vernagt liegt die verschwundene Stadt. Auf dem Similaun ist die neue Stadt im Entstehen, von Jahr zu Jahr. Die Bagger und Monster sind aufgestellt. Tagelang haben die größten in Europa verfügbaren Superhubschrauber die Lasten zum Marzellferner transportiert, Traversen, Baumaschinen, Bagger, Raupen, die ersten Bauhütten errichtet mitsamt der ersten Ladung Bauarbeiter-Prostituierte aus dem Bahnhofsviertel, allerdings nur zum Testen. Im Tal sehen sie es und sie staunen und schütteln den Kopf über die neuen Bauwerke aus Glas und Beton, die in die Höhe steigen, die jetzt schon den ehemaligen Gipfel um vierzig Meter überragen. Aus München haben sie einen Konstrukteur geholt. Der soll ihnen die mächtigste, die schönste, geilste Gipfelstation bauen. Der Landtag hat den Zusammenschluss der Ferner hüben und drüben beschlossen. Der Zirkus kann losgehen. Den Visionen des Grauens sind keine Grenzen gesetzt. Der Url soll ihr nächstes Ziel sein. Der Url. So hat der Berg früher geheißen. Der Name taugt nicht. Wildspitz ist besser. Virgil, der Hirt, der weltbeobachtende Schäfer, weiß auch in diesem Fall Bescheid. Aus seiner Hütte holt er ein Buch. 1823 geschrieben. Vom Placidus, den sie verbannt haben, den sie aus dem Kloster von Disentis einige Jahre nach Innsbruck gesteckt haben, eingesperrt. Aber der Pater Placidus hat sich seine Freiheit zum Erwandern der Berge genommen. Er ist herumgestiegen. Er hat die höchsten Berge der Alpen erkundet. Viele davon erstiegen. Und das schreibt er. Virgil liest und gestikuliert, schreit und hält inne, liest voller Wollust:

Vom Wohl- und Üebelseyn auf den hohen Gebirgen: Denn bis dahin gab man der unschuldigen Athmosphäre die Schuld, dass man beim Zutritt einer gewissen Höhe, bei einem früher als beim anderen späther, ein Üebelseyn sich einfinde. Ich war selbst beglaubt und bestättigte dieses mit meiner Handschrift anfänglich, ohne der Sach reiflicher nachzudenken; allein die öftere Erfahrung hierin überwies mich eines andere … Viele Menschen empfinden Leichtigkeit, wenn sie aus einem Verschluss in die frische und reine Luft kommen, und mir wards immer so; und den Thieren auch. Viele wurden hingesunken seyn, wenn man sie nicht in die frische Luft zu gehen gestattet haben wurde. Bei schwühligen Sommertägen pflegen Herrschaften sich in die Höhe zu begeben, und ich weiß keiner andern Ursache wegen, als frische und leichte Luft zu schöpfen. Man pumpet auf hohen Bergen die Luft nicht aus; dort ist nicht mehr als eine Schnee- und Eiswerkstatt, und in dieser leben wir auch im Winter, und zwar ohne beschwert zu werden.

Der Berg muss der höchste des Landes, des Staates sein. Der bisher höchste Berg muss um 24 Meter überboten werden. Für die Tourismusverbandssitzung haben sie den berühmten Zuckerbäcker geholt, der im ganzen Land die neuen Hotels entworfen hat, Zuckerwattetürmchen, Schweinsbarock, Schlösschenimitation. Aber jetzt alles viel größer und höher und schöner und mächtiger und mit Zuckerwatte aus Styropor dreißig Meter, sechzig Meter, 120 Meter. Locker auf den Berg aufgesetzt und noch ein Gipfelkreuz darauf. Und noch immer lassen sie mit der Seilbahn die Leute heraufziehen, lassen die Gebete des Pfarrers sich mit Weihrauchduft umhüllen. Es bringt ihnen Geld und Ehr und der Bischof will kommen. Und der Boss der Seilbahnengesellschaft mit unbeschränkter Haftung lässt die Bagger auffahren und den Pfarrer in der Schaufel drinnen und das Gipfelkreuz mit dem Vorturner auf den Querbalken. Der Ballon soll sich rechtzeitig öffnen. Das Zuckerbäckermonster wird in den kommenden Jahren gebaut. Für ihre Einwilligung, den größten Staudamm des Landes in ihrem Tal errichten zu lassen, haben sie die Zusage der Investitionsmilliarde erwirkt. Jetzt dürfen sie bauen und baggern und beten und huren, was das Zeug hält und wie sie es seit mehreren hundert Jahren erprobt haben. Ihr Vorbild ist und bleibt DANANÄ mitsamt dem Reichtum und dem Gold und dem Kristall und dem Marmor und dem Laster und der Sodomie. Haben deswegen eine Ziegenrasse aus den Schweizer Bergen importiert, aus dem Himalaja eine extra gezüchtete Yak-Rasse, frisch importiert, in eigenen Boxen auf dem Gipfel gehalten, gefüttert und gesättigt mit den Überschüssen aus den Hotelküchen. Es wird ihnen gelingen, den höchsten Berg des Landes zu besitzen, die höchste Seilbahn, den höchsten Stausee, die wildesten Perversionen und Schrecklichkeiten.

Über den weiten Gletscherflächen von Vernagt hängen die Drohungen des Unterganges:

„DANANÄ DANANÄ
Weh o weh
Es gibt an Schnee
Der apert nimmermeh!“

Über den weiten Gletscherflächen von Langtaufers und schnalserseits unter dem Similaun hängen die anderen Drohungen des Unterganges:

„Stadt ONANÄ
Weh dir, weh!
Es schneiet Schnee
Und apert nimmermeh!“

Über den ebenfalls weiten Gletscherflächen des Großen Gurgler Ferners hören es die Leute des Tales:

„TANNENEH TANNENEH
Es macht an Schnee
Und apert nimmermeh!“

Von Arlund her sind der alte Saiteninstrumentenspieler und seine Tochter mit der schönen Stimme unterwegs. Sie ist eine SALIGE. Deswegen weiß sie mehr als alle Frauen und Jungfrauen des Tales. Deswegen wird sie in DANANÄ das hartherzig gewordene Stadtvolk mitsamt dem König bekehren wollen. Jetzt sind sie den dritten Tag unterwegs. Sie haben von Guslar her gesehen, wie die weißen Türme aus Laaser Marmor herausleuchten, wie von weither der Himmel rot erleuchtet ist. Die beiden sind eindringlich gewarnt worden. Sie sind trotzdem aufgebrochen. Hoch auf den Eistürmen von Marzell steht sie, hoch aufgerichtet, in Begleitung des saiteninstrumentspielenden Vaters und singt, singt laut und so laut sie kann, sie schreit es über alle Gipfel und hat eine Stimme, die alle Fernerflächen, Kare und Schluchten überwindet.

Und ich sah, und siehe, ein Lamm stand auf dem Berge Zion, und mit ihm hundertvierundzwanzigtausend, die seinen Namen und seines Vaters Namen auf ihren Stirnen geschrieben haben. Und ich hörte eine Stimme vom Himmel, wie das Rauschen vieler Wasser, und wie das Rollen eines starken Donners. Und die Stimme, die ich hörte, war wie von Harfenspielern, die auf ihren Harfen spielten. Und sie sangen ein neues Lied vor dem Throne, und vor den vier Tieren, und den Ältesten, und niemand konnte das Lied singen als jene hundertvierundzwanzigtausend, die von der Erde erkauft worden sind. Diese sind's, die sich nicht mit Weibern befleckt haben; denn sie sind Jungfrauen. Sie folgen dem Lamme, wohin es geht. (Apokalypse, 14. 1–5)

Sie redet mit dem Vater, der umkehren will, der müde ist und aufgeben will. Sie beschwört ihn, den letzten und zugleich einzigen Versuch zu wagen, die ruchlose Stadt vor dem Untergang zu retten. Die 24.000 Lebenden der Stadt sind noch nicht erkauft. Sie schlachten das Lamm auf dem Thron. Das Buch der sieben Siegel wird aufgebrochen. Das Lamm hat sieben Hörner, welche die sieben Geister Gottes sind.

Würdig ist das Lamm, das getötet worden ist, zu empfangen Macht, und Gottheit, und Weisheit und Stärke und Preis und Lob.

Dem Lamme sei Lob und Ehre und Preis und Macht in alle Ewigkeit. (*Apokalypse*, 5.12–14)

Der alte Vater will umkehren. Die 24.000 Lebenden müssen bekehrt werden. Das Lamm ist geschlachtet und hat sieben Hörner und aus den Hörnern bricht das Feuer und der stinkende Rauch verbreitet sich bis Guslar. Jetzt müssen sie sich beeilen. Hastig und ohne Rast nähern sie sich DANANÄ. Die Stadt ist nahe. Sie taucht vor ihnen auf. Wie sie beschrieben ist in den alten Überlieferungen:

Auf einer weiten, üppig grünenden Hochebene, die nur im Norden von den steil abfallenden Kristallwänden der Ötztaler Gletscher, im Süden aber von sanften, anmutigen Rebhügeln begrenzt war, ragten stolz und gebieterisch ihre mächtigen Mauern und Türme empor, die aus schneeweißem Laaser Marmor gehauen waren und mit ihren vergoldeten Toren und Zinnen die Macht und den Reichtum ihrer Bewohner verkündeten. Diese waren jedoch ein in alle Laster und Gräuel des Heidentums versunkenes Volk. Beherrscht von einem König, wild und gewalttätig wie sie selber, führten sie, wie einst die bestraften Sodomiten, ein wüstes Leben.

Dieser Stadt strebten sie zu. Trotz der Warnung: *Ach, geht doch nicht hinein. Ihr werdet wohl die Steine rühren mit eurem himmlischen Gesange, aber nicht die Herzen dieser Unmenschen.*

Unvorstellbar war es für die Bewohner dieser Bergregion in den Ötztaler Alpen, welcher Reichtum und welche Verkommenheit möglich war, nur mit den Bildern aus der Apokalypse des Johannes konnten sie sich ausmalen, wie dieses DANANÄ beschaffen war. *Komm, ich will dir die Braut zeigen, die Braut des Lammes! Und er führte mich im Geiste auf einen großen hohen Berg und zeigte mir die Heilige Stadt. Sie hatte die Klarheit Gottes.*

Es war nicht die biblische Heilige Stadt. Es war DANANÄ. Und für die Beschreibung der sündhaft-lasterhaften Stadt in den Bergen haben sie die Beschreibung der Heiligen Stadt übernommen, beinahe vollkommen und täuschend ähnlich, jedenfalls zutreffend. Es geschah also, dass diese Stadt auf dem großen hohen Berge in das Tal herniederleuchtete.

Sie hatte die Klarheit Gottes, und ihr Licht war gleich einem köstlichen Steine, wie Jaspisstein, wie Kristall. Und sie hatte eine große hohe Mauer mit zwölf Toren, auf den Toren zwölf Engel, und Namen darauf geschrieben, welche die Namen der zwölf Stämme der Kinder Israels sind …

Und der Bau ihrer Mauer war aus Jaspis. Die Stadt selbst aber war reines Gold gleich reinem Glase. Die Grundsteine der Stadtmauer waren mit allerlei Edelsteinen geschmückt. Der erste Grundstein war ein Jaspis, der zweite ein Saphir, der dritte ein Chalzedon, der vierte ein Smaragd, der fünfte ein Sardonyx, der sechste ein Sardis, der siebente ein Chrysolith, der achte ein Beryll, der neunte ein Topas, der zehnte ein Chrysopras, der elfte ein Hyazinth, der zwölfte ein Amethyst. Und die zwölf Tore waren zwölf Perlen, jegliches Tor war aus einer Perle. Und die Gassen der Stadt reines Gold, wie durchscheinendes Glas. (Apokalypse, 21.12, 21.18–23)

Es wird keine Sonne notwendig sein, diese goldene Stadt mit Licht zu füllen. Denn es ist das Lamm, das leuchtet. Es kommen die Völker der Erde und sehen die Herrlichkeit. Und ihre Tore werden nicht geschlossen. Jeder kann kommen und schauen und niederfallen beim Lamm auf dem Thron.

Nichts Unreines wird in dieselbe eingehen …, sondern nur die, welche im Lebensbuche des Lammes eingeschrieben sind. (Apokalypse, 21.26–27)

Ganz anders in DANANÄ. Der Sagenaufschreiber hat sich, angeregt durch Bibel und Apokalypse, treiben lassen, hinreißen lassen und er kam dem Laster nahe im Kontrast zur himmlischen Stadt. Und es geschah, dass zur gleichen Zeit der Hirt seine Schafe auf die saftigen Weiden trieb, dass sie der Hirt unter der Obhut der SALIGEN gut und nahrhaft über den Almsommer bringen konnte. Der später „Ötzi“ genannte Mann war einer dieser Hirten, dem die großen Herden anvertraut waren, der sich aber „versündigt“ hatte, der den SALIGEN nicht gebührend Respekt angedeihen ließ und deswegen am heiligen Joch der DISEN bestattet werden musste. Das ist geschehen, tausend oder zweitausend Jahre nach dem Untergang von DANANÄ: O weh o weh!

Die beiden erreichen die Stadt. *Der Greis pochte furchtlos mit fester Hand an die ehernen Torflügel, die sich mit dumpfem Geräusch öffneten. Bald standen Vater und Tochter vor des Königs Thron, um den das Volk sich drängte. Mit Inbrunst sang die Jungfrau, und des Alten Stimme dröhnte wie mahnender Posaunenton des Weltgerichtes. Doch die Wüstlinge hatten kein Verständnis für die heiligen Lieder. Und alle wollten sich auf die beiden werfen. Darüber entstand ein heftiger Streit unter dem Volke und hundert wüste Hände streckten sich aus nach Vater und Tochter. Der Greis schauderte. Und die Jungfrau verhüllte entsetzt ihr Antlitz. In diesem Augenblick brach die Stunde der Vergeltung herein.*

Und das Ende ist schrecklich gewesen wie der Untergang von Sodom. Wie der Tsunami von Longarone. Eine biblische Verheißung. Aber es ist in den Bergen geschehen. Nicht die große Hitze und dass die Sterne vom Himmel fallen und es nicht das große Brennen und Sengen gewesen, dass der dritte Teil der Erde und der dritte Teil der Bäume und alles Grün verbrennt. Nicht die Flut des Meeres, das sich aufgebäumt hat und hohe Wellen ins Land geschleudert hat. Nicht die biblischen Heuschrecken und die Qual der stechenden Skorpione. Auch nicht der im Tal gefürchtete Schindwurm, der weiße Schindwurm, der böse Schlangenkönig. Es war Schnee und nichts als Schnee. Aus dem Schnee ist das Eis entstanden und aus dem Eis sind die Gletscher geboren worden. Sie haben alles Leben unter sich begraben, mitgerissen, ins Tal geschoben, unter Stinken und Donnern.

Es erscheint auch nicht das große biblische Zeichen am Himmel: *Ein Weib, mit der Sonne bekleidet, den Mond zu ihren Füßen, und auf ihrem Haupte eine Krone mit zwölf Sternen. Und sie war schwanger, und sie schrie aus Leibeskräften in ihren Kindesnöten, weil sie die Qual des Gebärens erlitt. (Apokalypse,* 12.1–2)

Es erscheint drüben im benachbarten Tal der Passer, gleich über dem Timmelsjoch, zur selben Stunde, im selben Jahr die FEIE, die SALIGE, hoch droben auf den Abhängen der Glaiten, wo sie später den heiligen Hippolyt verehren, wo sie den alten Gottheiten Steine setzen, wo sie einen Wall errichten. Eine solche SALIGE ist mehrmals gesichtet worden, *mit einer Krone auf dem Haupte, auf dem Schoß eine Wünschelrute, die alles, was sie berührt, in Gold verwandelt, endlich zu Füßen eine weiße Schlange, die nach der Richtung des Edelerzes im Gebirge züngelt.*

Es erscheint auch nicht die *große Hure oder Babylon, die Mutter aller Gräuel auf Erden, betrunken vom Blute der Märthyrer.*

Es erscheint wahrhaftig und von vielen gesehen die reine Jungfrau, die singende Tochter, die SALIGE, die Rächerin, die Todesbringerin.

Nachdem sich der Himmel schlagartig verdüstert hatte, dass ein schreckliches Getöse zu vernehmen war, dass in ununterbrochener Folge die Blitze niedergegangen sind, dass ein riesiges und unheimliches Leuchten über den Bergen steht und über der Stadt, wird im *ununterbrochenen Leuchten der Blitze die riesige Gestalt der zürnenden Bergfee sichtbar. Und ihre Geisterstimme übertönte das Brausen des Sturmwindes und das unheimliche Krachen des Donners:*

„DANANÄ! DANANÄ
Weh dir weh!
Schneib zu
Und aper nimmermeh!“

So ruft sie unerbittlich – und, wie die Bettflaumen so dicht, fällt der Schnee vom Himmel. Und die Ötztaler Gletscher schieben sich vor und begraben unter ihren Eismassen die stolze Stadt und ihre sündhaften Bewohner.

Ischt wieder ein Sindfluss gwößen. Ist die Sintflut über das Tal gekommen. Der Fluss der Sünde. Der Strom aus Tränen und Leid. Das Strafgericht Gottes für Unzucht und Laster.

Ist die Sintflut gekommen. Ist der große Fluss der Strafe für Sünden über die Menschen des Tales gekommen. Ist die Rache der geschändeten SALIGEN über sie gekommen.

Sieben mal siebzig haben sich aufgemacht, sieben mal siebzig, symbolisch und alles mal sieben an diesem schrecklichen Morgen. In den Füßen zu kalt. Den Kindern strafweise das Wallfahren eingebläut. Zehen erfroren. Hundert Kinder stecken im Schnee. Der Schneesturm unter dem Ferner hat sie überrascht: „Jagt den Teufel aus dem Tal!" schreit der Braunkuttenpater aus Imst. Die Kinder in ärmlichen Gewändern gehen barfuß hinter dem Pater. In der Kälte. In der Hitze. Im heißen Fieber die Kälte. Die Kreuze voran. Der Frömmste mit der Büßerkutte und dem Kreuz. Schreiend: „Jagt den Teufel aus dem Tal!"

Einer mit der Fahne. Dahinter dreihunderteinundzwanzig Büßer und Pilger auf dem Weg. Gebetet. Ja: Gebetet haben sie. Und geflucht. Sieben mal sieben Kilometer taleinwärts, talaufwärts, von 600 auf 1600 Meter, dann auf 2600 Meter auf Plattei. Darunter der große, der schreckliche Ferner, über und über die Eistürme, das Grauen, das Brechen, das Bersten. Durch die Schluchten bergauf. Kühtraien. Wo die bösen Hexen wohnen. Wo der unheimliche Pfeifer vom Kühtraien die Wanderer, die Pilger, die Frommen, die Sünder, die Verbrecher, die Schäfer, die Pfarrer erschreckt. In alten Zeiten führte der Weg nicht wie heute durch den Pitzwald, sondern durch die enge und wilde Schlucht. Dort hörten Wanderer, Pilger, Fromme, Sünder, Verbrecher, Schäfer und Pfarrer das unheimliche Pfeifen, dass es alle gruselte. Aber niemand sah den Pfeifer. Oder es war eine wilde Pfeiferin. Sogar als einmal der Wundarzt und der Kooperator von Sölden gemeinsam durch die Schlucht zogen, hörten sie das unheimliche Pfeifen und wollten schleunigst das Ende der Schlucht erreichen.

Als anno 1600 die ersten Kindergruppen durch das Tal gezogen sind, mit grausiger Angst durch die Kühtraien-Schlucht, ist der braune Kuttenpater von Imst stehen geblieben und hat wollen den Pfeifer in das tiefe Wasser der Schlucht bannen. Es ist ihm nicht gelungen.

Ein anderer Pater hat es 1678 und 1679 wieder probiert. Da haben sie den Pater mit allerletzter Mühe aus dem Bach ziehen können. Er ist vornüber gekippt, Gift und Galle speiend, mit den Armen gestikulierend hat er das Gleichgewicht verloren, hat vielleicht einen Rempler bekommen, von einem „gottlosen Bue“ einen Stoß.

Anno 1845 und 1848 haben sich die Leute des Tales aufgeklärt gehalten und haben es nicht mehr zugelassen, dass arme Kindergruppen in Fetzen gekleidet und barfuß durch das Tal bergauf gezogen sind, betend, schwitzend, keuchend, an den Füßen erfrierend, von Regengüssen überschüttet, ärmlich und erbärmlich. Ganz im Sinne des Bußgedankens des frommen Kuttenmannes aus Imst.

Mit unerschütterlicher und zugleich eingebläuter Inbrunst beten die Kinderlein, frieren, beten, frieren, fluchen, haben Angst und weinen, beten und frieren, wenn die vom Bergaufgehen auf den steinigen Wegen aufgescheuerten Füße bluten. Dann erscheint es dem Kuttenpater wie die reinste Erlösung: Abtötung der Sündenlast durch unschuldige Kinderlein. So ist es recht, ganz nach dem Sinn und nach dem Denken.

Droben sehen sie den Gletscher. Sie sehen aus Plattei von oben: ein schreckliches, ein lebendiges Monster aus Eis, aus Eistürmen, aus krachend und donnernd zusammenbrechenden Eistürmen, aus dem langsamen Vorwärtswälzen, aus dem Heraufstinken der weggeschobenen Gerölle und Steinmassen, dem Schieben und Bersten der Steinmassen. Es ist das apokalyptische Grausen. „Der Ferner kommt, der Ferner kommt!", schreit es durch das ganze Tal, aufgeschreckt und aufgescheucht, immer im klaren Wissen der fast sicher drohenden Ausbrüche des Sees und der geringen Hoffnung, es möge diesmal an ihnen vorübergehen. Wie das Ausbrechen der Lavaströme aus dem Vulkan. Von dem sie viel gewusst haben, weil in ihrem Tal vor vielen vielen Jahrhunderten ein solcher Ausbruch aus einem feuerspeienden Berg erfolgt ist. Es ist ihr Fundusfeiler, einer ihrer Berge des Schreckens und der Verehrung. Immer sind Schrecken und Verehrung nahe beisammen, gleichsam eine Einheit in den Extremen. Je schrecklicher, desto verehrungswürdiger.

Das haben die Schäfer am allerbesten gewusst, weil sie näher gewesen sind und bis auf den heutigen Tag noch immer näher sind den Schrecknissen und der Heiligkeit. Virgil, der Hirt, wird immer und immer wieder zum Lindwurmbanner; zum Weltbeobachter und zum Anführer einer bisher kleinen, erfolglosen und hoffnungslosen Gruppe von Gegnern des Monsters, der großen Bahn auf den Similaun, des großen Dammes hinter Rofen, der neuen Katastrophen.

An einem kalten, verregneten Nachmittag gehe ich zu Virgil. Mit ihm stapfe ich dahin. Einsilbig und knapp ist alles, was ich heute aus ihm herausbringe. Es plagen ihn große Sorgen. Solche um seine unbändige, unstillbare Lust nach einer Frau, und sei sie noch so wild und sei es eine Hure und eine Heilige zugleich.

Nicht mit glattem Eis gewachsen, sondern sperrig, widerborstig, aufgetürmt haben sie den Ferner erlebt, der vor Jahrzehnten so rasch ins Tal hinunter vorgestoßen ist. Mit lautem Krackgestell, mit Spitzen und Zinnen und Türmen wieder zusammenbrechen, in die Tiefe stürzen. Virgil, der Hirt, hat mir die Geschichte erzählt:

Finde ich acht tote Schafe im Ferner. Haben sich in der Sommerhitze unter das kühle Eis gedrängt, haben dort gewartet. Von oben her das ständige Tropfen auf ihre Felle. Ja, es ist im Gletschertor drinnen gewesen. Weißt du, das Tor wird alle Jahre aufgetan, immer an einer anderen Stelle, und da kann man hineingehen. Dort sind die Schafe gelegen. Alle acht tot unter den herabgestürzten Eismassen. Ich habe sie herausgezogen und musste einige dort liegen lassen. Der Lämmergeier hat alle geholt. Ein paar Knochenreste habe ich im nächsten Sommer gefunden.

Der Ferner hat weiße, glasige Spitzen, aufgetürmte Zinnen. Drinnen die Wasserstuben, die zusammengeführten Wasser in einer Mulde, der kleine See unter dem Eis und dort ein großer See, alles unter dem Eis wie unterirdisch, aber alles leuchtend und strahlend und alles in wundervoller Pracht, wenn die Sonne durch die dünne Eisschicht durchdringen kann.

Es kommen dann die SALIGEN FRÄULEIN heraus, die weiße Wäsche zum Trocknen vor das Tor zu stellen, über einen weißen Stein zu hängen. Dann kommen sie singend und manche Leute vermeinen, sie auch tanzend gesehen zu haben. Wie der junge Hirt, den sie in ihren Kristallpalast geholt haben und wo er ihnen dienen durfte und wo er mit den köstlichsten Gütern beschenkt wurde. Auch mit Liebe und Wärme.

Jetzt ist der Ferner grausam und abweisend. In den Zwerchklüften tobt der Sturm. Aus den seltsamsten Farben, *das man sich darob nie genueg verwundern kann*, werden Szenarien der Hölle, des Untergangs, des schwarzen Fiebers. Den Leuten oberhalb des Ferners, in sicherer

Entfernung von den sich ständig abwärtswälzenden, den immerfort zusammenbrechenden und berstenden Eistürmen, wird übel zumute.

Der fromme Kuttenmann erhebt sein Kreuz, hebt es über sich, über den Kopf und schreit, dass es gar schrecklich anzuhören gewesen ist: „Strafe Gottes: Strafgericht und Gottes Zorn! Senkt den Kopf, beugt die Knie! Betet!“ Die Kinderlein hocken auf dem Rasen, haben einen kleinen Sitzstein gefunden. Die meisten haben sich niedergelegt, total ermüdet, ausgelaugt, von den Schrecknissen des stundenlangen Gehens und Betens erschöpft, wie tot auf einem kleinen Rasenstück, der kleine Bruder auf dem Arm des größeren Bruders, bitterlich jammernd und klagend. Und sie haben Hunger, aber niemand gibt ihnen zu essen. Und sie haben offene Wunden an den Füßen. Aber niemand hat ein heilendes Pflaster bei sich. Und sie weinen still in sich hinein. Aber niemand von den Erwachsenen will dieses stille Klagen hören oder stillen oder kann trösten. Kindergebet und Kinderleid zugleich. Kann der fromme braune Kuttenmann Besseres und Wirksameres am Ferner finden?

Der Kuttenpater hat eine Heilige Messe zelebriert. So heißt es: zelebriert, weil es feierlich und in Würde ablaufen muss. Er muss bei der Gletscherpredigt Gift und Galle speien und allen zusammen ein noch schlimmeres Strafgericht androhen. Wenn der Ferner erst einmal die gewaltigen Wassermassen auslässt, die sich dahinter gestaut haben, mehr als eine schnelle Gehstunde, fast zwei gemütliche Gehstunden taleinwärts bis zum nächsten großen Ferner im Hinteren Eis. Von dort sind die Wassermassen gekommen und von dort kommen die SALIGEN zu den armen Menschen ins Tal.

Beim Anblick der drohenden, zugleich aber auch glänzenden, strahlenden Eistürme, der Eisgestelle, der strahlenden, der sonnendurchfluteten Spitzen und Zinnen denken sie heimlich an den Kristallpalast der SALIGEN. Die wohnen dort in unvorstellbarer Schönheit, Würde und Eleganz und sie brauchten für ihre inwendige Not mitunter den jungen Burschen, zumeist den Hirten, den sie von der Weide weg einzufangen wussten, mit wundersamen Tönen, Liedern und Versprechungen in ihren Palast zu locken. So schön stellten sich die Leute die glänzende Stadt vor. So schwärmten sie heimlich von der großen goldenen Stadt, die TANNENEH hieß oder ONANÄ oder DANANÄ, die der obersten Beschützerin des Hochgebirges geweiht war. Aber immer mehr dem Laster, der Völlerei, dem Geiz, der Habsucht und sogar der Sodomie verfallen. Die ehemals goldene und glänzende Stadt wird vernichtet. Es kommt der Schnee. Er kommt haushoch und schüttet alles zu. Bis auf die Zinnen der Stadt, die gerade noch herausschauen. Dann kommt das Eis und alles wird erdrückt, zusammengepresst. Das letzte Stück Leben wird vernichtet. Tief unter dem Eis bricht die große Finsternis aus. Aber unter dem Eis in der großen Wanne von Vernagt liegt der unheimliche See. Er wird vielleicht ausbrechen. Er wird vielleicht langsam abrinnen.

Der gute, der weise, der kräuter- und salbenkundige Pater Josef ist damals in Vent und Heiligkreuz als Kurat, Seelsorger, Rutengänger, Heiler, Polterer und Weiser tätig gewesen. Virgil hat ihn gut gekannt. Extra wegen dem Pater Josef ist Virgil, der Hirt, an manchen Sonntagen ins Pfarrdorf abgestiegen und hat eine Sonntagsmesse besucht. Eine gute Viertelstunde samt Predigt. Aber was für eine Predigt! Und der Pater hat sie alle gewarnt. Dort würde der See liegen und das Tal würde in einem schrecklichen Wasserelend enden. Es könnte so sein. Aber er wird nicht mehr hinaufgehen. Er will dort nicht mit der Rute alles abgehen und das Wasser suchen und die Menge des Wassers bestimmen. Über hundert Meter kann er durch das Eis hindurch das Wasser erspüren. Manche sagen, er war ein Heiliger oder zumindest ein Dorf- und Talphilosoph und ein Heiler, ein begnadeter Wassersucher, ein polternder Prediger und auch wieder ein rauer Geselle. „Wie die Gegend, so die Leut."

Der Kapuzenmann aus Imst beendet seine Predigt, liest die Heilige Messe, lässt die arme Pilgerschar zur Heiligen Wandlung niederknien, auf die harten Steine, auf die kleinen Rasenpolster. Er lässt sie zu sich herankommen, jeden einzeln, lässt sie den Mund öffnen, lässt sie die Zunge herausstrecken und legt die kleine weiße Hostie auf die Zunge. Mit niedergeschlagenem Blick, die Arme auf der Brust verschränkt, wird heimlich das kleine Teigblättchen hinuntergeschluckt, nicht links und nicht rechts schauend, wird wieder gekniet, wird sekundenlang innegehalten, wird geschwiegen und wird gewartet. Alle erschrecken, wenn der Pater wieder die Stimme anschwellen lässt und wenn er schließlich das „Gehet hin", das „ite missa est" über Plattei hin schreit.

Die Kinder richten sich langsam auf. Die Füße schmerzen. Die Erwachsenen versuchen irgendwelche harmlosen Trostworte. Sie ziehen abwärts. Sie wandern müde, aber immerzu betend wieder das ganze Tal hinaus. Einen Vaterunser nach dem anderen, dann die Rosenkränze, zumeist der Schmerzhafte: „Der für uns Blut geschwitzt hat." Zehnmal hintereinander. „Der für uns das schwere Kreuz getragen hat." Zehnmal hintereinander. „Der für uns gekreuziget ist worden." Zehnmal hintereinander und das „Ehre sei Gott dem Vater und dem Sohn und dem Heiligen Geist" und wieder dasselbe mit dem Freudenreichen und dem Glorreichen Rosenkranz. Leise betend und fluchend, schluchzend und um sich schauend. Für einige von ihnen ist es ein beschwerlicher Fußmarsch von einem halben Tag, für manche von mehr als einem Tag, für manche drei und vier Tage. Sie übernachten in einem Stadel. Sie frieren, auch wenn schon der Sommer gekommen ist.

Virgil, der Hirt, hat mich begleitet und er erzählt mir noch einmal vom Tod der acht Schafe unter dem zusammenbrechenden Eistor des Ferners und wie er es den besitzenden Bauern aus dem Vinschgau glaubhaft machen konnte, wie die acht Schafe zu Tode gekommen sind. Sie sollten ihm keine Schuld geben. Aber es würde vom Sold abgezogen.

Virgil, der Hirt, hat auch die Geschichte vom MALEFIZ-BUA gekannt, der anno 1678 den Ausbruch des Fernersees durch Zauberei und mit des Teufels Hilfe bewirkt haben soll und der dann, so bestätigt der aus der Hauptstadt beigezogene Experte Martin Gumpp, in Meran hingerichtet worden sein soll.

Virgil packt den Bergstock, deutet dem Schäferhündchen, auf der anderen Talseite ein paar versprengte Schafe zusammenzutreiben. Ich habe kein Wort von Virgil gehört. Vielleicht gibt es so etwas wie Gedankenübertragung zwischen Hund und Mensch. Aber nur dann, wenn sie seit Jahren und immer wieder in engstem Kontakt miteinander leben, wenn sie aufeinander angewiesen sind und wenn sie an den kleinsten Rührungen, Zuckungen, Bewegungen erkennen, was der Hund vom Hirten und was der Hirt vom Hund erwartet. So etwas gibt es bei Virgil, dem erfahrensten aller

Hirten und Treiber, wenn er schon so viele Jahre dabei ist und weiter dabei sein will. Da kommt eine andere Weisheit auf den Menschen zu, eine viel stillere Weisheit, die immer weiter nach innen geht und nie nach außen dringt, die sich verschließt, die alles Laute verdecken muss. Beim Gehen im Berg, beim stundenlangen Gehen und beim mitunter langsam und gemächlich dahintrottenden Dahinschlürfen kommen die Gedanken und immer mehr Gedanken. Dann spricht er mit dem Hund und mit den Schafen in einer anderen Sprache. Virgil, der Hirt, ist ein Trol, einer der Tiroler Hirten. Von drunten in der Valcamonica ist es der Pataela. Die Bergamasker Schafhirten nennen sich die Troli. Mit ihren Schafen, ihren Tacola, dicht in der warmen Umhüllung der Wolle, der Pelöcc, ziehen sie über die Berge, finden nur an wenigen Tagen eine schützende Stallung, eine Caldusa.

Die bergamaskischen Hirten haben fast 200 Wörter, die nur in ihrer alpinen Schafhirten-Kultur gebräuchlich sind. Bei ihm hier im Tal haben sie alles vergessen. Sie sind viel zu wenige, immer auf weit auseinanderliegende Täler verstreut, am Rofenberg, im Niedertal, auf Küppele, auf der Großen Gurgler Alm, im Timmels drinnen. Da kommen sie wenig zusammen.

Virgil, der Hirt, sucht wieder nach ihr. Hat er auf sie vergessen? Dann sieht er sie wieder, er hat nur vermeint, sie gesehen zu haben. Im kalten Nieselregen hinter einem Felsblock ist sie gestanden, hat sich am Felsen festgeklammert, hat den Felsen umarmt, ist wieder spurlos verschwunden. Ist sie schwanger? Ist das Feuer aus ihren Augen verschwunden? Redet sie ihn an?

Bevor die Hirten und Treiber, heuer fünfzehn junge starke Männer, überwiegend aus dem Vinschgau, aus Kortsch, Laas und vom Schlanderer Sonnenberg, in der alten Schäferhütte zusammenkommen, den Abend vor dem Übertrieb der Schafe zurück nach Südtirol, feiern sie das Abschiedsfest mit Schafbraten, Rotwein und Schnaps.

Bevor die Hirten und Treiber, heuer fünfzehn junge starke Männer, in voller Manneskraft und inwendig aufgeladen, an diesem Abend in ihre Lager hineinkriechen, hören sie vom Berg herunter merkwürdige Stimmen, klagende Laute, einen Gesang, wie sie ihn noch nie gehört haben. Sie hören das Blasen der Bockhörner, das Fiedeln fremder Geigen, das Streichen über hartem Metall wie das Streichen der Wetzsteine auf den Oberkanten der Sensen, dieses markdurchdringende Schreien und Klagen, aber sie erkennen keine Menschen, keine menschlichen Wesen. Sie hören den Klang und das Klagen und sogar das Weinen. Es hört sich an wie das Weinen, das immerzu stille In-sich-Hineinweinen und das hören sie und sie horchen in die Nacht hinaus. Sie treten vor die Hütte, torkelnd, schnapsbeladen, torkelnd, weinbeladen, die Füße schwer, die Zungen nicht mehr im Zaum gehalten, das Grölen jetzt noch zurückhaltend, weil sie dem fremden Klang lauschen, dem unheimlichen Anschwellen und Verschwinden. Sie vermeinen den feurigen Reiter zu sehen, der das vierte Siegel zu öffnen imstande wäre. Es kommt kein feuriger Reiter. Es kommt ein alter Widder und auf ihm sitzt der Sensenmann, der leibhaftige Tod mit seinem dürren Gestell, die Sense über der Schulter, anstelle des Gesichtes weiße, grausige Knochen. Und wie er langsam daherkommt: Sie flüchten zurück in die Hütte.

Sie träumen in dieser Nacht vom Tod und vom schwarzbraunen Riesenwidder und von dem, der auf dem Widder saß. Es war der Tod und dem war die Macht gegeben, die Menschen auszusieben und zum Gericht zu laden.

Aber das bereitet den Hirten und Treibern, heuer fünfzehn an der Zahl, kräftige, junge Mannspersonen aus dem Vinschgau, eine schreckliche, eine fast unheimliche Angst, dass sie dahinter das Wimmern eines Weibes zu vernehmen glaubten, dass sie vermeinten, das Klagen einer Frauen- oder Mädchenstimme zu hören, das Wimmern eines geschundenen, eines von grausiger Männerhand geschändeten Weibes.

In der Schäferhütte haben sie ein wildes, ein ausgelassenes Schaf-Fest gefeiert und sie haben schändlich gesoffen und gefressen. Dann ist der Schrecken über sie gekommen, als sie den fremden Klang gehört haben und als sie dahinter das Klagen des Weibes gehört haben, nicht eines Weibes, das kurz vor dem Gebären sich befand, sondern des Weibes, das von grausig-gieriger Männergewalt heimgesucht worden war. Da ist er gekommen. Der geile Bock. Und er hat ihr den Mund zugehalten. Mit einem Taschentuch zugedrückt. Das Schreien ist erstickt worden. Das alles haben sie vermeint zu hören. Virgil, der Hirt, war mitten unter ihnen.

Es ist ihm vorgekommen, er höre und sehe die fremde WILDE FRAU, die er Tage zuvor in seiner Hütte beherbergt, die er kurz hinter dem Felsen gesehen hat, dieses Weib, von dem er vermeint hatte, sie in seiner Hütte gesehen zu haben, das aber wie ein Trugbild zerstört worden ist. Virgil, der Hirt, vergisst nicht auf dieses Gesicht und am allerwenigsten auf die pechschwarzen Haare und noch weniger auf diese Augen, so schwarz und feurig und zugleich von einer anderen Welt. Sie hat ihn damit durchbohrt. Es überkommt ihn heiß und kalt. Er friert und schwitzt. Er hat Fieber und erstarrt zu Eis. Und er erinnert sich an die alten Sagen, die von einem fremden wilden Weib berichten, das zudringlich geworden ist zu den Hirten auf ihren Schafbergen, das sich ihnen aufdringlich genähert hat, lauernd, mit feurigen Augen sich den Männern auf ihren Lagern genähert hat, dass sie fürchten, sie würde ihnen Gewalt antun. Niemand hat es in Wirklichkeit erlebt und erfahren. Sie haben Angst davor. Die fremde WILDE FRAU würde sich auf den Mann stürzen, würde ihn mit übermenschlicher Gewalt aufs Lager werfen und sie würde sich auf ihn drüberstürzen. Diese Männerphantasien schrecken sie in den Nächten aus ihrem Schlaf.

Die Hirten und Treiber warten auf den kommenden Morgen.

Virgil, der Hirt, hat geglaubt, hinter diesem unheimlichen Totenheer, hinter dem wilden Reiter auf dem alten Widder, hinter diesem unheimlichen Zug über die Berge die fremde WILDE FRAU erkannt zu haben, ohne dass er sie je reden oder gar fluchen und singen gehört hätte. Er hat sich ihre Stimme in der Phantasie ausgemalt, hat immer wieder vermeint, sie zu hören.

Bevor die WILDE FRAU vom Gletscher heruntergekommen ist, bevor sie den Kristallpalast der Ferner verlassen hat und bevor sie den Hirten gesucht hat, Virgil, und ihn in seiner Hütte heimsuchen hat wollen, haben sie draußen im Tal gefeiert. Auch weit droben auf den anderen Gletschern und Fernern das große Fest von Sodom, das öffentliche und von den Tourismushorden des Tales offiziell ausgeschriebene Fest der Hurerei, des Lasters, der Sünde und das alles sollte und musste in der perversesten Sodomie ein Ende finden, einer solchen Katastrophe, wie sie vorher sich nie ereignet hat und wie sie in kommenden Jahrhunderten nie mehr sich ereignen wird. Denn es ist die Strafe gekommen. DANANÄ liegt unter dem Eis der Ferner. Sie haben mit einem Geländefahrzeug junge Ziegenböcke im besten Alter herangekarrt. Lustobjekte. Und vom Innsbrucker Bahnhofshurenviertel ein Geländefahrzeug voller Nutten.

Siebeneinhalb tausend Jahre danach haben sie eine neue Stadt in den Bergen gebaut. Leuchtender und strahlender und korrupter als jemals zuvor. DANANÄ I war im Eis verschwunden.

Die große Mauer mit 190 Metern dient der Steigerung der Wassergewinne. Ihre Betreiber und Promotoren erinnern an die Korruptheit der Herrscher von DANANÄ. Die Hirten und der Schäfer treiben wie seit sechstausend oder noch einmal weiteren tausend Jahren ihre Schafe über die Jöcher, die ehemals stark vergletschert gewesen sind, die dann wieder ausgeapert und eisfrei geworden sind. Dann sind sie wieder dick und fest angeschwollen, zugeeist. Dann haben die Schäfer über das Disenjoch ausweichen müssen. Es hat Jahre gegeben, wo sie mit den Schafen nicht über das Niederjoch, das sie auch Schnalser Joch nennen, gefahren sind. Der Ferner hat sich binnen weniger Jahre über das Joch hin ausgebreitet, wie ein weißer Drache, hat sich über das Joch hinausgewälzt und hat sich über den steilen Fels hinabgezwängt. Dann ist auch die Frau nicht mehr begehbar gewesen. Der Ferner hängt als Eisbruch über der Frau. Wie bei der LANGTÜTTIN kann es geschehen sein, dass die Frau zum Hängenden Ferner verbannt worden ist, dass sie dort leben und ausharren muss. Die mächtigen Eiswände hinter dem Disental haben, so wird in Schriften aus den Jahren um 1600 und 1678 und 1717 und wieder zwischen 1843 und 1848 berichtet, das Klima im Schnalstal so verschlechtert, dass sie den Getreideanbau einstellen haben müssen, dass wegen des eiskalten Windhauches das Leben auf den hochgelegenen Bauernhöfen schier nicht mehr möglich gewesen ist, weil nichts gewachsen ist, auch keine Erdäpfel und keine Rüben. Dann sind sie mit ihren Schafherden über das Joch der DISEN ausgewichen. Alte Hirten und Treiber haben noch berichtet, dass sie dort der DANA und den DISEN geopfert haben, dass sie dort beim Ferner die Geschenke für die DISEN und die DANA übergeben mussten, dass sie auf dem überaus beschwerlichen Gletscherweg mit tausend Schafen, vom Schnalstal durch das Pfossental, hinauf zum mehr als 3150 m hohen Gurgler Eisjoch beim ANA-Kogel gerastet und geopfert haben. Auch dort haben die Hirten und Treiber gerastet. Das haben sie auch gemacht, wenn sie im Juni aus dem Süden gekommen sind und wenn sie im September wieder in den Süden zurück gezogen sind.

Alle kundigen Leute im Tal, die mit den Schaftrieben vertraut sind und sich alljährlich als Helfer bewähren, wissen davon. Es ist ein Jahr vorher gewesen. Da sind 20 Hirten und Treiber, eng aneinandergedrängt, auf den Bänken der Steinhütte gesessen. Auch zwei Frauen sind dabei, eine Schwester und eine Nichte des Oberhirten, und sie haben nach alter Methode das Schepserne, das typische schnalserische Schafbratl zubereitet. Vorher hat der Alte vom Sonnenberg eines seiner Schafe geopfert, hat es zum gemeinsamen Verzehr freigegeben. Vor dem Dunkelwerden haben sie die Schafe oberhalb der Hütte auf einem Schaf-Soom genannten großen, nur leicht ansteigenden Gelände zusammengetrieben. Einer von den Treibern hat bis zum völligen Dunkelwerden bei der Herde wachen müssen, frierend, vom sanften und unaufhörlichen Nieselregen dieser Nacht durchnässt, mit Schnaps gefüllt, sonst wäre es nicht zum Aushalten gewesen, hat müssen Wache halten. Sonst würden die Schafe sich ohne Hirten und Treiber davonmachen, würden auf das Joch zu ziehen und auf der anderen Seite absteigen.

Die Hirten und Treiber sitzen in der engen Hütte. Drei Hunde warten auf die Reste der Mahlzeit. Wenn der Vollmond kommt, müssen sie ihr Mahl unterbrechen.

In der Hütte sind sie zusammengekommen. Am nächsten Tag wollen sie bei Tagesanbruch mit den Schafen über den Ferner und über das Joch ziehen, auf der anderen Seite im anderen Tal auf ein weiteres Joch steigen und den langen Weg durch das trockene, lange

Tal nach Kortsch und Laas machen, einige von ihnen auf die Höfe des Sonnenberges. Alles wie vielleicht schon durch fünftausend oder sechstausend oder achttausend Jahre. Alles in einem archaischen Zug der alten Bergnomaden hinter ihren Herden, fast im Instinkt, fast als Ritual. Sie wollen hier im Rofenberg die knapp über 1600 Stück zählende Herde gut übers Joch ins andere Tal bringen. Mehr als 6400 Schafbeine stapfen durch den Schnee und über das Eis. Sie wollen in derselben Weise im Niedertal drüben die fast 2000 Schafe zählende Herde durch den Schnee und über das Eis ins andere Tal bringen. 8000 Schafbeine. Der Virgil mitten drinnen. Der Herr der Herde. Sie wollen die mehr als tausend Schafe über das schrecklich steile und ausgesetzte, gefährliche Gurgler Eisjoch bringen, durch das lange Pfossental hinaus. Mit mehr als einem Dutzend Treibern und vier bis fünf Hunden.

Eine der Schafbesitzerinnen, die Schwester des Oberhirten, hat die Zubereitung des Mahles übernommen, eifrig unterstützt von der knapp jüngeren Nichte des Oberhirten. Wie sie dort am offenen Feuer hantiert haben. Gerötet das Gesicht. Und dahinter am Tisch die Männer, Erwachsene und Halbwüchsige. Im besten Alter und sehr stark. Der Alte vom Sonnenberg hat das Schaf gespendet. Wo seine Schafe im Sommer weiden, ist der bevorzugte Platz der SALIGEN, wenn sie nach der alten Überlieferung im Hinteren Eis wohnen und von dort aus als Herrinnen der Tiere die gesamte Berg- und Eiswelt bewachen und schützen. Die aber auch Muren und Lawinen und Steinschlag und Verderben ins Tal schicken können. So richtig beten kann man nicht zu ihnen. Virgil hat mir dieses Problem geschildert. Es sind keine von der Kirche anerkannten Heiligen. Wie das denn wäre, wenn es doch erlaubt sein könnte? Der Alte kennt seinen Berg und seine Schafe.

Schnaps und ausreichend Wein, den sie von drüben mitgebracht haben, versetzt sie in eine entrückte Stimmung, weit droben in der alten Schäferhütte aus Stein mit den eng aneinandergerückten Männern, den jungen Frauen, den warmen Leibern, den schwitzenden und dampfenden Körpern. Alle sind aufgeregt. Mitunter wird ein Witz herausgezogen, wird immer lauter und deftiger erzählt, zotig, aus der untersten Schublade. Mitunter in einer Sprache, die an die alten Schäfersprachen der Alpen erinnert, wie sie noch in den bergamaskischen Alpen erspürt werden kann. Hier nur mehr ansatzweise, mit den Lauten einer uralt wirkenden Geheimsprache, einer Schaftreibersondersprache, einer nur bei diesen Gelegenheiten des Zusammenseins, der Wärme, der Hitze, des Dampfes von Zote und Schnaps erzeugten Sprache. Es kann auch wie ein Gestammel sein. Oder wie eine Litanei, immer sich wiederholend, immer lauter den Takt schlagend. Einer mit der Faust auf den Tisch. Die Zote sitzt. Überwiegend sind es Reste der alten rätischen Sprache, wie sie im Vinschgau bis vor wenigen Generationen gesprochen worden ist, erinnernd an Laute aus dem Rätoromanischen der nahen Schweiz. Oder es ist wieder laaserisch oder göflanerisch gefärbt. Dann kommt der fremde Klang der alten alpinen Wander- und Vagantensprache zum Vorschein. Von der Sprache, die bis in die Gegenwart in letzten Resten bei den Karnern oder Lanigern oder Dörchern zu finden ist, in einem Gemisch von Romanisch, Ladinisch, Deutsch, Laaserisch oder Göflanerisch. Für Fremde kaum verständlich, im Geschrei und Gepolter noch schwerer fassbar, in der Hitze des Redens und Witzeerzählens immer schneller, immer hastiger, immer mehr die gezügelte Sprechweise verlassend, dann wieder verhalten, fast lallend, wiederum herzlich lachend, einen gelungenen Witz beklatschend, sich wie kleine

Kinder an Unscheinbarkeiten erfreuend, im Bündnis einer fremdartig klingenden Schafsprache, beinahe mit dem Anklingen von Mäh und Mäh und den Suugelen, Pamperlen. Höörla höörla leck leck leck. Die Ötztaler reden anders mit ihren Schafen als die Schnalser.

Beim Vernatsch-Rötel haben sich die Zungen weiter gelöst. Dazu das Prasseln des offenen Herdfeuers, die Enge, die immer bedrückendere Enge, das immer stärkere Dampfen und Schwitzen der Männer, die zotigen Witze angesichts der scheinbar alles erduldenden Frauen am Herd: Jetzt endlich kommt der Schafbraten auf den Tisch und das Zischen des kurz vor dem Auftischen mit Wein übergossenen Bratens. Es dampft und raucht. Das geschlachtete und jetzt dem feierlich-rituellen Verzehr freigegebene Schaf ist ein altes Mutterschaf gewesen. Seit fünfzehn Jahren hat es instinktiv die Herde über den Ferner angeführt. Jetzt ist es alt geworden; unbrauchbar, weil es keine Lämmer wirft. Jetzt ist das Schaf zum Verzehr freigegeben, erst nach vierstündiger Brutzelei und Braterei, nach Wenden und Aufgießen mit dem Rötel von Vernatsch, damit es nicht austrocknet: Das Fleisch muss weich sein, muss von den Knochen rutschen. Der Lärm verstummt. Immer mehr dem vorerst stummen Fraß ergeben, erstickt das letzte Lachen. Das Wohlbefinden ist hörbar. Dichtgedrängtes Verzehren des Heiligen Mahles.

Dann denken sie an den Schaftrieb. Dann lauschen sie vor der Hütte nach dem Wetter. Sie lauschen und sie riechen nach dem Wetter. Sie erinnern sich an den Schneesturm vor ein paar Jahren und der Oberhirt erzählt die Geschichte von den Schafen im anderen Tal drüben, als sie mehr als dreihundert davon in die Schutzhütte hineingezwängt haben, wie die Schafe alle Schlafkammern besetzt haben und wie trotzdem mehr als hundert Schafe elendiglich im Schneesturm erfroren sind. Einige Male soll es auch geschehen sein, dass Männer ums Leben gekommen sind, dass sie im Schneesturm erfroren sind.

Virgil, der Hirt, der Sagenkundige, erzählt die Sage, wie ein altes Weiblein in dicken Winterkleidern den Schaftreibern begegnet und sie warnt. Er muss es erzählen. So wie jedes Jahr. Da werden sie still rund um den Tisch:

Ja ja, ist es beim großen Schaftrieb drüben geschehen. Über das Gurgler Eisjoch. So haben es die Alten erzählt. Sind die Schnalser bei Sonnenschein in Hemdsärmeln über das Joch. Kommt hinter einem Stein ein altes Weiblein, hebt die Hände in die Höhe. Fast als ob sie drohen täte. Versperrt den Schnalsern den Weg, will sie aufhalten. Ruft ihnen zu: „Mandr Mandr husch husch!" Männer Männer, macht schnell, beeilt euch! Wo habt ihr euren Rock, eure Wintersachen zum Drüberhängen, wenn der Schneesturm kommt? Und wie das alte Weiblein gezittert hat in dem warmen Gewand bei der Sonne und wie sie trotz der warmen Sonne und dem dicken Gewand sich gebeutelt hat vor Kälte. Das haben die Hirten nicht glauben wollen. Zuerst haben sie das Weiblein ausgelacht. Der nächste Tag ist der Tag des Schaftriebes über den Großen Ferner gewesen.

Und dann haben sie es erlebt: Es kam ein so schrecklicher, ein so fürchterlicher Schneesturm, dass alles dunkel geworden ist. Da hat es wild angefangen zu schneien und es hat einen Meter Schnee hingelegt und der Schneesturm hat so wild gebeutelt und geblasen, dass es die Hirten fast weggeblasen hat. Und sie sind nicht mehr weitergekommen. Droben auf dem großen Gurgler Ferner sind sie zugrunde gegangen. Eintausenddreihundert Schafe sollen es gewesen sein. Und schrecklich: Auch neun von den elf Treibern sind auf dem Ferner elendig gestorben. Und ihr wisst ja: Eine solche Geschichte wissen die alten Leute vom Schnalser Joch. Ja ja und alle von euch haben den verlustreichen Übertrieb anno 1989 erlebt. Schrecklich!

Es ist das klägliche Zugrundegehen. Über die Felsen sind Schafe abgestürzt, abgerutscht auf der eisigen Platte und dann war es nicht mehr zum Halten. Habt ihr gehört, wie die Lämmer geweint haben. Markerschütternd im Schneesturm. Wenn sie alle nicht mehr weitergekonnt haben. Bis auf die höchsten Höhen hinauf haben wir es hören können.

Die SALIGEN WEIBERLEUT hätten helfen können. Die sind nicht mehr da. Sind verschwunden. Haben sich versteckt. Sie haben unter den immer schneller ausapernden und zurückweichenden Fernern ihre Heimstätten verloren. Ihre Kristallpaläste sind zusammengebrochen. Sie holen Virgil, den Hirten, den Weltbeobachter, den Zauberer. Er soll den neuen Schindwurm bannen oder er soll zaubern, wie sie gehört haben, dass er zaubern kann, Gämsen an der Stelle mit seinem Blick bannen, die Schafherde ohne Hunde zusammenhalten kann. Nein, er will nicht davon reden.

Seine RUSILENA ist eine SALIGE. Die LANGTÜTTIN ist eine Schwester der RUSILENA. Die WILDE FRAU von LUIBIS ist eine weitere Schwester und wieder eine andere Schwester, einer Ahnin gleich, droht, auf dem Felsen über DANANÄ stehend, mit dem Untergang der goldenen Stadt. Alle gehören zur weiblichen Sippschaft der SALIGEN. Vor vielen vielen Jahrzehnten haben die Ur-Schwestern droben in der Welt der Ferner gehaust und zuoberst auf den Graten, Bergspitzen und Jöchern: DANA mit ihren Gesellinnen dort, wo später die ruchlosen Städte TANNENEH unter dem Gurgler Ferner, ONANÄ unter dem Langtauferer Ferner und dem Grafferner, DANANÄ unter dem Vernagtferner erbaut worden sind. Es sind allesamt der DANA geweihte Städte gewesen. Wo die DISEN ihren Hauptsitz gehabt sollen, wurde am 19. September 1991 der später liebevoll „Ötzi“ genannte „Mann aus dem Eis“ ausgeapert und auf grausame Weise entehrt, mit dem harten Pickel und dem Schremmhammer geschändet.

Jetzt bauen sie ganz hinten im Tal eine neue Monsterstadt. Direkt auf den Gipfel. Hoch über der neuen Staumauer. Bis zuoberst auf den Gipfel hinauf.

Virgil, der Hirt, der die größten Steine in den Bach kegeln kann, der Gämsen und vielleicht auch Seilbahnen, Bagger und Raupen bannen kann, steht am Anfang und zugleich am Ende. Er solle sich einen Hubschrauber kaufen, raten ihm einige Schaftreiber. Dann komme er schneller von LUIBIS zum Similaun. Er könne dann wie der mutige Leo mit seinem Hubschrauber aufsteigen, unter Lebensgefahr die toten Schafe aus dem Schnee klauben und abtransportieren. Es könnte wieder so ein Tag kommen. Wieder so einer zum Fluchen und Fürchten. Da klauben sie heimlich an ihrem Rosenkranz. Lassen die Perlen durch die Finger gleiten. Aber alles nur heimlich. Weil sie sich dieser religiösen Rührung schämen. Virgil, der Hirt, hat extra die Hütte aufgeräumt. Wenn sie vor dem Abtrieb noch einmal zusammenkommen. Virgil kennt das alles: wenn sie essen, schwatzen, lärmen und wenn sie deftig-dreckige Witze erzählen und wenn sie angesoffen und lallend auf der Bank oder auf dem Boden liegen. Laut schnarchend. Sie denken daran. Dann wird es stiller und bedrückender. Das langsame Löffeln und das Schmatzen hat aufgehört. Die letzten Witze sind verklungen, liegen mit dem Suff auf der Bank, auf dem Boden, hinter und unter den Schnarchenden.

Besorgt erwarten die Wachgebliebenen den kommenden Tag. Es erwartet sie der große Ferner und das Joch, drunten im Tal Kurzras und Vernagt und dann wieder das hohe Taschljöchl, wieder fast 800 Meter bergauf. Aber die Schafe haben es eilig. Im Juni haben sie es eilig, auf die grünen Weiden zu kommen. Im September haben sie es eilig, in ihre heimatlichen Ställe zu kommen.

Der Alte vom Sonnenberg hat vielleicht sein Abschiedsgeschenk gemacht. Heuer ist er noch gekommen. Er ist immer noch rüstig. Mit fast achtzig Jahren hat er es vielen Jungen voraus. Aber seine Kinder wollen anders wirtschaften. Neuzeitlich. Solange er kann, wird er den dreitägigen Weg der Schafe über Berg und Tal bis ins Hintere Eis riskieren. Das kann sich niemand vorstellen, wie diese Reste des alten alpinen Nomadentums sich in den Köpfen der Vinschger Hirten, der Schäfer und Schafbauern eingenistet haben. Und es muss erlebt werden, wenn bei Erwärmung und dem Höhersteigen der Sonne der Schnee auf dem Ferner aufgeweicht wird und dann die Schafe bis zur Wampe im Schnee stecken und wenn sie hundertfach und zweihundertfach dort feststecken und mit letzter Kraft oder angetrieben von den Schreien der Hirten und Treiber, vom Anbellen der Hunde aufgestachelt, wieder weiterstapfen, wieder einsinken.

Jetzt sind die letzten Witze verstummt. Rötelbeladen und schnapserfüllt die einen. In großer Sorge, den Kopf zwischen den Händen, über den Tisch gebeugt der Oberhirte. Drüben haben sie ein Bild gehabt, ein frommes Bild mit einer Madonna drauf, die ausgeschaut hat, wie sie sich die SALIGEN vorstellen, eine Mariahilf-Darstellung mit einer schönen, wunderschönen Frau. Dort sind sie ehemals niedergekniet. Das Bild ist längst verschwunden. Ein gelber Aluminium-Wegweiser kündet den Weg zum Schnalser Joch und zum Ötzi.

Die letzten religiösen Reste sind am Verschwinden. Das Katholische war sowieso immer nur eine oberflächliche Tünche über den wilden Männern, den holdseligen SALIGEN, der fremden Madonna auf den Bergen, „Am Bild“ genannt: So gehen die Gedanken. So wird der alte Kult überleben. Oder es wird alles sterben, vergessen werden, verrecken, zubetoniert, planiert, glattgewalzt. Immer noch orientieren sie sich an den alten Kulten.

Am Vorabend ist etwas Eigenartiges über die Schäfer, Treiber und die beiden Frauen gekommen und es werden auch die Hunde etwas mitbekommen haben. Das Eigenartige darf nicht wahr sein, weil es längst verschollen gewesen war, längst ausgerottet schien. Und weil es vielleicht verboten gewesen wäre.

Der Alte vom Sonnenberg hat das Schaf geschlachtet. Die Haut, das Fell hat er abgezogen und hat es auf eine hohe, drei Meter hohe Stange gehängt. Er hat die Haut nicht, wie es unten im Tal üblich ist, zum Gerben weitergegeben. Er hat die Haut auch nicht eingegraben, unter einem Stein vergraben. Das Fell hängt und baumelt auf der Stange. Dort kann und soll es der Lämmergeier holen oder der Adler: Er hat das Fell aufgehängt. Jetzt baumelt es im Wind. Es wurde ein Totem daraus. Eines wie vor viertausend oder sechstausend Jahren in diesen Bergen oder eines, wie es bei fremden Völkern noch immer üblich ist und hohe Verehrung genießt. Von diesen Vorstellungen weiß der Alte nichts und auch die anderen wissen es nicht, wollen vielleicht nichts wissen, scheuen sich vielleicht, sich dazu zu bekennen. Der Sturm beutelt das Totem: Es soll vom Sturm verweht werden. Es soll den Weg zu den Ahnen freigeben. Der Tod lauert hinter dem Felsen. Überall lauert der Tod. Aber der Alte ist mit den Vorfahren verbunden. Weil auch schon sein Vater und sein Großvater und wieder dessen Väter und Großväter durch viele Generationen hindurch den Weg mit den Schafen über die Ferner gesucht haben, wird es eine Erinnerung an die Toten sein. An die Vorfahren. An die Freundin von Virgil, dem Hirten, an die RUSILENA mitsamt ihren geheimnisvollen Schwestern und Ahninnen.

Es ist die Erinnerung an die uralten Rituale der Häutung, des Abziehens der Haut. In vielen alpinen Sagen wird dem Hirten, der nach der sommerlichen Weidezeit, statt mit den anderen Hirten und Bauern ins Tal zu ziehen, wieder zurückgeht, trotz aller Warnungen und Drohungen wieder zur verlassen geglaubten Almhütte zurückgeht, nach ritueller Tötung die Haut abgezogen. Die Haut wird auf dem Hüttendach aufgespannt. Zum Gerben. Trocknen. Als Rache? Den Sommer durch haben die Hirten und Senner aus Käse eine Frau geformt, aus Holz eine Frau geschnitzt, haben ihr zu essen gegeben, haben sie gefüttert und haben sie als Objekt ihrer Gelüste benutzt. Der Hirte ist voller Lust und Gier wieder zurück. Dort haben ihn die anderen Schwestern der RUSILENA getötet, gehäutet, tätowiert, als Totem der vorübergehenden Verehrung zumindest der menschenlosen Winterzeit auf den Almen. Drüben am Schnalser Joch verehren sie, gewollt oder nicht gewollt, wissentlich oder geheim, eine Verengung im Durchstieg zum Joch. Bei der Einengung zwischen den Felsen nennen sie es „die Frau". Der Alte kennt alle Geschichten. Das Totem hängt auf der Stange. Dahinter der Mutkogel: ein alter Kultberg wie der Similaun. Das Lamm ist geschlachtet. Das Schaf hängt als Totem und soll uns bewahren. Bewahren vor Schneesturm und Tod, bewahren vor allen Widerwärtigkeiten und bewahren vor einem jähen und unvorgesehenen Tod.

Versteckt auf der Stange, versteckt in der Hosentasche, versteckt im Denken und Fühlen ist der Kult, der meditierende Rosenkranz, viermal zehn Perlen durch die Finger ziehend, ist das Totem der Ahnen und der alten Generationen.

Alles ohne erkennbare Emotion. Darin verstehen sie sich. Gefühle werden nicht preisgegeben.

Die Herde soll am nächsten Tag über den Ferner ziehen. Eineinhalb Kilometer in einem langen Zug, ein Schaf hinter dem anderen, ameisenähnlich, archaisch. Braune, schwarze, scheckige und viele weiße Leiber, nahezu 1600 oder 1700. Hier. Und drüben am anderen Joch 2000. Übers Gurgler Eisjoch weitere tausend bis zum Jahr 1962, mehr als tausend über das Timmelsjoch. Junge, Alte, Lämmer, Treiber, drei Hunde.

Hinten am Rofenberg noch einmal das Totem am Pfahl. Es kommen keine Touristen. Wenn Touristen, Wanderer, Bergsteiger kommen, ist das Fell schon längst verschwunden, vom Wind mitgerissen, vom Adler heruntergeholt, dem Berg wiedergegeben. Die Erinnerung an längst vergangene Zeiten.

Und neben dem archaischen Zug der Schafe tauchen in derselben Region die widerlichsten Extreme auf. Seit Tagen haben die Raupen und die anderen Schneebearbeitungsgeräte ratternd und dröhnend den Schnee präpariert. Die Skiläufer sollen kommen und sollen Geld bringen.

Das Schreien und Dröhnen verhallt wieder. Heimwärts zieht eine lange Herde.

Dann ist der Schaf-Berg wieder tot. Dann haben die letzten Touristen und Skifahrer das Tal verlassen. Der Ferner und die Berge, die Gämsen könnten den SALIGEN verbleiben.

Die sind aber verschwunden. Alle sind mit den Giftspritzen der Seilbahnbosse hingerichtet und geschlachtet. RUSILENA, die längst erwartete und erhoffte Gefährtin von Virgil, dem Hirten, die SALIGE aus der jahrtausendealten Anderswelt, wird ein schreckliches Schicksal erleiden. RUSILENA wird das Opfer grausamster Alpinböcke, aufgespießt, geschlachtet und geschändet von Gletscherlüstlingen und Talbossen.

Dann ist ein erstes, mit neun Toten eher harmloses Hubschrauberunglück geschehen. Es wird erst der Anfang sein einer langen Kette in den geschändeten Bergen, in den HEILIGEN Bergen der Göttinnen. Es ist das vorerst größte Hubschrauberunglück in der alpinen Geschichte geschehen und alle Welt hat Notiz davon genommen. In vielen Meldungen in Zeitungen, im Radio, im Fernsehen ist berichtet worden. Aber es ist nur der Anfang einer neuen Geschichte der Alpen. Und es wurde öffentlich und offiziell geklagt und bedauert. Und es wurde bis ins letzte Detail über die Toten und ihre Hinterbliebenen geschrieben und über den offiziell und demonstrativ klagenden, ja sogar weinenden Seilbahnboss. Ja ja, es ist ausgiebig geklagt und bedauert und betrauert worden. Der Papst hat ein Telegramm nach Sölden gesandt und hat versprochen, für die Toten zu beten. Mehr noch sollte er, so hörte ich Virgil, den Hirten, sagen, für die Betreiber beten, für den Seilbahnboss, den Seilbahnherrn, den Seilbahndirektor, den Seilbahnprokuristen, den Seilbahnschmiervorarbeiter für weiterhin verantwortungsvolles Schmieren der Getriebe, der Verbindungen zwischen Seil und Eisentraverse, für einen optimal funktionierenden Schmiergeist über den Drähten der Bahn. Alle guten Geister schienen ihn verlassen zu haben.

Im sündigsten Teil des Tales feiern sie Wiederkehr von Sodom. Ein *schräges Liveprogramm* verkündet, in schreiendem Licht bunter Reklamen, aus den Schlünden der *Gletscherspalte* heraus das Heraufkommen des neuen Lasters. Zuerst begnügen sie sich mit einer *Nacht der Geister*, steigern von Woche zu Woche zum *Hexensabbat*, rufen lüstern und gierig eine neue *Nacht des roten Saftes* aus, just zum *Tanz der Vampire*. Am folgenden Dienstag ersäufen sie sich in der grausigen *Nacht der schwarzen Katzen*. Alles sind reale Horrorbilder aus dem Touristendorf des Schreckens, der Pornografie und der banalen Kulturlosigkeit. Es hat auch schon anno 1997 angefangen und hat sich seitdem beharrlich gesteigert und wiederholt, Jahr für Jahr mit neuen Gags und Events. Das Rad dreht sich schneller und schneller. Es wird größer und gefräßiger. Wie die geile Sennenpuppe, die unaufhörlich gemästet und gefüttert werden muss und die dann den Unrat erbricht. Sapperlott. *Für die Experten ein Muss* verkünden sie in ihren Pressemeldungen. Ein Muss ist der geile Boxabend in Porno alpin, ein außergewöhnlicher Boxabend mit zwei geilen, tollen Boxerinnen, der bisher ungeschlagenen Karolina Lukasik aus Polen und der Argentinierin Paola Gabriela Casalinuovo. Geile Boxweiber, sag ich dir. Ein Fest der Männer. Hochkarätig und super in Sölden. Dann haben die Boxerinnen absagen müssen, haben gestreikt, haben sich verweigert. Echte Kapazunder des heimischen Boxstalles der Perversionen. Macht nix. Der Pfarrer weiß ein Gegenmittel: Faire-Traid-Kaffee und der Segen. Amen. Schon wieder der Segen und das Amen wie im Gebet. Porno pur und Porno pro sind neue Slogans. Vorsaisonal aufgegeilt, holen sie im Oktober die Elite der Homosexuellen, Männer und Weiblein, bunt gemischt, auf ihre Vorsaison-Pisten, eine ganze Woche lang Power pur und edel. *Schwul-Skiwoche lockt Homosexuelle nach Sölden*. Werbung pur und via Lokalmonopolpresse. Pfeif drauf! Und scheiß

drauf! Jetzt ist sowieso alles wurscht und schnurzegal und es muss noch geiler werden nächstes Jahr. Beim *Gay Snowhappening* mitsamt einer lokalen Love-Parade haben sie ihre Homo-Veranstaltung fix und fest im europäischen Szenario etabliert. Mehr als 300 Homosexuelle sind gekommen. Bravo. Und haben gut gezahlt. Sind erstklassige Gäste. *Damit hat sich Sölden als Europas bekannteste schwule Skiwoche etabliert. Sie sind äußerst qualitätsorientiert* und das führt *automatisch zu höheren Tagesausgaben.*

Tourismus Marke Sölden anno 2007 pur. Kurz vorher ist der junge Bursch mitten auf der Straße, mitten in der Nacht, in Anwesenheit mehrerer Gäste, auf der Straße des Ortes niedergestochen worden. 18 *Stiche: Ermittler rätseln nach Bluttat.* Motiv: Einer der Nachtwandler und Nachtsäufer wollte von einem anderen Nachtwandler und Nachtsäufer eine Zigarette. *Der 17-jährige sagte aus, der Unbekannte habe sie vor einer Disko im Zentrum von Sölden um eine Zigarette angebettelt. Sie hätten ihm keine gegeben – und plötzlich sei der Täter durchgedreht und habe mit dem Messer auf sie eingestochen. Der 22-jährige brach bewusstlos nieder.* Knapp vor dem Tag des Gabenbringers Sankt Nikolaus. Genau zwei Monate vorher haben sie ihre jährliche „Tourismuswallfahrt" gemacht, nach St. Georgenberg bei Schwaz, wieder mitten hinein in die wilde Bergwelt, hinauf zu einem uralten Kultort. Der kostenlose Bus dorthin ist ausgebucht. Wie jedes Jahr. Dann hat das „Original Zillertaler-Duo" beim geselligen Zusammensein im Gasthof beim Kloster St. Georgenberg aufgespielt. Das Seilbahnunglück respektive das Hubschrauberunglück aus dem vergangenen Jahr haben sie noch immer nicht verdaut.

In der letzten *Nacht der schwarzen Katzen*, so beschreiben sie ihr Szenario der Perversitäten in bunten Werbetexten, den Slogans von Geldgier und Snow-Kult:

Ab und zu flackert rotes Licht, im Vorbeigehen erscheint eine schwarze Katze, die, kaum bekleidet, an der Bar einen Whisky-Soda trinkt, ohne sich umzudrehen.

Im *etwas anderen Vergnügungslokal* erscheinen coole Porno-Damen und es erscheint zur Verleihung des Kirchenspenderpokals der Pfarrer. Er weiht und segnet. Falsche Propheten steigen auf die Kanzeln, Mountain Super Drive, der Schrägaufzug, die Porno-Bar.

Rundum schieben sie den Kehricht zu großen Haufen. Maurice Chappaz steh uns bei. Hilf uns, den Morast aus den Hotels zu räumen, diesen Vatikanen aus Holz und Keramik und Geld. Sie thronen reihenweis in den Bergen und versammeln sich zu Abfallhaufen, hinabgeschüttet, wenn niemand zuschaut, wenn der Landesumweltanwalt im Ausland weilt, der Umweltdirektor beim Landeshauptmann Bericht erstatten muss.

Bravo und bravo schreit Virgil in die Versammlung hinein. Lasst euch die Täler zuschütten, die Monster auf den höchsten Bergen lasst herabsteigen, in Würde und Andacht und lasset sie alle zu mir kommen. Er schreit es aus seiner Hütte heraus. Zorn und Wut und Resignation und Hilflosigkeit. Das heilige Kalb ist gemästet, muss gemästet werden.

Die Abfälle beginnen ein neues Leben. Unsere Täler dienen als Lagerhallen. Die Abfälle klettern und klettern. Sie verteidigen sich gegen Landesumweltschutzbehörden, Landesumweltanwälte und Schutzgebietsmanager. Sie schütten vergoldete Madonnenköpfe in die Abfallschluchten, romanische und gotische Madonnenköpfe aus den alten Dorfkapellen. Der Pfarrer segnet. Die gierigen Dohlen fressen und picken. Es erwartet sie der weiße Schindwurm. Es erwartet sie der Schrecken der vom weißen Schindwurm angeführten Herden der Schindwürmer, der taleigenen Schindwürmer, der apokalyptischen Schindwürmerplage. Durch alle Ritzen kommen sie daher, besetzen die besten Plätze an der Bar, rutschen glitschig-geil in die Ausschnitte, kriechen in den Männerhosen aufwärts, nagen und beißen an den geschwollenen Geschlechtern. Es ist das große Saufen und Huren knapp vor der Katastrophe. Die Ziegenböcke sind geritten und gestoßen. Die weißen Säfte rinnen und stinken. Der Wodka rinnt. Die Weiberschar vom Innsbrucker Bahnhof hat für heute ausgedient. Jetzt verlangt der Oberboss neue Ware. Der, den sie den Talbock nennen, schafft an. Der zahlt eine Runde. Der, den sie den Zuhälter nennen, nennen sie auch Peter, das Knechtlein. Dieses Knechtlein haben sie von auswärts geholt. Solche Knechtlein halten sie sich wie Edelsklaven. Sie dürfen Geld machen, dürfen nach vorne und hinaus agieren, in die weite Tourismuswelt hinein, dürfen loben und preisen, wie es ihnen anbefohlen wird. Hinter ihm stehen stramm die Mannen, die herrschenden Hoteliers des Dorfes, die Anschaffer, die Geldgeber. Peter, der Edelsklave, muss dienen und gehorchen. Tschäkk ist ein anderer. Der Allermächtigste aus dem Clan. Der Holländer im Landhaus wird's schon richten und wird nach ihrer Geldpfeife tanzen. Sie kennen das. Zum Fest haben sie ihn wieder eingeladen. Und immer ist das dienende Pfarrerlein dabei, immer in Erwartung rekordverdächtiger Sammlungsergebnisse bei „Bruder in Not". Und es wird der neue weiße Sommer kommen und die Invasion der Bergameisen, fleißig wie ehedem. Die Gemeindeverwaltung überlegt den totalen Tourismus. Die Hotels versinken in Edelporno, in der Haut des Schweines wiedergeboren, der Magister im Suff, der geistliche Herr segnet die Katastrophe. Sie hoffen auf die Erleuchtungsdroge.

Jedes wichtige Dorf vermittelt sein Linderungsmittel. Der Teufel wiederholt die Beschwörungsformel. Meine Gewissenserforschung beginnt. Ich flüchte aus dem Tal.

Alle Landes-und Regionalzeitungen geben Nachricht von Geschehnissen im Tal. Und vom unerwarteten Widerstand gegen die Herrgottschnitzereien, den immer perfekteren Ausnüchterungshallen, von Nepp und Porno. Virgil, der Hirt, als einer der Widerständler, wird öffentlich und medial verfolgt. Er wäre dort unerwünscht. Er bekommt Nachricht von einem geheimgehaltenen Drohbrief. Er dürfe die Schutzhütte nicht mehr betreten. Er sei dort unerwünscht. *Es hat ihn niemand eingeladen. Falls er trotzdem dort auftauchen sollte, weil er eine Kamera dort oben wähnt, wird es zum Eklat kommen.* Das ist deutlich. Dem Hirten wird eine schriftliche Drohbotschaft zugesandt.

Virgil, der Hirt, fürchtet sich. Er kennt die allgewaltige Macht eines taleigenen Psychopathen. Mit MEDALT zusammen kann er ja niedergemacht, niedergespritzt werden. Ein neuer MALEFIZ-BUA wütet im Tal. Viele fürchten sich. Virgil will sich zurückziehen. Die Drohungen beängstigen ihn. Der Eklat würde in einem wüsten apokalyptischen Szenario enden. Was es heißt, wenn es dort zu einem Eklat kommt, kann nur der ermessen, der blinden und geifernden Hass im Tal kennenlernen hat müssen.

Amen und die Kanzel hat wieder einmal einen neuen Prediger bekommen. In vierundzwanzig Stunden dehnt sich der medizinisch-psychopathische Fortschritt aus: weit über das Tal hinaus. Jubel bricht los. Die Mediengeilheit der lokalen und der regionalen Rundfunkstationen, Fernsehanstalten und Zeitungsschmierer schlägt zu. Wir haben es mit der Angst zu tun bekommen. Es wird immer bedrohlicher und widerlicher. Mit Hilfe von Onkeln, Seilbahnpionieren und Altnazis kommen die neuen Herren ins Tal. Wenn sie alle mitmachen, kann er wieder die Position des Ortsgruppenleiters dem Neffen übergeben. Solche Leute braucht das Land. Streitbar wie Michael Gaismair und Andreas Hofer. So und von wegen Pro-forma-Widerständigkeit?

Virgil, der Schäfer, hat eine neue Tafel aufgerichtet. Schau, passt es so, hat er mich gefragt.

Wöll wöll, wird schon gut sein. Ich denke an die Strafe, die er wegen unbefugter Errichtung einer Werbetafel im Naturschutzgebiet bekommen könnte, höchst eigenhändig zugestellt vom Polizeikommandanten, höchstpersönlich begleitet und garniert vom Geschäftsführer der Seilbahnen und vom ersten Präsidenten des Seilbahn- und Erschließungskomplotts. Alles ehrenwerte Männer. Und der Virgil demonstriert gegen „Fortschritt" und „Entwicklung".

„SODOM AUF MURZOLL" hat er auf eine seiner inzwischen zahlreichen Mahn- und Protest-Tafeln hinaufgemalt. Neuerdings verwendet er ein wetterfestes, mit Seife abwaschbares Super-Spray aus der Bio-Dose.

Wie ein Lauffeuer verbreitet es sich: Der MALEFIZ-BUA ist ins Tal gekommen. Er ist an mehreren Orten gesehen worden. Er steht mit dem Teufel im Bund. Der MALEFIZ-BUA ist ein böser Hexer und hat den Ferner ausrinnen lassen, hat die Wasserkatastrophe durch den Fischbach auf Längenfeld herabkommen lassen, hat überall im Land die Überschwemmungen und Muren dieses Sommers bewirkt. Mit zauberischen Kräften. Die Leute wissen seinen Namen und kennen sein Herkommen. Thaman Jöchl heißt er und stammt aus dem Zillertal. Er ist jung. Ein Draufgänger, einer mit dem Teufel und den Hexen im Bunde. Es heißt von ihm, der ist der „gottlose Bue". Jetzt ist er im Tal angekommen. Beim Bauern Kuprian in Armelen hat er Quartier gesucht. Er hat es bekommen und hat geflucht. Das Lager war zu hart. Das Essen war zu schlecht. Der Bock im Stall war zu jung. Die Milchkuh hat zu wenig Milch gegeben. Der Käse ist verdorben. Die schreckliche Statue des gemarterten, geschundenen und blutigen Christus in der nahen Kapelle „Unser Herr im Elend" hat ihn erst recht aufgestachelt zu neuen Taten. Die so genannte Gastfreundschaft ist zum Teufel. Der Bua ist selbst des Teufels. Er hat seine Nachkommen im Tal gefunden. Bis auf den heutigen Tag. Die verbale Dreckschleuder stammt aus seiner Erbschaft. In Armelen hat er Herberge gesucht und auch gefunden. Er wollte auch die älteste Tochter des Kuprian. Sie hat sich verweigert. Der Bauer hat ihn verjagt.

Dann kam der Fluch: „Das Wasser soll kommen, die Flut soll jetzt brechen, die Ferner zerbersten, die Hexen beim Tanzen. Tanderadei Tanderadei."

Er ist ein lustiger Bursch aus dem musikreichen Zillertal. Aber ein Hexer und MALEFIZ-BUA, der alles kann und alle Weiber, vorweg die Weiber am besten verhexen kann. Mit seinem Stabele.

Er ist gegangen, wie er gekommen ist, und er ist wieder gekommen und auf geheimnisvolle Weise wieder wie unsichtbar verschwunden. Unsteten Aufenthalts im ganzen Lande. Von überall her ist die Kunde gekommen von losgebrochenen Muren und Wassern, im Achental, zu Schwaz, im Zillertal.

Aus dem Zillertal ist er gekommen, aus einem kleinen Dorf im Zillertal. Gerichtsaktenkundig aus dem Salzburger Pfleggericht Kropfsberg gebürtig, unsteten Aufenthalts. Seine *bekannten Missetaten* werden landauf, landab, bis hinein in die Täler erzählt. Weiber bekreuzigen sich. Mädchen flüchten in die Stuben und Kirchen. Er habe das *Wetter gemacht*. Im Achental habe er ein *starkes Wasser gemacht*. Mehrmals habe er es mit dem Wasser getrieben. Und es sei *der Teyfl dabei gewesen*. Und der *Teyfl habe geholfen*, das schändliche Werk zu vollbringen. *Stain und Letten* haben die Unwetter gebracht. Es werden Schauergeschichten erzählt, auch wie er es gemacht habe mit dem Zauber und wie ihm der Teufel dabei geholfen habe. Er hat *das Stabele bei der Bruggen in das Wasser geworfen*, den vermeintlichen Zauberstab, vom Teufel höchstpersönlich verabreicht. Immer habe er das Stabele gebraucht, seinen Zauberstab, und immer habe es genützt und es wären die Wassermassen und die Muren losgebrochen und hätten weites fruchtbares Land verwüstet. Die Leute haben von der angeblichen Zauberkraft gewusst und sich umso mehr gefürchtet.

Jetzt haben sie ihn im Tal gesehen. Nein, gesehen noch nicht. Aber sie haben ihn erkannt und haben erfahren, dass er selbst dahinter stecken muss. In der Au hat eine Kuh verworfen. In Rosslach haben sie drei tote Schafe im Stall gefunden. Wie der legendäre ADAS-BUE habe er sich in den Dörfern und auf den Bauernhöfen herumgetrieben, immer Unheil anstiftend. Der ADAS-BUE vom Burgstein erlitt ein schreckliches Ende. Ein Bauer auf Burgstein hat in seinem Haus gelauert, hat dort gewartet, bis der schreckliche ADAS-BUE kommt, hat ihn im Haus erwartet, hat seine breite Hacke geschwungen und hat ihm den Schädel gespaltet. Der gespaltene Schädel ist lange Zeit in der Totenkapelle von Längenfeld mit den anderen Schädeln aufbewahrt und hergezeigt worden: So müsste es dem bösen Buben, dem MALEFIZ-BUA geschehen, wenn er weiter sein Unwesen treibt.

Die Leute im Tal erzählen bis auf den heutigen Tag mehrere Geschichten vom bösen Übeltäter und Gewalttäter und wie er Unheil ins Dorf und ins Tal gebracht hat. Es wurden dem MALEFIZ-BUA alle Geschichten angehängt, die bis dahin von anderen Übeltätern begangen worden waren, alle Zauberstücke und Verbrechen, alle Muren und Lawinen, wenn sie nicht weiblichen Unglückspersonen zugeschrieben werden konnten, diesen Weibern mit der berüchtigten Schönfiechtmure und den rächenden SALIGEN.

Der kleine, armselige Mensch ist hier eingebunden in eine gigantisch schreckliche Landschaft voller Gefahren des Wassers, der Lawinen, der Stürme, der ausbrechenden Gletscherseen. Im Guten und im Bösen hängt der Bergmensch an den Schicksalen der gigantisch schrecklichen Landschaft, der niederstürzenden Berge und der Katastrophen. Deswegen sucht er die Schönheit des Kristallpalastes der SALIGEN und lässt die verruchten Städte unter dem Gletscher in dieser Pracht und Schönheit entstehen und wieder verschwinden, diese Städte des Lasters voller Gold und Edelstein und deswegen sind die SALIGEN so überaus schön und glänzend und singen die herrlichsten Lieder und bereiten die köstlichsten Speisen. Der Mensch fühlt sich getragen, noch immer und weiterhin, von der großen Mutter Natur. Hier im Tal und in den Gletscherbergen dieser Gegend nicht anders wie in anderen Welt- und Berggegenden.

Umso mehr suchte und sucht der Mensch Geborgenheit, sucht den Schutz in der Höhle, findet ihn unendlich reich und schön im Kristallpalast der SALIGEN, findet ihn vielleicht und sogar in der Mütterlichkeit der zum Christlichen umgedeuteten Madonna mit Kind. Deswegen sind die Mariahilf-Bilder in den Dorfkirchen und in Hausaltären die am meisten verwendeten und heimlich verehrten Darstellungen. Das geschieht in kleinen Sakralereignissen in der Stube, in der Dorfkapelle, bei der Wallfahrt, auch zur „Mutter auf der Kaser“ oberhalb von Vent, auch zu „Unserer Lieben Frau“ in Schnals, zur Mariahilf-Madonna in Gries im Sulztal. Archetypen sind es, vielfach und beinahe weltweit erforscht, katholisch zurechtgepredigt in vielen Dorfkirchen.

Der MALEFIZ-BUA ist auch der Bub einer Mutter gewesen. Welcher Mutter? Das wissen wir nicht. Er muss jetzt herhalten für alle Sünden und Verbrechen wider die Natur und die Moral. Er tritt im Tal auf in Gestalt des KLASERMANDLE. Virgil, der Hirt, will seine geheimen Kräfte einsetzen, aufsparen für den großen Einsatz. Virgil will nichts mit dem „bösen“ KLASERMANDLE zu tun haben. Die Leute im Tal sehen hinter dem MALEFIZ-BUA wieder das KLASERMANDLE von Huben, den abschreckend bösen Teil des DORIS von Vent.

Und trotzdem hat er mich gebeten, ihm die Geschichte zu erzählen. Wir sitzen in der Schäferhütte. Virgil hat seine zwei Ziegen gemolken. Wir trinken die heißgemachte Ziegenmilch. In der dumpfen Hütte riecht es nach Moder, nach angebrannter Milch, nach getrocknetem Schweiß, nach wochenlangen Ausdünstungen. In der Ecke lehnt der zerstörte Skapulierstock. Virgil hört zu, gespannt und aufmerksam.

Vor mehr als hundert Jahren lebte in Huben ein Mann, den die Leute DAS KLASERMANDLE nannten. Er war eine Art Hexenmeister, der letzte dieser sauberen Zunft. Man höre nur an, was er alles verstanden hat: Dem Nachbarn Böses anwünschen, Vieh bannen, prophezeien und andere Hexereien. Sein Nachbar ging im Winter einmal um Streu in den Wald, währenddessen fütterte sein Weib das Vieh. Da schaute eine schwarze Gestalt beim Stallfenster herein. Der Bäurin war dies gleich nicht recht. Von diesem Tag an erlebten sie im Stall und im Haus allerlei Unglück. Sie konnten nicht mehr buttern, das Milchgeschirr war am Morgen immer recht schmutzig, voll Unrat und Haar, wenn es auch abends sauber gewaschen und gerieben worden war. Vor der Kellertüre mussten sie in der Früh oft ganze Körbe voll Haare, Glasscherben, Fetzen und sonstigen Unrat zusammenräumen. Auch im Stall wurden sie vom Unglück verfolgt. Das Schwein lag eines Morgens tot auf dem Stroh, das Rindvieh wurde krank, gab keine Milch. Einmal wurde sogar das Kind des Bauern so übel krank, dass man die Sterbekerze anzünden musste …

Das KLASERMANDLE hat die Ziegen von Huben gehütet. Es hat seinen Tieren in der Früh nur zu sagen brauchen, wo sie hingehen sollen, und am Abend hat es sie jedesmal dort holen können. In der Pollesalpe sagte es einmal zu einem Hirten: „Ihr werdet heuer Unglück haben, aber ich sag euch nicht wo, sonst hättet ihr zuviel Sorge. Froh bin ich nur, dass mein Bub heuer nicht bei den Raffls in der Alpe ist, die Steine werden ihnen wohl gleim geben." Das vorausgesagte Unglück ist dann auch wirklich eingetroffen. Fürs erste ist eine Kalbin abgestürzt, und zwar an einer Stelle, wo noch nie ein Tier zu Schaden gekommen ist. Auch das mit den Steinen ist eingetroffen. Doch sind die Raffls auf unerklärliche Weise ohne Schaden davongekommen. Hinter ihnen und vor ihnen ging eine Steinlawine polternd nieder.

Beim Sterben des Hexenkünstlers ging es auch sonderbar her. Er war gerade abends beim Nachbar in der Stube. Auf einmal stand das Mandle auf und ging vor das Haus hinaus. Da brach plötzlich ein unheimlicher Lärm los, doch man konnte nicht sagen, was es eigentlich sei. Zitternd an Händen und Füßen kam der Mann wieder herein und sagte nur: „Ich hab gesehen und gehört genug." Mehr konnten sie aus ihm nicht herausbringen. Einige Tage später ist er ohne geistlichen Trost und Beistand gestorben. Das ist die Geschichte vom KLASERMANDLE.

Der MALEFIZ-BUA hat eine knappe halbe Gehstunde von diesem Ort Huben entfernt beim Bauern Kuprian übernachtet, ist saumiserabel bewirtet worden, hat sich beklagt und hat dann gedroht, er würde das Wasser bringen.

Die große Überschwemmung des Jahres 1678 hat viel Schrecken und Zerstörung im ganzen Tal gebracht, auf mehr als 80 Kilometer. Der Stausee hinter Rofen ist ausgebrochen:

Völlig und erschrecklich mit vorangehendem, stinkendem Nebel mit Sausen und Brausen, wie ein Augenzeuge berichtet, brach das Wasser zu Tal. Da gleichzeitig das Sulztal bei Längenfeld infolge starker Gewitter Hochwasser führte, war die Verwüstung des Tales vollständig. Weite Teilstrecken wurden damals unbewohnbar gemacht …

Dieses große Unglück schrieb man einem herumziehenden Burschen zu, der ein Hexenmeister gewesen sein soll. Er kam einmal in ein Haus in Armelen bei Huben und verlangte Herberge. Sie wurde ihm gewährt. Doch er war mit der Bewirtung nicht zufrieden und drohte deshalb dem ganzen Tal mit einem fürchterlichen Unglück. Und wirklich trat dieses bald darauf ein. Er hatte den Ausbruch des Fernersees und das Hochwasser des Fischbachs bei Längenfeld auf einen Tag zusammengezaubert. Das Wasser und die Mure verwüsteten das ganze Tal in schrecklicher Weise. Fast alle Brücken, Äcker, Felder, ja auch viele Häuser und Ställe wurden an jenem Tage fortgerissen. Am ärgsten hausten die wilden Wasserfluten bei Armelen, sodass diese Gegend auf lange Zeit unbewohnt bleiben musste. In Längenfeld wurden alle Häuser samt der Kirche arg geschädigt. Auf dem Friedhof, der vorher mit Moos bewachsen war, lagen nach der Überschwemmung noch zwei Ellen hoch Letten und Geröll.

Der Hexenmeister aber, der über das ganze Ötztal so viel Unglück gebracht hatte, wurde verfolgt, in Meran ergriffen und nach dem Brauche jener Zeit verbrannt.

Es ist gelungen, die Gerichtsakte von 1679 und 1680 in Meran zu finden und dort die höchst bunte und unglaubliche Geschichte des Hexenmeisters nachprüfen und nachweisen zu können. Alles fein säuberlich, in kaum lesbarer Schrift vom Gerichtsschreiber festgehalten im Akt „Wettermacher- und Hexenprozess 1679 in Meran“.

Thaman Jöchl hieß der böse MALEFIZ-BUA. Er stammte aus dem Zillertal. Überall im Lande hatte er sein Unwesen getrieben. Schließlich ist er ins Ötztal gekommen. Nachgewiesen in den Gerichtsakten ist seine Anwesenheit auf dem Ferner, *auf einen perkh*. Es wird ihm vorgeworfen, so ist auch gerichtlich belegt und hinlänglich bezeugt, so scheint es zumindest gewesen zu sein, dass er habe den *Ferner ausgehen lassen*, dass er also das Ausbrechen des Fernersees bewirkt haben soll. Er, der MALEFIZ-BUA, ist auch *bei Hexentänzen gefunden* worden. Er, *dem laydigen Teyfl ergeben*, soll nach der Sage und entsprechend dem Gerichtsakt *auf ein schwarzen Berg geritten* sein.

Wir zweifeln an der Wahrhaftigkeit der Gerichte. Wir kennen keine Zeugen und kennen nichts mehr von der abenteuerlichen Geschichte des jungen Burschen, der einmal als *Hexenmeister*, dann wieder als *gottloser Bua* beschrieben ist und schließlich auch als MALEFIZ-BUA. Dreimal in den Gerichtsakten findet sich der Hinweis auf einen *Tanz*; entweder beim *Hexen-Tanz* oder ganz dörflich-ländlich auf einem Tanzboden am Kirchtag.

Mit dem Stabele hat er gebannt und gezaubert. Wie auch die Star-Dirigenten mit dem Stabele das Orchester bannen und zaubern müssen. Es könnte das hilfreiche Stäbchen sein, auch zum Aufsuchen von Wasseradern, von ungesunden Plätzen für Mensch und Tier, in Haus und Stall. Mit dem Stabele war er der Zauberer und Magier.

Und schließlich erfahren wir, wie es ihm am Ende des Gerichtsprozesses in Meran ergangen ist und wie dort im gleichen Verfahren mehrere Personen angeklagt waren, wohl zumeist der Hexerei und Wettermacherei, darunter auch ein Kind, ein Knabe von 7 Jahren. Wir lesen und hören vom Meraner Scharfrichter Hans Jakob Müller, der das Todesurteil an 13 Menschen vollstreckte.

Bis zur finalen Katastrophe ist es ein weiter Weg durch mehrere Jahrhunderte. Hinten im Tal erbauen sie die neue Stadt und den hohen Wunderdamm und bannen dahinter das Wasser für ewige Zeiten zum Nutzen und Wohlergehen und zumeist zur noch größeren Ausbeutung. Ohne Hexer und Zauberstab kommt das Strafgericht. Hunderte Jahre danach.

Genau die Hälfte der hinter Rofen ab 2009 oder 2016 oder 2021 durch die Glückseligkeitsgesellschaft zur Stauung vorgesehenen Wassermassen ist am 9. Oktober 1963 über die Staumauer des Vajonstausees bei Longarone geschwappt. 48 Millionen Kubikmeter *brandeten über die intakt gebliebene Mauer ins Piavetal und töteten 2500 Menschen. Longarone und seine Nachbargemeinden wurden völlig zerstört.*

Ein technisches Wunderwerk der Macher. Der Felsen ist abgestürzt. 250 Millionen Kubikmeter vom Monte Toc. 500 Millionen Kubikmeter sind es am Tschirgant in Tirol gewesen. Übrig geblieben ist die Weiße Wand und das Naturschutzgebiet Farchat. Damals lebten keine Menschen im Tal. Oder nur wenige. Die ersten Siedlungen der Jungsteinzeit wuchsen an begünstigten Plätzen, wahrscheinlich auch in Haderlehn. Bis dorthin wurden die Steinmassen geschleudert, bewegt, gedrückt, geschoben. Und dahinter staute sich ein See. Das Vielfache, drei Milliarden Kubikmeter Gestein, so wurde gemessen, sind vor 10.000 Jahren durch den Bergsturz des Fundusfeilers im mittleren Ötztal ins Tal geschleudert worden, sind mit elementarer Urkraft geschoben worden. Unter riesiger Reibungshitze ist der Bimsstein entstanden. Drei Milliarden Kubikmeter. Das Tal war beinahe menschenleer. In den Höhen des heutigen Farst, in Haderlehn, im hinteren Fundustal, erlebten die Menschen den gigantischen Bergsturz, einen der größten in den Alpen, in Europa. Der Berg ist abgestürzt: von 3000 m Höhe auf 2200 m reduziert. 500 Millionen Kubikmeter sind nicht vorstellbar. Der Stausee, durch den herabstürzenden wilden Vernagtferner gebildet, konnte 1,5 bis 3 Millionen Kubikmeter Wasser stauen. Der Ausbruch war verheerend. Der neue

Damm soll auf 190 Meter hinaufwachsen und dahinter sollen 96 oder noch mehr Millionen Kubikmeter Wasser gestaut werden.

Ein Meisterwerk der Technik.

Jetzt kommen die Techniker, die Mineure, die Bagger ins Tal. „Ha, werden wir machen. Ha, werden wir alles können." Handschlagqualität der Macher. Sagen sie. Versprechen sie. Mit ihnen werden die Flüsse abgeleitet, werden die Rohre gelegt, werden die Menschen beschwichtigt mit Gottes Gaben zu Weihnachten, einen Blumenstrauß für die Frau Mama, den Papa zum Vatertag. Dafür kommen die großen Bagger aufgefahren. Der Vize in der Schaufel. Der Obervize in der Kabine. Die kleinen Zuhälter in der Kellerbar. Am Wochenende alles frei und technisch perfekt. Schirmbarkostbarkeiten. Schnaps und Suff, grenzenlos gesponsert. Ein mächtiges Sausen und Brausen, Saufen und Huren im stillen Bergtal. Was immer die Gletscher an Wasser spenden, ins Tal schicken, werden sie abziehen, abzapfen, den Geldhahn drauf, die Versprechungen von Wohlergehen und totaler Stromsicherheit. Die Säfte in der Bar. Die Herren im Nadelstreif. Herr Gstraun, der Kastrierte, Frau Rimmel wie im Himmel, der Bimmel vom Tscharli, der Maulheld am Schlachtfeld. Glatt geschoren wie die Hooligans. Wahre Künstler im Täuschen und Raffen. Sie schnauben und bohren Tag und Nacht, Woche um Woche, sonntags immer, werktags sowieso, Baggerschaufeln sind Kirchenersatz, Gottesersatz, Glaubensersatz. Der Tunnel soll vorangetrieben werden: drei Kilometer von der hintersten Weide durch den Felsen.
Kein Problem. Alles technisch und weitaus billiger. Das Schenkelklopfen kann beginnen. Sie fahren ab.

Vom Talbeginn setzen sie die Kolonne in Bewegung. Einhundert Maschinenmonster auf dem Weg nach Vent. Alle Gäste staunen. Das Wunder kann beginnen. Tausende Meter schicken sie die Gletscherbäche quer durch die Felsen und dann erobern sie die Zwerchwand: Ziel der Begierde. Licht statt Finsternis. Hoffnung statt Frust. Es entsteht eine Mauer. Eine neu erschaffene Welt hinten im Tal. Technisch alles perfekt. Der Ökologe warnt. Des Ökologen Warnung wird als Täuschung abgetan. Mehrere Millionen Kubikmeter Gestein und Geröll seien locker geworden. Der Permafrost sei schon wieder 2003 und 2004 und extrem stark 2005 und 2006 um hundert Meter hinaufgestiegen, um hundertfünfzig Meter hinaufgestiegen und das Geröll hat seine Festigkeit verloren, seine Eisbindung. Und diese Massen werden in Bewegung geraten. Er, der Professor, hat es durch seine Studenten erforschen und messen lassen. 180 Millionen Kubikmeter Sediment, so heißt es im Gutachten, sind als Lockermaterial für den weiteren Abtransport verfügbar. Wenn es zu Starkniederschlägen kommt, dann „gnade euch Gott", heißt es im Tal, wird es schnell abwärts gehen und dann haben wir zumindest katastrophenähnliche Zustände wie 1965 und 1987. Nur 3 Meter dick müssen diese Sedimentschichten sein und dann gibt es auf den 60 km^2 mobilisierbarer Flächen im Einzugsgebiet der Ötztaler Ache diese 180 Millionen. Es werden locker gewordene Felsmassen zu Tal stürzen. Mitten in den Stausee hinein und pfutsch, reißt es das gestaute Wasser aus dem Stausee. Am Vajont 48 Millionen Kubikmeter. Hinter Vent das Doppelte. Vielleicht und vielleicht doch nicht. Dank der Techniker und der Gebete des Landeshauptmannes und der Gelöbnisse beim Feuerwehr-, Sauf- und Speibfest. Dann wieder die Mauer. Ungeheuer. Riesig. Von den Flugzeugen aus täglich fototechnisch konserviert.

Wie draußen am Ferner das Jahresspektakel rund um einen Hannibal des Grauens. Dann kommen die großen Maschinen herangedonnert, zehnfach überhöht ein

Skidoo. Der Skilehrer im Dress. Das Logo von Snow: Dem Berg und Wasser gehören. Herzen aus Stein und Geld. Monsterbagger zum Wegschaufeln des schlechten Gewissens. Paraglider und Pistenbullis rattern und dröhnen bergwärts. Der Koloss wächst in die Höhe. Täglich höher und bedrohlicher. Ich erinnere mich an schreckliche Träume vom Abstürzen von der hohen Mauer, vom Todessturz aus dem Felsen.

Am Rettenbachferner hat der Hubschrauber an seinem Haken den Betonkübel hängen gehabt, ist im Akkord immer und immer schneller über den Ferner geflogen, immer schneller die Lasten abladend und wieder holend, immer knapp und noch knapper, beängstigend knapp an den Drähten der heiligen Bahn vorbei und knapp darüber. Und dann ist es geschehen. Alles ohne Menschenschuld. Ohne nachweisbare Maschinenschuld. Einfach ein Ereignis, zwar schrecklich, aber nicht vermeidbar. Neun Tote und ein wenig Trauer im Tal der Zuhälter und Seilbahnpioniere. Zorn und Trauer.

Zerrührt von Sprengschüssen, zerpflückt von Bulldozern, in die Mühlen geschoben, die Steinbrecher, und auf dem laufenden Kautschukband zur Fabrik geschickt, in dieses intelligente Babel.

Zerrieben wird unser Berg, gewaschen, auseinanderdividiert, auf vier übergroße Silos verteilt: Steine, Schotter, Kies und Sand. Diesem Haufen zugewandt, bekommt man den Eindruck, den Heiligen Vater als Unternehmer im Rücken zu haben. Der setzt auf Harmonie …

Der Walliser Dichter Maurice Chappaz ist dabei. Freiwillig als Mineur beim Staudammbau. Sein „Gesang von der Grande-Dixence" im Wallis ist der unvergleichliche Abgesang vom Können und der Technik und Technikgläubigkeit und dem Sprengen und dem Segnen. Wir beide, Virgil und ich, hocken droben und schauen gebannt auf das Szenario.

Die vier Arten Berg gehen zu den Mischern. Ein Befehlsstand regelt dabei Verhältnis und Druck. Dann das eigentliche Einfügen, die Kopulation der Röhren. Sie kuppeln, wobei ein gelblicher Buttenmost austritt (Riesenweiber am Kommen, möchte man sagen); dahinein wird der Zement geblasen, und die dicken Feldkessel beginnen zu kreisen. Unter dem Balkenboden, der sich auftut, warten die Silobusse. Verschlingen den Beton, werfen ihn wieder aus in die aufgereihten Kübel an der Rampe, warten auf den Start.

Die Türme kommen mit dem Staudamm nieder. Eingestanzt in meine Tastatur bleiben Gezisch und Atemstöße, das Nachklingen von altem Eisen, Geschnarch, Pulsschlag, Schwingungen, Gekeuch, was immer die hochgelegenen Baracken erschüttert … Das Innere ist der Lärm.

Ich bin in Gedanken bei ihm, wenn mein Freund Maurice diese Szenarien des Dammbaues schildert, auch den Horror und die Naturzerstörung, das Losbrechen der Lawinen, das Überschütten der Bauhütten, den Tod armer Mineure. Und er weiß von der Allmacht der Technik. Er, der kleine Mineur mit dem Gerät zum Lenken der Maschinen in der Hand, zum Messen der Abstände, zum Messen der Tunnelbreite und der Wasserlieferung.

Wir sind die Herren der zweiten Genesis: Sie sammelten das Wasser an sondere Orte und schieden das Licht von der Finsternis.

Unter dem Monte Toc ist zwischen 1941 und 1959 die höchste Bogenstaumauer der Erde errichtet worden. Das war damals. 265 Meter hoch, gebogen und göttlich. Der Staudamm zu Rofen soll „nur" 190 Meter hoch werden. Der Staudamm. Die neue Krönung aller Mauern der Alpen. Das Herrschaftsgebiet der Speicherwirtschaftsideologen wird ausgeweitet. Macht und Machbarkeit gehen Schritt um Schritt und höchst einträchtig einher. Speicher Kaprun. Mooserbodensperre: nur 104 Meter hoch. 460 Meter lang. Drossensperre: nur 112 Meter hoch und 357 Meter lang: 335.000 Kubikmeter Beton. Seine Allheiligkeit wütet in den Bergen. Der Chefingenieur auf Plattei: der Gebieter. Welches Glück, dass viel Geld übrig geblieben ist zum Schmieren und Schenken der inzwischen eingerosteten, der inzwischen ausgeleierten klagenden und jammernden Proteststimmchen im Tal. Alles im Griff. Vier Jahre, auch fünf Jahre Bauzeit werden abgegolten. Eine Lappalie bei 2 Milliarden Euro Baukosten. Und keine Skrupellosigkeit in den kalten Hirnen, sowieso auch kalten Herzen und ohnehin kann niemand im Tal dagegen protestieren, wenn es langfristig wieder dem Tourismus dient und nur dem Tourismus. Heilige Kuh droben auf den Kirchtürmen und Balkonen. Gemästet und angesoffen und jetzt ergiebig von der Stromgesellschaft genährt. Sogar der Bischof war da und hat es erkannt. Er hat es erkannt. Amen. Der altgediente Pfarrherr hat es sowieso und sagt Amen; weil ja die „Bruder in Not"-Sammlungen heuer wieder so erfolgreich verlaufen sind.

Es ist zu erwarten, dass die lange Kolonne der Bagger, der Schubraupen, der Muldenkipper; der Hubschrauber, der Monstertänzer und Pistenbullis, der 40-Tonner bald die erste Ortschaft erreicht. Feierlich mit Fahnen und Musik und der Schützenkompanie und einem netten Kindervers des Schuldirektors festlich empfangen. Schluss-Szenario der totalen Perversion und sehr katholisch.

Ein Glück, dass der Hubschrauber mit dem Betonkübel nur neunmal zugeschlagen hat.

In den Bauhütten der Alpen sind in den vergangenen Jahrzehnten durch abgehende Lawinen mehr als zweihundert Bauarbeiter vernichtet worden, sind getötet worden, sind Opfer ihres Dienstes geworden. Sind begraben und vergessen worden. Schade, dass es die Lawinen immer noch gibt.

Auf Wiedersehen in den Bergen. Wir bauen den neuen Himmel auf Erden – und dann die neue Stadt.

Gäste kommen ins Tal und staunen. Alles das sieht Virgil, der Hirt, der Vielwissende, in schrecklichen Träumen. Es scheint immer näher zu kommen. Eine erschreckende Realität von morgen?

Die neue Stadt auf dem Damm entsteht. Ja, auf dem Damm soll sie entstehen und dahinter das höchste alpine Snow- und Hochgebirgs-Adventure-Szenario. Zuerst herunten auf 2200 Meter. Sogar angewärmt. Zum Schwimmen und Segeln geeignet. Am Ufer die alte Alpenvereinshütte. Weg damit und der alte Pächter hat jetzt Hochbetrieb. Dann hinauf bis 3600 Meter und alles super.

Eine um ein Vielfaches höhere, glänzendere und apokalyptischere Stadt wollen sie auf dem heiligen Berg Similaun errichten, wollen den goldenen Turm aufbauen, fünfzig, nein hundertfünfzig als Turm in Gold und Glas und Beton und Kristall, alles überbietend, was die Alpen, was Europa und die Welt bisher gesehen und erlebt haben. Jede zweite Woche werden die Pläne verändert. Nach jeder Sitzung des Gemeinde- und Liftausschusses werden die Dimensionen erweitert, wächst der Bau um jeweils zehn Meter in die Höhe. Die technische Machbarkeit ist amtlich nachgewiesen. Der Landesumweltanwalt versucht noch die letzten Einsprüche.

Von unseren neuen Gesundheits- und Wellnesshotels erwarten wir neue Kundenschichten. Der Alpenverein segelt in neue Hochgebirgs-Zeiten hinein; mit Kletterwand hoch in der Mauer und über der Mauer, mit dem Totenmal auf dem Hintern, droben auf der Zwerchwand, in der künstlichen Kristallwand des heiligen Berges, steil in der Nordwand des Similaun. Der kleine zeitweilige Rebell von ganz hinten im Tal, der vom kleinen Alpenhotel, versteht ihr, der junge Chef, ist kein Rebell mehr. Er will die Millionen im Trockenen, will die Förderungen kassieren und dann alles dransetzen für den Skizirkus über die Gletscher hinweg, ohne Rücksicht auf Naturschutz, Landschaftsschutz, Ruhegebiet. Was soll das? Unser Dorf würde ausgehungert, das Tal würde hinausrinnen, wenn sie ihn nicht hätten, den Fürsprecher im Landhaus, den heimlichen Herrn des Tales mit seinem Hochwasserschutz. Ruhe. Tote Ruhe.

Alles Ruhe und Frieden. Eingeschlafen. Eingekauft. Alles für das Goldene Kalb, das sie Tourismus nennen, Gästepflege, Gästebeherbergung. Geht es den Gästen gut, kaufen und saufen sie. Geht es ihnen noch besser, kommen sie wieder, kaufen und saufen noch inniger und intensiver. Dann haben wir unsere Stammgäste: Die müssen wir beim Staudammbau ein paar Jahre zu den Verwandten ins Schnalstal ausquartieren. Ansonsten Ruhe. Tote Ruhe. Wie in der Vorsaison. Wie in der Nachsaison. Endlich zum Schnaufen kommen (und zum Geld zählen).

Wenn sie die Toten vom Seilbahnunglück, das sie ein Hubschrauberunglück nennen, auf dem Dorffriedhof begraben, brennen ein paar Kerzen, eine im Namen des Pfarrers, eine im Namen des Bürgermeisters, eine im Namen des Aufsichtsratsvorsitzenden der Bergbahnen (*das Geld muss es dunkel haben*), eine im Namen des Tourismusverbandes, eine im Namen des Hubschrauberunternehmers. An diesem Begräbnistag haben sie Krokodilstränen geweint.

Draußen am Taleingang erwartet uns das Talinformationszentrum. Alle Pläne der Stauseen und Schütt-Dämme liegen dort auf. Hochglanz und sowieso frei Haus. Danke für den Unkostenbeitrag. Sie geben dann Ruhe im Tal. Wilde Wasser abgezapft. Wilde Bäche weggeleitet. Hochwasser beseitigt. Dazu noch Geld ins Tal. Was wollt ihr noch?

Es ist das Werk. Sie nennen es „das Werk“ und die Macher sind die Herren. Tote, Tote hat es gegeben. Noch nie, meldet der Tourismus, habe es so viele Anfragen per E-Mail und über die Dorfmaschinen gegeben. Von weither. Aus aller Herren Länder. Das Kapital ist der Ruf. Ist die Nennung. Ist das schöne Fernsehbild von der Gletscherfläche, rein und weiß und einladend wie zum Kuchen mit Schlagobers und einem Schuss drinnen.

Draußen am Taleingang sind die Posten aufgestellt. Und mit Sperr-Schranken unter Hochspannung. Fremde Protestierer können wir nicht brauchen.

Die Kolonne der Bagger und Raupen und 40-Tonner und Radlader und Schaufellader und der darüber kreisenden Hubschrauber setzt sich fort, erreicht das erste historische Zentrum des Tales, walzt den leerstehenden Kiosk nieder, überrollt das gläserne Einkaufszentrum. Es klingt und klirrt noch zwei Kilometer weit. Dort haben Protestierer gewohnt. Das alte Hotel beherbergt den alten Robert Musil, der hier seinen Roman „Der Mann ohne Eigenschaften" fertigstellen hat müssen. Der Robert schaut aus dem Fenster, betritt den Balkon, erschrickt, weicht zurück. Sie wollen ihn auf der Baggerschaufel vorne dran jubilierend im Triumphzug durch das Tal transportieren, bis zur nächsten Touristenstation. Dort rollen die Panzerfahrzeuge zur alten Pestkapelle, reißen das verschlossene Tor auf, böllern eine Kanone hinein, packen den alten Maler Albin Egger, der dort malt, der dort seine Längenfelder Querschädel und Charakterköpfe zum Anmalen an die Wand der Kirche gestellt hat, und heben ihn samt Pinsel und Leinwänden auf den Bagger, heben ihn in die Schaufel, fahren wieder taleinwärts, überrollen den neuen Wellnesstempel. Mitten durchs Herz. Die Leute stehen an der Straße, gaffen, schreien, staunen, erschrecken, beten, packen Rosenkränze aus, nehmen Mistschaufeln, Handys und wehren sich. Der Schrecken fährt durch das Tal. Beim Hirschen in Längenfeld haben sie den Dichter Christian Morgenstern aufgeklaubt, mitten aus dem Frühstück, mit einem Gedicht über die Trauer dieser Welt. Auf der Schaufel treffen sie sich. Als kulturelle Touristenattraktion verkauft, zumindest versuchsweise in diese Dienste gesetzt. Wenn es aber misslingt?

Nachdem sie alles Bisherige niedergewalzt haben, erreichen sie das Touristenzentrum. Der Empfang ist vorbereitet. Die ganze Tal- und Landesprominenz steht im Festtagsschmuck. Salven der Schützen. Ein Salut der Naturparkverwaltung. Ein Schnäpschen von Frau Falkner. Ein Schnäpschen von Frau Gurschler. Ehrenwerte Damen des zünftigen Gewerbes der Ausbeutung und der Zuhälterei.

Durchs enge Venter Tal schießen und böllern sie, dass es eine Freude sein könnte. Der Widerstand ist gebrochen. Offenbar ist der Widerstand draußen am Taleingang zusammengebrochen. Der alte Musil kriecht staubig aus der Baggerschaufel. Der alte Maler aus der Pestkapelle soll ein Erinnerungsbild malen: deftig, bäuerlich, wehrhaft und knorrig. Es muss zur Szenerie passen. Der Morgenstern müsse ihnen ein Gedicht schreiben. Hier und in der Schaufel drinnen. Sie wollen es in den nächsten Talprospekt aufnehmen. Er erbricht. Sie holen einen Arzt und dann einen Pfarrer. Erbarme dich, Herr, der korrupten Vasallen des Landes, des Tales.

Die letzten Reste von Eigensinn sind in Rohre verpackt. Wie die Bäche und die Bächlein werden sie ins Rohr gepresst, durch den Berg gejagt, in dicken Rohren zum großen Werk geschickt, hindurchgepresst, hindurchgequetscht, Widerstand sinnlos, und wieder ausgespuckt, in das große Sammelbecken geschüttet und zu Edelstrom verarbeitet. Sie nennen es dann „Spitzenstrom" und verkaufen ihn ins Ausland, verleasen die Gewinne, verstehen sich wie ehedem und immer schon aufs Melken und Mästen und Viehhandeln und Täuschen.

Das Tal hat eine neue Zukunft bekommen. Alles Quergestellte ist ausgerottet. Völlige Harmonie bestimmt künftig ihr Sinnen und Trachten, Melken und

Huren. Die Herrin der Tiere abgeschossen. Mit Hunden mitsamt den Schafen in die Schlucht gehetzt. Auferstehungfeier der Gletschermafia. Amen. Da kam ihnen das Unglück am Ferner dazwischen. Glimpflich mit nur neun Toten. Das habe sowieso weltweit schöne Gletscherbilder gebracht und Rekorde an Interneteinschaltungen. Virgil, der Hirt, der weltbeobachtende Schäfer, hat heute seine Schafe hinter Samoar und Marzell und Finail zusammengetrieben. Seine Schafe scheinen zufrieden zu sein. Nach dreistündigem Fressen liegen sie dort; käuen wieder. Scheinbar alles voller Idylle und Ruhe. Aber inwendig kocht und brodelt es.

Virgil, der Hirt, wartet noch immer auf einen Besuch. Immer wieder taucht das wilde, das fremde Gesicht vor ihm auf, das schwarze Haar, die teuflisch-schönen Augen mitten aus dem dunklen Gesicht heraus. Seine RUSILENA? Jetzt aber packt ihn das Grauen, wenn er die Armada sieht, wenn er von der Ferne das Donnern der schweren Baumaschinen hört. Sie kommen näher. Sie bauen. Vor seinen Augen entsteht der Damm und über dem Damm die neue Stadt, die Seilbahn im Berg, der gläserne Stollen, die Neonhelligkeit, das Säuseln von Wellen im Tunnel, das Hineinprojizieren von Alpenklängen, die Kommandorufe des mächtigen Talpromotors. Schnell will Virgil eine neue Tafel schreiben. Zu Spott und Hohn reicht es vorerst. „MAFIA IN EXCELSIS DEO“ soll draufstehen. Er will alles daransetzen, sie am Weiterkommen, am totalen Zerstören der heiligen Berge zu hindern. Er will seine geheimnisvollen Kräfte einsetzen. An seiner Seite wird die neue Hirtin stehen. Sie muss ihm helfen. In seinen Gedanken und Träumen will er sie willkommen heißen auf „seinem“ Berg.

Wieder erscheint das Lamm: Es öffnet das vierte Siegel. Es erscheint ein weiterer Reiter. Er sitzt auf einem schäbigen Goaßbock. Der darauf saß war der Tod und es ward ihm Macht gegeben zu morden, zu töten, alles zuschandenzumachen, die Sense zu schwingen, die Köpfe abzumähen.

Völlig unerwartet erscheint die fremde WILDE FRAU in der folgenden Nacht dem Hirten Virgil. Sie spricht mit ihm in einer klagenden und zugleich warmen und singenden Stimme, die er nicht versteht, die er nur nach ihrem Klang deuten kann.

Sie bereitet ihm das Mahl. Er isst, er wird betäubt, er schläft ein und hat einen schrecklichen und zugleich wunderschönen Traum. Auch von den fetten Schnalser Nudeln, die sie ihm bereitet hat, träumt er. Sie liegen schwer im Magen. Er fiebert und er träumt. Für zehn erwachsene Hausleute die feisten Schnalser Nudeln: eineinhalb Kilogramm Topfen, zweieinviertel Kilogramm Mehl, dazu Salz und alles durch den Nudeldruck. Unten rinnen die dünnen Nudeln heraus. Oben wird ein Kilogramm Butterschmalz zerlassen, bis es braun ist. Mahlzeit vorweg. Alle Nudeln kommen in das zerlassene Butterschmalz. Ein Kilogramm Butterschmalz auf eineinhalb Kilo Topfen und zweieinviertel Kilo Mehl, in die Pfanne hinein und zugedeckt und bei mäßigem Feuer umgewendet, bis sie gebacken sind. Hurra, in der Pfanne auf den Holztisch. Zwei Schüsseln Milch dazu. In Hinterschnals nehmen sie statt zweieinviertel Mehl zwei Kilo Butterschmalz. Gott erhalt's.

Dann schwimmen die Nudeln im Butterschmalz, heiße Nudeln im Schmalz. Sie schwimmen. Die Hofknechte löffeln das Fett. Sie schmatzen. Vom Korntragen ausgelaugt. Sie vertragen das Schmalz. Virgil muss in dieser Nacht dreimal vor die Hütte laufen. Sein Kopf ist schwer.

Oberhalb der Schafweiden bauen sie die neue Stadt. Sie sind übereingekommen, den Tunnel durch den Berg zu schlagen. Mindestens drei Kilometer lang. Durch Samoar durch, durch den Marzellkamm hindurch.

Drei Kilometer Fels. Ein Wagnis. Der Ingenieur kennt es. Die Männer kommen. Spendieren ein Festmahl für die Bauern. Die Schaf-Bauern kommen. Von Vent aus, berichten sie, wollen sie endlich den Draht über das Taufkarjoch spannen. Als Ablöse den Staudamm bewilligen: Die Straße bauen lassen. Den wilden Ferner mit Sprengungen bezwingen. Den Widerstand der Bauern bezwingen. Die Touristiker des Tales, eine riesige Genossenschaft des Melkens, Hurens, Kassierens, Mädchenschindens. Sonntags die Kirche. Der Kommunionempfang.

Oberhalb der Schafweiden bauen sie die ersten Stützpfeiler. Hubschrauber durchqueren im Sekundentakt die Schafweiden, überfliegen die Gletscher, laden ab, starten wieder. Ausländische Medien warten auf neue Spektakel, Hubschrauberabstürze, Monsterkatastrophen in den Bergen. Sie sind gerufen. Sie sollen dort sterben. Zuerst die Erholung, der sommerliche Spaziergang zur Schutzhütte, das Vollfressen und Zurückstolpern, dann der Tod in den Bergen. Ein erster Absturz. Die Mediengeilheit ist aufgestachelt.

Das Urteil war mild. Sehr mild. Entgegenkommend für die Seilbahnherren. Vernichtend für die Hinterbliebenen. Komplott und Mafia in einer Hotelbar vereint. Das Urteil ist ein Skandal. Bundesdeutsche Medien klagen an. Lokale Seilbahnmonster beschwichtigen mit Geld und Freifahrt und billigen Mädchen.

Ich sitze beim Schäfer in der Hütte. So stellen sie in den Tourismusprospekten den neuen Schaf- und Berghimmel vor: Mit Strandpromenade und Hochgebirgs-Stausee, streng biologisch mit Sonnenenergie aufgeheiztes Wasser, mindestens 22 Grad. Da kommen neue Gästeschichten ins Tal. Schiffe werden verliehen und vergoldet. Die Schafherde grast am See. Glockengebimmel. Herrgottswetter. Gegängelt und gekauft.

Lokale und regionale Medien jubeln. Die Kritiker sind gekauft. Das sagt Virgil, der Schäfer. Und er weiß es. Heute ist er einsilbig und verschlossen, wie ich ihn bisher noch nie kennengelernt habe. Von seinem schrecklichen und zugleich wunderschönen Traum will er nicht erzählen.

Die höchste Hütte liegt im Gletscher drinnen. Daneben bauen sie den Zulieferer, die neue Bahn, die Zubringerbahn, die Geldzubringerbahn, die weiße Gletscherbahn, die Marzellfernerbahn, die höchste Bahnstrecke der Alpen. Daneben die alte Schutzhütte. Virgil, der Hirt, kennt die Zeitungsmeldungen. Die Meldungen über das Unglück draußen am Ferner sind durch die Welt gegangen. Virgil, der Hirt, zeigt mir die italienischen Zeitungen. Ein dicker Ordner liegt vor mir. Die Zeitungsmeldungen vom September 2005 bis zum Beschwichtigungsurteil vom Juni 2006.

Aber das war erst der Anfang. In Kaprun hat es 155 erwischt. Keiner der Seilbahnherren, Seilbahningenieure, Lokaltouristiker, Dorfkaiser, Alpinmafiosi wurde verurteilt, bestraft, eingesperrt, zu allerhöchsten Strafen verurteilt, ans Seil gebunden, muss in sagenhafter Verbüßung der Strafe herumgeistern, muss durch Generationen und Jahrhunderte über die halbfertige Mauer klettern, muss die rote Chefkappe des Oberingenieurs aufgesetzt haben, damit sie ihn alle erkennen. Bis zur nicht enden wollenden Strafverbüßung ist keine Erlösung in Sicht. Als ROTER PUTZ muss er über die Gletscher und Berge hinweggeistern, niemals zur Ruhe kommend. Hinter sich, so berichten später die neuen Sagen, zieht er eine Schar fein gekleideter Herren her. Vielleicht nur in den Quatembernächten. Sie tragen die neuesten Overalls, Strohhüte und ihre seidenen Puppen und schleppen hinter sich die goldenen Golfwägelchen. Schöne Schwule putzen das Szenario auf.

Das alles erzählt Virgil, der Hirt.

Ein 750 Kilo schwerer Behälter stürzte vom Hubschrauber auf eine Gondel. Selbstverständlich, schau her da. Es war kein Seilbahnunglück. Es war nur ein Hubschrauberversagen, ein technischer Defekt vielleicht. Es war eine unfassbare Katastrophe. Bis zu dem Tag, an dem sie die Toten eingesargt, eingegraben und eingesegnet hatten, waren sie von beispielloser Trauer erfüllt, weil es touristisch und mediengerecht notwendig war. So etwas und dann der Schock und Gottseidank die Tröstungen von außen und von ganz oben, vom Landeshauptmann sowieso, vom Bischof unisono, Trauermessen lesend in der Domkirche und der Seilbahnboss hat Tränen hinuntergeschluckt, hat getröstet und so ist es in den darauffolgenden Trauertagen geschehen.

Das ist eine unfassbare Katastrophe und eine Tragödie. Der 5. September geht als gewaltiger Trauertag in Tirols Geschichte ein. Geschockter Landeshauptmann. Erste Reaktion, via Medien verbreitet. Er ist geschockt. Vorher in Kaprun sind es 155 gewesen. Jetzt nur neun.

Alles sofort wieder vergessen. Der Betonkübel prallt zwischen dritter und vierter Stütze direkt auf die fahrende Kabine. Und drinnen die Leute. Und dann der Kübel mit 750 Kilo. Und der Pilot kann nichts dafür. Nur ein paar Monate bedingt. Die anderen in Kaprun hatten den Freispruch in der Tasche. Also hat der Pilot berufen. Er hätte gar nicht drüberfliegen dürfen, wenn unten die Bahn mit den Skifahrern den Lustgewinn vermehren soll, das Abfahren mit dem Ski im September. Das alles hätte nicht geschehen dürfen. Aber sie wissen es ja alle im Tal. Einer muss den Kopf hinhalten. Den Letzten beißen die Hunde und er soll zugrunde gehen. Dahinter steckt die schwarze Brut der weißen Schneeherren.

Rasant, rasant muss es gehen. Der Bauplatz muss nach zwei Tagen geräumt sein. Für die Hubschraubertransporte ist minimale Zeit geplant. Klar, dass er fliegen muss, ununterbrochen, gehetzt von geld- und gewinnsüchtigen Bauunternehmern, Subunternehmern, Steigbügelhaltern, dass er schleunigst aufladen, abfliegen, drüberfliegen, abladen muss, schnellstens umdrehen, wenden, starten, aufladen, auf den Haken hängen, fliegen, drüberfliegen, die kürzeste Route in kürzester Zeit, die schnellsten Transporte in größter Menge in kürzester Zeit, angetrieben, verantwortungslos gehetzt, gejagt, selbst schuld, will ja Geld verdienen, Chefpilot des Unternehmens, Herzeigepilot, gewonnen gegen starke Konkurrenz. Wieder schleunigst aufladen, festbinden, starten und fliegen, drüberfliegen, abladen, wieder retour, schleunigst auf dem kürzesten Weg retour und immer knapper an den Drähten, die Sonne blendet, der weiße Schnee blendet, die Skifahrer in der Gondel wollen das Glück im Schnee, die Abfahrt. Beides soll nebeneinander optimal Lust und Gewinn bringen, Schneefahrlust im September; Geldgewinnungslust der Unternehmer, der Seilbahnherren, der Gondelbesitzer; der mächtigen Tal-Götter.

Ja ja, hat er mir das gezeigt, das mit der Trauer. Schau, da steht es: *Auch die Seelen sind verletzt*. Schau dir das an. *Das Ringen nach Worten an einem schwarzen Tag, Die Tragik des Zufalls beruhigt Gäste*. Da muss man staunen. Wer staunt? Virgil oder die Schafe. Sogar der Papst: *Der Papst betet für Sölden*, weil Sölden einen Trauerflor trägt. Weil die Tiroler Tourismusmetropole mit dem Unglück keinen kalt lässt. Nein. Nein. Kein Seilbahnunglück. Nur ein technisches Gebrechen am Hubschrauber: Keine Horrormeldungen vom Seilbahnunglück. Der Papst hat offenbar für Sölden gebetet. Für Sölden oder für die Toten oder für das Seelenheil der Gletschermafiosi? Mag sein und mag auch anders sein und nicht so sein und ich würde eine unnötige Hetze inszenieren. Gott sei Dank hat der

Papst ein Telegramm geschickt, direkt an den Bischof und der Bischof hat die Trauer weitergeben können an den Geschäftsführer; an den Inhaber, an den Seilbahnunternehmer, an den Piloten und, eh klar und sowieso, an die Hinterbliebenen.

Es geht sehr schnell. Die Trauer weicht. Weltweit haben sie die Gletscher gesehen. Noch nie zuvor hat die Welt millionenfach so viel weiße, reine Gletscherflächen, Skifahrerflächen gesehen, steile Berge, wunderschöne Flanken und Gipfel und darüber ein Gipfelkreuz und einen Telegramm schickenden Papst und eine tiefe Betroffenheit, solange es unbedingt nötig ist. Noch nie gab es so viele weltweite Zugriffe via Internet auf die weißen Gletscherberge der Ötztaler Alpen und noch nie einen solchen Werbe-Effekt. Nicht auszudenken, was wäre, wenn die Fernerflächen schmutzig sind. Wenn die Zahl der Toten nur zwei beträgt. Dann ein paar Tage später die Totalumkehr der Trauer, die Scheinheiligkeit der eiskalten Monster. Mag sein, dass Sölden in *einem Spagat zwischen Pietät und Hully-Gully* verstrickt ist, dass es eingezwängt ist und, diesem „Sachzwang“ erliegend, die Kehrtwendung vollzieht. Mitte Oktober, immerhin nach einer einmonatigen Trauer und allem Drum und Dran geschäftstüchtig aufgegeilter Snowherren, ging es an das lokaltypisch Eingemachte.

Eine Tagung, eine Tirolwerbungsveranstaltung ist bewusst nach Sölden verlegt worden. Trauer aufzuarbeiten?

Da kommt der harte Macher-Slogan: *Die Tourismusindustrie kennt keine Vergangenheit*. Nur eine Zukunft und da gehört das Vergessen der Trauer und des Todes dazu und da müssen sie neu aufbrechen und das alles kann Signal sein für weitaus größere und schrecklichere Szenarien des Unterganges, der Katastrophe, der alpinen Apokalypse. Mit dieser Skrupellosigkeit haben sie Signale gesetzt. In dieser Ideologie wird es weitergehen. In großer Überschrift verkündet die Landeszeitung: *Mit Trauern füllt man keine Betten.*

Dann wird die neue Show am Gletscher verkündet und *Marko trägt eine eckige, futuristische Sonnenbrille* und der neue Zauber am Gletscher kann gestartet werden, eine futuristische Marslandung anno 2068 und ein neuer Untergang und ein neuer Beginn der Totalperversion in den Gletschern. Und dazu der neue Krieg der Giganten und Monster, schrecklich und bedrohlich und widerlich, mitten in die Trauer hinein und zum verdrängten Leid. Groß und mächtig der oberste Tourismusherr des Landes und er verkündet seine neue Glaubensbotschaft, angetrieben von der Gier und der Gewinnsucht und dem Rekorddenken dieser Branche. Erinnernd an das Unglück mit den Toten, den aufgestellten Kreuzen, an die Toten erinnernd, wo oben am Berg beim Gletscher wieder die Herren zusammengekommen sind:

Oben am Berg, bei Brezeln und Sekt, stoßen Österreichs Tourismusmanager vor der Presse auf den Saisonstart an: Sie erzählen, was sie vorhaben, was sie planen. Über den Unfall schweigen sie.

Auf Nachfragen der Presse, einer im Keim immer noch kritischen oder zumindest nachfragenden, nicht zur Gänze gegängelten Presse, antwortet der Tourismuschef, man habe Sölden absichtlich ausgewählt, sozusagen demonstrativ Trauerarbeit leistend und diese sozusagen abschließend. Ja: abschließend und es kann nicht obszöner, widerlicher klingen: *Wir wollen zeigen, dass es volle weitergeht!*

Ein paar Tote, ob neun oder zwölf mag egal sein. Es muss überwunden sein. *Sport und Unterhaltung lautet Söldens Leitmotiv. Zwölf Tote passen da nicht rein. Sport, das ist Ski fahren, snowboarden.*

Wiederum einige Monate später steht der Pilot vor dem Richter. Betriebsleiter und Bauunternehmen und

Seilbahninhaber und Geschäftsführer bleiben verschont. Es geschah, dass der Pilot als einziger übrig blieb und dass er lediglich eine bedingte Verurteilung über sich ergehen lassen musste, die er aber nicht annehmen konnte und die er mit Hilfe hochspezialisierter Anwälte wegbringen musste. *Sah nicht den Hauch einer Gefahr* hat er ausgesagt, bescheinigt, widerspruchslos dahingesagt.

Hinterbliebene können es nicht fassen. *Die Bergbahnen, die Hubschrauber-Firma und das Bauunternehmen gehören ebenfalls auf die Anklagebank.*

Weitaus Skrupelloseres, Schrecklicheres und geradezu Apokalyptisches wird sich in kommenden Unglücks- und Untergangsszenarien ereignen, oben auf dem Damm und in der neuen goldenen Stadt, beim Ausbruch des großen Dammes und der niederbrechenden Lawinen, eines Tsunami der Alpen, wie ein Bergtal zugrunde geht, wie es sich geradezu selbstmörderisch zugrunde richtet und wie die Apokalypse auf erschreckende Weise Wirklichkeit wird. Vielleicht wird es den endgültigen Sieg des Lammes geben und der DANA in den allerhöchsten Höhen dieser Berge, noch immer geschützt und geborgen im Kristallpalast der Gletscher.

Und es erschien ein großes Zeichen am Himmel: ein Weib, mit der Sonne bekleidet, den Mond zu ihren Füßen, und auf ihrem Haupte eine Krone mit zwölf Sternen …

Jetzt aber kommen die großen Maschinen in das Tal, die Monster mit den riesigen Schaufeln, den Ketten an den Füßen, den verglasten Kabinen, den eckigen Designer-Sonnenbrillen, den Kirchturm unter ihren Füßen, die Bäche umzuleiten, die Dämme aufzurichten. Sie bewegen sich in einem langen Zug, drei Tage und drei Nächte durch das 80 Kilometer lange Tal, der Landeshauptmann in der ersten Schaufel, daneben der Landesbischof, unentwegt segnend und den Schweiß von der Stirn sich wischend, die Empfänge von Dorf zu Dorf, die niedergebrochenen und niedergewalzten Widerstandsnester überrollend, wie weiland in Peking und anderswo, einfach über alles drüber, weil der neue Himmel ins Tal wandern soll, droben in der goldenen Stadt, hinter der Mauer das neue DANANÄ, die Städte des Lasters, der Sodomie.

Zwei Sommer, einen langen Frühling und einen trüben Herbst bauen sie hinten im Tal. Die Mauer wächst von Tag zu Tag. Die ehemaligen Widerständler sind längst bekehrt oder niedergewalzt, gut gemästet oder hingerichtet. Mit dem Umweltschutzbürgermeister haben sie kurzen Prozess gemacht. Naturschutz hin oder her. Die neue Umfahrung muss her. Das Dorf muss sauber bleiben, alles asphaltiert, pflegeleicht und mit den letzten Resten von kopftuchtragenden Gastarbeiterinnen haben sie gründlich aufgeräumt. Der Naturschutz lebt und ein paar Gebirgsblumen blühen am künstlichen Stausee. Das alles vollzieht sich in rasendem Tempo. Die Mauer wächst. Der Tunnel hat sich zwei Kilometer durchgefressen zwischen Rofenberg und Murzoll, weiter hinaus durch Plattei und nach Rofen. Durch das Kreuz hindurch, bei Samoar wieder ans Tageslicht, durch den schwarzen Felsen. Jetzt haben die Schafe den Baggern und Raupen Platz machen müssen. Dahinter, wo das Tal abgesperrt ist, grasen sie. Während der Bauzeit ist ihre Zahl auf die Hälfte und dann auf ein Drittel gesunken. Ein paar Schafe, solche Bergschäflein aus dem Schnalstal, aus Laas, Kortsch, dem Sonnenberg, von weit drunten in

Mölten und im Unterland, bleiben als künftige Touristenattraktion und als Mischung, sozusagen alpine Urwüchsigkeit und Fortschritt und was so davon zu halten ist, sind übriggebliebene Relikte einer alten Welt, einer Scheinwelt, einer jetzt touristisch nutzbar gemachten Bergfolklore.

Der Damm steigt immer höher. Die Gelder fließen in das Tal. Der Mistwirt hat aufgestockt. Der Ramolwirt plant mit dem neuen Hotel ein Superding. Großmächtig ins Tal gesetzt, mit zwölf Stockwerken in Marmor und Glas. Rundum perfekt und total rustikalisiert und global; Segensgelder werden aus Brüssel und der Landeshauptstadt erwartet. Aus dem eigenen Tal, vom Inntal herein, von den minderklassigen Provinzblättern des Landes kommen die kleinstgeistigen Provinzschreiber, noch um ein Mehrfaches aufgegeilt von den noch minderklassigeren Regionalmedien des heiligen Tiroler Landes. Die beiden Hüttenwirte haben ein neues Hotel gebaut, eines am neuen Stausee, eines, ein noch viel größeres und mächtigeres am Ferner, eines zum „Morgenstern", eines zu „Murzoll".

Virgil, der Hirt, kommt einige Tage nach dem Übertrieb der Schafe wieder in das sommerliche Weidetal zurück, auf der Suche nach versprengten Schafen. Ich begleite ihn ein Stück.

Er zeigt mir die Anderswelt: die Welt der SALIGEN im Kristallpalast, die Welt der gigantischen Dammbauten, die Welt der neuen Mauer und des Todes. Zornig und traurig spricht er, flüstert er, schreit er.

Dort liegt die neu erschaffene Welt. Die Menschenwelt aus Maschinen und Beton. Unser Untergang. Das Licht ist weg. Der Schatten ist gekommen. Die Nächte sind Nächte des Bohrens und des Untergrunds unter Plattei durch, vis à vis dem Kreuz, durch Mutmal und den Marzellkamm. Durch die Zwerchwand. Dort gehen die Wanderer über die Schlucht hinweg, behütet von Drahtseilen und dem Kruzifix. Auf der Tafel steht eine Würdigung des Alpenvereins-Nazis Titzenthaler. Der Alpenverein hat sich sechzig Jahre Zeit gelassen, dieses Schandmal der Titzenthaler-Tafel für den Titzenthaler-Weg abzumontieren. Es ist nicht gelungen. Habt ihr den alten Nazi dort hängen! Draußen habt's auch einen: einen Obernazi. Ist er gewesen. Niemand will davon erzählen. Kommen alle und gratulieren zum Neunziger. Bravo. Die Tafel für den „Retter des Deutschtums im Alpenverein" hängt noch immer dort. Ich reiße die Stauden herunter. In die Vernagtschlucht geworfen. Der alte Nazigeist blüht. Horcht, schaut, löösnt, horcht! Dort lebt es weiter und auch in Sölden beim alten Seilbahnpionier und Ex-Naziboss anno 1944. Die Leute vergessen nicht. Wir Schäfer und Hirten kleben an der fünftausendjährigen oder sechstausendjährigen oder noch älteren Schaftrieb-Tradition. Dort errichten die Tal- und Landesherren ihre Monster-Mauer. Gegenüber steht das Kreuz und hinten im Tal der Similaun: Berg der weißen Göttin ANA. Das ist unsere ANA und DANA. Eine der SALIGEN bewacht die Hirten vor dem Abgrund. Die SALIGE hat aber keine Macht über Touristen, die mit fremden Hunden kommen. Sie kann sie nicht bannen, wenn sie mit den fremden Hunden in die Schafherde hineinfahren, wenn die fremden Hunde die Schafe über den Steilhang in die Rofner Ache hetzen, wenn die Schafe in der Schlucht unten zerschellen. Auf diese rücksichtslosen Fremdlinge haben sie keinen Einfluss. Auch Virgil, der weise Hirt, der Gämsen bannen kann, ist macht- und hilflos. Es sollen alle zurückgejagt werden: nicht die Hunde wegen der Hunde, aber die fremden Menschen wegen der Hunde. Es sind Menschen in das Tal gekommen, die das alles, so sage ich, die das nicht verstehen.

Die Mauer ist das Monstrum. Das Ungeheuer, von unten zu sehen, eine riesige Mauer, die Spannweite von Tal zu Tal. Dort liegen vier bis sechs Millionen Kubikmeter Geröll, lockeres Material, massenhaft kleine Steine, viele große Steine. Der zurückweichende Frost hat die Böden vom Eis befreit. Die Geröllhalden haben den Halt verloren. Die so genannten Blockgletscher schmelzen weg. Dann kommen die Gesteins- und Geröllmassen in Bewegung. Mehr und mehr fahren und rutschen sie langsam bergab, bedecken ehemalige Weideflächen, rutschen millionenfach langsam zu Tal, werden über dem Steilhang schneller, beginnen donnernd in den Bach zu fahren. Brücken werden hinweggerissen. Alte Bergwege werden verschüttet. Auf drei Millionen und sechs Millionen rechts und links zusammen werden die abrutschbereiten Hänge geschätzt. Der Experte hat es als immens sensibles Gefahrenpotential eingestuft. Die Kraftwerksbetreiber sehen es anders. Sie beschwichtigen. Ansonsten ist den selbsternannten so genannten Umweltaktivisten die Natur völlig egal. Schaut sie doch an! Etliche halten sich für Super-Umweltaktivisten. Solche, die ihre grünen Mäntelchen tragen, den grüngefärbten Stutzen über der Schulter, den grünen Jeep hinter der Jagdhütte geparkt. Das fremde Geld hat sie grün eingefärbt. Den Zuzug der Bagger können und wollen sie nicht verhindern. Das fremde Geld ist schön. So, sag ich. Halten sich für Umweltaktivisten. Mit dem grünen Lodenjägerleinen, vom Jeep aus mit dem Fernglas auf die Gämsen. Abrutschende Lawinen. Tür und Tor sind bereitwilligst geöffnet für weitere Gletscherzerstörungen, für das weitere Erschließen der Ferner für den Skilauf. Mit allen Mitteln sind sie für den Bau neuer Skizirkusanlagen über das Naturschutzgebiet hinweg, ganz egal. Das Hinaufsteigen muss mit Lift und Seilbahn möglich sein. Dort ist die größte Mauer des Tales aufgestellt. Großmächtig in den Murzoller Himmel gewachsen ist der Damm. Hochaufgerichtet der Koloss. Höher und höher wächst der gläserne, der kristallene Turm auf dem ehemals heiligen Berg. Es erinnert an die Türme von Sodom und Gomorrha. Es erinnert an den mächtigen Turmbau zu Babel. Im Niedertal, zuhinterst bei den schmelzenden Fernern zu Murzoll, errichten sie das mächtigste Bollwerk ihrer allumfassenden Tal-Allmacht. Die großen Herren sitzen dort und schaffen an. Draußen im Landhaus nehmen sie, was sie bekommen. Amen.

Auch eine Mauer des Hasses ist aufgerichtet. Mehr als 190 Meter hoch. Eine Mauer des Hasses und des Schweigens und der Intrige.

Virgil, der Schäfer, sucht versprengte Schafe. Bis zum Abend will er alle Seitentäler und Kare besucht und abgesucht haben.

Ich sehe ein altes Mutterschaf hinter einem Felsen. Schnell laufe ich zu Virgil und zeige es ihm. Ob es nachkommen solle. Ob ich es zu ihm herauftreiben solle. Er winkt ab. Er deutet, ich solle es lassen. Das Mutterschaf geht langsam auf die Anhöhe zu, verschwindet kurz hinter dem Felsen, kommt wieder. Ich gehe ihm nach, nähere mich. Ich sehe, das Mutterschaf muss schon sehr alt sein. Es ist verletzt, am Bauch, an der Wampe, am Euter. Das Euter hängt herunter. Wie herabgerissen. Die Mutter erwartet ein Lamm. Es wird ein totes Lamm. Das Mutterschaf hat sich zurückgezogen, krank und verletzt und alt. Zum Sterben hinter einen Felsen. Dort niederlegen. Auf den Schaftod warten. Niemanden von den menschlichen Wesen neben und bei sich haben: sterben. Den Schaftod ganz leise und beinahe schmerzlos. Beinahe noch ein Lamm geboren. Nur ein blutiger Fetzen. Ein junger Schaftod. Die alte Schafmutter hat in ihrem langen zwölfjährigen Leben dreizehn Schafe geworfen. Eine ganze Herde zieht über das Joch. Ihre Nachkommen sind zahlreich. Jetzt stirbt sie still und leise, hinter einem Felsen versteckt, den Schaftod.

Ich gehe weiter. Talwärts. Müde. Ich habe den Tod gesehen.

Abends zieht Virgil sich in die leere Steinhütte zurück.

Dort wartet die fremde WILDE FRAU. Es ist seine Gletschergöttin, zugleich seine Hure und Heilige. Er steigt den steilen Berg hinan. Droben wartet die Hütte und wartet das Lager. Das Lager aus Schaffellen und einem Leinensack mit Schafwolle. Das Lager in der Steinhütte, dreimal zwei Meter. Durch die Steine pfeift der Wind. Drinnen liegt die Gletschergöttin, der Traum seiner langen Nächte. Sie hebt das Fell. Sie streicht mit der Hand über das braune Fell. Virgil, der Hirt, wagt es nicht, sie anzugreifen, ihr näher zu kommen. Sie winkt ihm. Pechschwarz das Haar. Sie winkt ihm mit dem Zeigefinger der rechten Hand. Sie lächelt. Sie winkt ihm noch einmal, diesmal deutlicher, aber sie sagt nichts. Als ob sie stumm wäre. Sprachlos nähert er sich seinem Lager, das jetzt ihr Lager zu sein scheint. Endlich streicht er mit seinen groben Händen über ihr Haar, streicht über die pechschwarzen Wimpern, streicht über den Nasenflügel, streicht über den Mund. Sie beißt zu, unvermittelt beißt sie zu, fasst seinen Zeigefinger, beißt hinein. Es schmerzt. Er erschrickt. Er unterdrückt den Schmerz. Sie zieht den Finger in den Mund. Sie streift mit der Zunge zärtlich, überaus zärtlich, über seinen Zeigefinger, zuerst angebissen, dann abgeschleckt, dann als Teil seines Körpers in sich hineingesteckt. Über eine steile, schrecklich steile Brücke taumelt er, wie im Fiebertraum torkelt er, wie ein Besoffener wankt und taumelt er. Dann fällt er. Er fällt auf sein Lager. Er stürzt in das Schaffell-Lager, unter dem sie sich eingegraben hat. Mit seinem ganzen Gewicht liegt er auf ihr. Er gräbt sich in sie hinein. Er bohrt sich in sie hinein. Er schreit und schreit. Eine solche Lust ist über ihn gekommen, dass er zu ersticken, zu bersten, zu zerbrechen droht, dass er wie ein Irrer das Lager stürmt, dass er auf alles ringsum vergisst. Jetzt hat er die fremde WILDE FRAU gefunden, unvermutet, in einem Wahnsinnsrausch. Es ist sie: diese pechschwarze Nacht, diese teuflische Feuernacht, diese Nacht der Gletschergöttin, zugleich die Nacht der verehrten Hure, der allerschönsten Frau der Welt.

In dieser Nacht hat er in seinem Wahn zugestochen. Mit seinem Stachel. Sie hat alles erduldet. Sie hat es begehrt. Sonst hätte sie nicht seine Hütte betreten. Sonst wäre sie nicht in sein Lager geschlüpft. Sonst hätte sie ihm nicht zugewinkt, nicht einmal, sondern zweimal und dreimal und immer deutlicher. In dieser Nacht hat der lange Traum ein Ende gefunden.

Ermattet, erschöpft, ausgelaugt, müde, fällt er in einen tiefen Schlaf, träumt von der goldenen Mondfrau, von den SALIGEN im Kristallpalast der Gletscher.

In der Früh ist sie verschwunden, spurlos, wortlos verschwunden. Still und leise. Keine Tür hat geknarrt. Kein Bodenbrett in der alten Hütte hat sich, wie sonst, beim Auftreten mit den harten Schuhen im scheinbaren Schmerz zur Wehr gesetzt. Nichts hat er gehört. Sie ist verschwunden. Er ruft. Er schreit. Jetzt wird er sie tagelang suchen.

Es kommt aber der endgültige Abschied von der Hütte, zumindest für dieses Jahr, und er muss, bevor der große Schnee einsetzt, von der Hütte ins Tal, von den steilen Lawinenhängen, von Gonden und Riepen hinab ins Dorf und weiter und immer weiter bis hinüber in seine Südtiroler Heimstatt. Wie wird er sich durch den langen Winter mühen und wie wird er das Frühjahr erwarten? Vorher hat er keine Chance, sie zu treffen, sie irgendwo zu finden. Alle Gletschertore sind verschlossen. Das Bergtal ist abgesperrt, zugesperrt. Alles tot.

Oben unter den Abstürzen des Kesselwandferners hat der Hirt eine Herde seiner ihm anvertrauten Schafe gesehen. Sie stehen in der Hochsommerhitze im kühlenden Dom des Eises, haben sich in das Gletschertor zurückgezogen und genießen die kühle Luft, das kalte Wasser. Der Schäfer, steigt zu ihnen hinauf. Er beeilt sich.

Der Hirt hat den Hund bei sich. Er spricht zu ihm wie zu einem Freund, dem er etwas erzählt. Der Hund weiß, dass er ohne Befehl laufen soll. Dass er die Schafe aus dem Eisdom treiben soll, übersteigt seine hündische Vorstellungswelt. Er will in der Hitze dieses Sommertages die kühle Gletscherluft. Dahinter warten die SALIGEN, wartet die DANA, die weiße ANA.

Der Hirt, sucht immer nach ihr: Noch nie hat er sie wirklich gefunden. Keine SALIGE hat ihm in den Berg hineingeholfen, hat ihm den heimlichen Zugang zum Kristallpalast gezeigt.

Der Hirt steigt hastig und schnell vom Hinteren Eis über den Steilhang zum Gletscher, nähert sich dem Gletscher und geht durch das kühlende Tor, rundherum voller Eis und es tropft und glitzert und plätschert und singt in den Höhlen und im Palast. Drinnen stehen die Schafe. Sie stehen und warten.

Da, auf einmal ein furchtbares Krachen und Dröhnen, ein Bersten und Knallen, ein Brechen und Losdonnern. Der Eisdom über ihm und den Schafen bricht zusammen. Die Türme brechen. Die Eismassen stürzen sich auf ihn, bedecken ihn. Er liegt dort: Keine Rache, keine Strafe für den Frevel. Der Hund kommt, leckt, wartet, jault, wartet, jault, legt sich nieder, stupft mit der Schnauze an seine Nase, leckt, wartet, jault, winselt, immer mehr winselt der Waldi. Der hat überlebt. Die Schafe sind tot. Er habe den Schaftod erlitten, haben sie später gesagt. Er habe sich zu weit dem Reich der SALIGEN genähert. Er wäre auf der Suche gewesen nach den fernen Verwandten der fremden WILDEN FRAU.

Er würde sie nie nach ihrer Herkunft fragen dürfen. Das bliebe ein Geheimnis. Aber sie haben ihn gerettet, wie durch Zauberkraft. Jetzt holen sie ihn vielleicht in den Kristallpalast hinein. Dort kann er alle Zeiten und Geschlechter überdauern. Und daheim sein.

Den an Leib und Gliedern von den niederstürzenden Eismassen erdrückten Hirten haben sie in den Ferner hineingezogen. Drei SALIGE sind herausgekommen. Sie haben den Toten, den an Leib und Gliedern übel zugerichteten Hirten, nicht gezogen, sondern getragen. Drei SALIGE tragen ihn. Zwei an den Füßen, eine am Kopf. Es war nicht Virgil, es war der andere Hirte, der ALTE HIRT, fünftausenddreihundert Jahre früher. Das Reich der SALIGEN kennt keine Jahrhunderte und Jahrtausende. Alles ist wie heute und gestern in dieser Gletscher-Anderswelt.

Aus ihren Kristallpalästen sind sie zur Kesselwand gekommen. Eine davon, ein wildes fremdes Bergweib, hätte seine Frau werden können, nicht seine Ehefrau, sondern seine Geliebte, seine Hexe, seine Hure, seine Heilige. Die seine Frau wurde und die immer von Geheimnissen umgeben war, die nie ein Sterbenswörtchen über ihre Eltern, über Mutter, Vater, Ahnen und ihr Herkommen verlieren durfte. Sie würde sonst gehen. Sie muss schweigen. Vor allem aber: Er darf nie nach ihrem Herkommen fragen, nie nach ihrem wirklichen Namen, er darf ihr nicht folgen, wenn sie einmal im Jahr, um den Annatag herum, in den Bergen verschwindet, mit einem kleinen Beutel umgehängt, wenn sie dann nach vier oder fünf Tagen wiederkommt, sehr lustig und voller Witz und inwendiger Freude: Da muss er froh sein, wenn sie wiedergekommen ist, wenn sie ihn in der Schäferhütte besucht, wenn sie ihm Kräuter mitgebracht hat von den Bergen.

Zehn Schafe sind tot. Der Hund winselt erbärmlich. Nach drei Tagen und Nächten verzieht er sich, weil er dem vermeintlich toten Herrn nicht in den Kristallpalast folgen darf. Der Tuit ist gestorben, geht die Kunde durch die Gletscherwelt im Hinteren Eis. Dann kommen sie aus den Gletschern heraus, in wallenden Gewändern, wie es sich die Leute vom Tal immer schon in ihren Sagen vorgestellt haben, wunderschön anzuschauen, mit glänzendem, langem Haar und barfuß und wie sie über die Felsen huschen, kaum dass sie auftreten, wie sie fast fliegen und dann singen, nicht die in den Sagen überlieferten schönen, sanftmütigen, lustigen Lieder, sondern Trauerlieder, unsäglich traurige Gesänge. Es sind Totenklagen, die sie mitgebracht haben, und weiße Tücher und den Balsam und ihr Wissen um das Einbalsamieren und Konservieren. Und kein Sterblicher darf dabei sein, kein Hirt aus dem Tal, keiner der Angehörigen. Sie kommen und salben ihn. Aus allen Kristallpalästen sind sie herangekommen, aus dem nahen Vernagtferner, aus dem Hintereisferner, aus dem Hochjochferner, weither von Ramol und Samoar, weither von Langtaufers, von Murzoll und aus dem nahen Finail. Die Mutter ist dabei. Die weiße alte Frau, die ANA vom nahen Gletscherberg aus den tiefen Höhlen von Marzell. Sie sind gekommen. Alle Frauen aus den nahen und fernen Gletschern bis hinaus nach Saldur und Gepatsch. Es mögen zwei Dutzend oder mehr gewesen sein. Vor ihm knien sie nieder, legen sich eine nach der anderen über ihn, berühren ihn, legen eine Träne auf seine Wange, eine nach der anderen, stehen auf, entkleiden ihn, salben ihn, streichen über seine Tätowierungen, streifen mit den Fingern darüber, legen

ihre Finger auf seine Augen, drücken sie zu, stehen auf, stehen im Kreis um ihn herum, warten auf die ANA und deren Weisungen, auf die ANA vom weißen Berg. Sie salben ihn. Sie balsamieren seinen Körper, von der Sohle bis zum Kopf. Sie streichen ihre Wundermittel auf seinen Körper, legen ihm das Diadem mit dem gelochten Marmorstein und den zwölf Schnüren um den Hals, binden ihm den Heilschwamm um die Mitte, salben ihn ein ums andere Mal und versetzen ihn in diesen Zustand perfekter Mumifizierung. Sie legen ihm seine Kleider wieder an, alle zusammen, und tragen ihn auf das Joch hinauf, das seit jeher den alten Göttinnen, den DISEN gehört und über das er mehrere Male, wenn die Vereisung beim Felsen namens Frau so stark gewesen ist und er wegen der Eiswand nicht durchdringen hat können, mit den Schafherden gezogen ist.

Dann ist der Schnee gekommen. Diesen ALTEN HIRTEN haben sie später „Ötzi" genannt, als sie ihn Jahrhunderte später und zugleich fünftausend Jahre nachher aus dem Eis geborgen haben. Dieser ALTE HIRT ist konserviert, mumifiziert und für alle Zeiten in der vermeintlich sicheren Obhut der Gletscherberge. Seine fremde WILDE FRAU ist seitdem verschwunden; war in der Obhut ihrer SALIGEN. Sie ist nie mehr im Tal gesehen worden. Vielleicht hat sie heimlich einen anderen Mann besucht, wie die Sagen künden, oben über dem Tal, wo vor Jahrhunderten noch ein Hof gestanden ist, von dem heutzutage nicht einmal die Grundmauern zu sehen sind, weit oberhalb des heutigen Hofes Geislach und der Geislachalm. Dort hat einige Jahre eine merkwürdige Frauensperson gelebt, von den Leuten im Tal die RUSILENA genannt, von der niemand Näheres gewusst hat. Sie hatten ihre eigene Scheu davor, genau danach zu fragen und ihre Geheimnisse zu erforschen.

Wilhelmine von Hillern hat 1870 daraus eine „Walli" gedichtet und hat einen Roman geschrieben.
Diese Walli ist nicht die RUSILENA und sie ist es dennoch; immer mit anderem Namen und anderen Eigenschaften. Die von einem katholischen Geistlichen aufgeschriebene Sage der RUSILENA hat die merkwürdige Frau zu der in diesen Geschichten üblichen Verteu-

felung und Verhexung gebracht. Das alles ist erfunden und ist christkatholisch gut gemeinte Täuschung. RUSILENA lustig und angeblich „ledig", weil sie keinen Mann anerkannt hat und es mit keinem treiben wollte. Vor allem hat sie sich nicht dem Mann, den ihr überaus hartherziger Vater ihr vorherbestimmen und aufzwingen wollte, ausliefern wollen. An einem Samstag ist wieder einmal der „Höllische" bei ihr eingekehrt und dann haben sie getrunken und gesungen und getanzt bis in der Früh und dann hat sie den Gang zur Kirche versäumt, zur vorgeschriebenen Heiligung des Sonntags durch Besuch der Sonntagsmesse und Empfang der Heiligen Sakramente.

Der Teufel aber wusste sie durch Schmeicheleien und allerhand Kunststücke immer wieder aufzuhalten. Endlich raffte sie sich auf und eilte bergab. Nach Sölden aber sind es zwei Stunden. RUSILENA wusste, dass es wohl zu spät sein werde und eilte trotzdem immer schneller, um ja die Messe zu erreichen. Als sie auf der Walderhöhe ankam, wo man zum ersten Mal den Kirchturm sieht, hörte sie läuten. Da kam ein Mensch daher, es wird wohl der Teufel selbst gewesen sein, und der sagte: „RUSILENA, kannst wieder umkehren, es tut schon Wandlung läuten." Traurig machte sie sich wieder auf den Heimweg. Sie machte sich furchtbare Vorwürfe, dass sie die Nacht so liederlich gewesen war und dazu die Sonntagsmesse versäumen musste. Auf einmal wurde ihr auch bewusst, dass ihr Liebhaber der Teufel selbst sei und da wusste sie sich gar nimmer zu helfen und geriet ganz in Verzweiflung. Sie nahm einen Strick und erhängte sich knapp oberhalb des Hauses an einem Baume. Heute noch sieht man dort an einer Steinplatte ihren Fußabdruck. Den Hof aber wollte niemand mehr bewohnen; er ist verfallen bis auf einige Grundsteine. Die Hüterkinder aber erschrecken heute noch, wenn man ihnen droht: „RUSILENA und der Corpus kommt."

So hat die Sage eine lasterhafte Person daraus gemacht, hat ihr die Lasterhaftigkeit vorgeworfen. Wie es allen außergewöhnlichen Personen ähnlich geschieht.

Sie ist zugleich und doch wieder nicht die fremde WILDE FRAU von Virgil, dem Hirten. Jetzt ist sie verschwunden. Niemand weiß, ob sie jetzt als trauernde Witwe über die Berge zieht, als WILDE FRAU die Hirten auf der Leckalm erschreckt und belästigt, als fremde Frau die Mure von Schönfiecht losgetreten hat, als altes Weib die Schnalser Hirten vor dem Übergang über das Eisjoch warnen wollte: Nicht einmal zur Bestattung war sie auf das Joch der DISEN gekommen.

Die SALIGEN aus allen Gletscherbergen dieser Region im Hinteren Eis haben den Toten auf das mehr als vier Stunden entfernte Joch getragen, haben dazu aber kaum eine Stunde gebraucht, haben sich eine Begräbnisstätte im Steingrab der DISEN ausgewählt, haben ihn auf dem Bauch über den Felsen gelegt, umgeben von seinen Gerätschaften, haben den Gesalbten und Einbalsamierten mit Eis und Schnee bedeckt, haben ihn geküsst und liebkost, haben geklagt und getrauert, haben ihre so überaus zu Herzen gehenden Lieder gesungen, solche von der Art, wie sie bisher kein Sterblicher je hat hören und miterleben dürfen. Sie haben eine ganze Nacht bei ihm verbracht und sind weder am nächsten Tag noch in den kommenden Wochen, Monaten, Jahren und Jahrzehnten gesehen worden. Die alte Stelle des Durchstieges beim Schnalser Jöchl nennen die Leute vom Tal weiterhin „Bei der Frau“ und auf der anderen Talseite haben sie erst in allerjüngster Zeit eine alte Stätte, die sie „Beim Bild“ nennen und wo sie eine Tafel mit einer frommen Madonna abgebildet hatten, verderben lassen. Erst 2005 sind die letzten Reste davon verschwunden.

Dort bauen sie die große Mauer und wollen alles bisher Dagewesene an Pracht und Schönheit übertreffen, schöner und prachtvoller als das alte DANANÄ. Die Sagen der kommenden Jahrtausende werden davon berichten und auch von ihrem Untergang.

Später haben sie ihn leibhaftig gefunden. Er ist so wie am ersten Tag der Einbalsamierung und Mumifizierung unversehrt geblieben und erst das grausame Heraushacken hat ihm Schaden zugefügt.

Weiter drunten und weit droben auf dem Similaun bauen sie die neue Stadt. Schöner und prachtvoller und verruchter als alles, was vorher im Gebirge war. Ihre Perfektion ist gigantisch. Erste Erfahrungen haben sie in ihrem Touristen-Porno-alpin sammeln können und dann auf dem Gletscher mit Hannibal und der Mars-Landung und 2005 im September mit der weltweiten Werbekampagne „Mit Trauer füllen wir keine Betten".

Tote klagen nicht mehr. Hinterbliebene werden einstmals als Rächer über dem Ferner stehen: „Wehe wehe!" Vieles aber lässt sich mit Geld ablösen. Teuer, aber gut angelegt.

Auf die neueste Tafel hat Virgil, der Hirt, seine Visionen geschrieben. Bevor die Horden auch seine Schafalm erreichen, sollen sie es lesen.

Das Weib öffnet das sechste Siegel. *Dann erscheint ein großes Zeichen am Himmel: Das Weib öffnet das sechste Siegel. Es entsteht ein großes Erdbeben in den Bergen. Der Berg stürzt ab. Der Berg stürzt in den Stausee. Es ist der größte jemals gemessene alpine Tsunami. Die ehemals goldene Stadt namens DANANÄ stürzt ab und begräbt mit ihren Sturm- und Wasserfluten das ganze Tal mitsamt allen Bewohnern. Diese werden hinausgeschwemmt, zerschellen an den Steinblöcken, werden von den reißenden Fluten zerfressen, viergeteilt, in kleine Stücke zerrissen, zerfetzt wie ein Seidentuch. „Denn gekommen ist der Tag des Zornes. Wer kann da bestehen?"*

Es ist im darauffolgenden Frühjahr geschehen. Der Hirt sucht in den Trümmern der Stadt DANANÄ nach seiner WILDEN FRAU. Er vermeint sie in einer der zerstörten Bauhütten zu finden, inmitten der Schläuche, Bagger und Schrecklichkeiten. In armseligem Zustand. Geschändet von Bauarbeitern, vom Capo, vom technischen Direktor, höchstpersönlich vom Seilbahnherrn als dem obersten Zuhälter des Tales. Lallend kommen die Worte vom verstorbenen Tuit, den sie suchen muss, ihrem Vater. Sie lallt den Namen „Runa“, der Mutter aus dem fremden Geschlecht, von weither gekommen. Er hat es deutlich gesehen: Sie trägt ein Kind. Mit letzter Kraft schleppt er sie fort.

Und jetzt erst recht! Virgil muss alle Kräfte sammeln. Er muss mit seiner RUSILENA das Tal retten. Er muss seine geschändete RUSILENA retten. Er weiß nicht, was auf ihn zukommt. Wenn sie wiederkommt, wenn sie fortgeht, wenn sie gebären soll. Das kann und darf nicht wahr sein. Er weiß es nicht: Sie ist seine Geliebte und zugleich seine Schwester. Deswegen haben sie als Geschwister-Paar die doppelte Kraft beim Bannen und Beschwören. Wenn sie wollen, helfen sie. Wenn sie anders wollen, können sie strafen, verhindern, töten, schänden, zerstören. Ihre Stunde kommt erst. Es wird Sommer und immer näher heran kommt die drohende Zerstörung. Was Virgil in seinen Träumen gesehen und gehört hat, will er jetzt auf die vielleicht letzte Tafel schreiben. Dieses Mal in roter Leuchtschrift, drei Meter hoch und fünf Meter breit, geschrieben auf den Felsen der Zwerchwand. Wo kein Sterblicher hinaufklettern kann, wo sich keiner hinwagt. Wagemutig, selbstmörderisch, an langen Seilen hängend, steht Virgil in den Felsen droben und malt auf die Felsen. Zur Provokation: mit einem leuchtenden Spray. Jedes Wort zwei Meter hoch im Felsen. Alle Wanderer sollen es sehen und lesen können: „APOKALYPSE – SCHÄNDUNG – WEHE WEHE WEHE!!!!!"

Ungelenk und groß mit fünf Rufzeichen. Dann rast der Hubschrauber durchs Tal. Rettungsflieger seilen sich ab. Am langen Bergeseil Virgil, der Hirt, angebunden, gefesselt, immer noch mit Händen und Füßen sich wehrend, taumelt er. Der Hubschrauber klettert höher. Nimmt Virgil, den Hirten, reißt ihn mit sich. Virgil, der Hirt, wird über seiner Schäferhütte abgeworfen. Wie ein Heuballen. Soll dort verrecken. Wenn er schwer verletzt ist, sollen ihn seine SALIGEN verbinden mit ihren geheimnisvollen Pflastern und Kräutern. Die armselige Talmafia würde ihn elendig verrecken lassen.

Niemand im Tal kann die Leuchtschrift löschen.

Virgil, der Hirt, wollte noch ein weiteres Plakat malen. Er hat noch ein paar Zeilen in der Geheimen Offenbarung gefunden:

Als der Tag gekommen war, öffnete das Lamm das siebente Siegel.

Es entstand ein großes Schweigen im Himmel und über den Gletschern. Alles Leben ausgelöscht. Es erschien ein großes Zeichen am Himmel: Ein Weib, mit der Sonne umkleidet, den Mond zu ihren Füßen, gesegneten Leibes. Und soll gebären. Ein furchtbares Untier, das berüchtigte, das von allen gefürchtete GREISS erscheint. Sie ist gesegneten Leibes und soll unter Schmerzen gebären. Das furchtbare Untier, das gefürchtete GREISS will es ihr rauben.

Wenn sie unter solchen Schmerzen gebären soll, wird sie mit dem Neugeborenen zu ihm ziehen, zu Virgil, dem Hirten. Sie wird mit ihm in der alten Steinhütte wohnen. Sie ist zugleich seine RUSILENA und seine Schwester. Sie kann zaubern, heißt es. Sie kann das Vieh bannen, heißt es. Bruder und Schwester als Paar. Vater und Mutter als Bruder und Schwester. Das Kind. Ein Wunderkind. Eine Blutschande. Hinten im Tal, erzählen die Leute, wäre die Blutschande ausgebrochen, wäre wiedergekehrt, wäre des Teufels und müsse bestraft werden. So reden und tuscheln sie.

Sie wird mit ihm die 1600 Schafe und ein anderes Jahr wieder 2000 und dann wieder 1700 Schafe hüten helfen. Sie ist den Leuten unheimlich. Woher sie gekommen ist, weiß niemand zu sagen. Wenn sie spricht, dann spricht sie in Bruchstücken einer fremden, ganz fremden und fernen Sprache. Wie das alte Rätoromanisch klingt es, das hier im Tal vor fünfhundert Jahren noch gesprochen wurde. Den Leuten im Tal ist sie unheimlich, weil sie die gesamte Schafherde in ihren Bann ziehen kann. Ja, sie bannt die Schafe, wenn sie über die Weidegrenze hinaus grasen. Mit einem Blick macht sie es. Wie ein Bannstrahl, haben die Leute gesagt. Das könne sie. Am meisten fürchteten die Leute im Tal ihr Wissen. Alle Wetter könne sie voraussagen, den Regen, den Blitz, den Hagel, sogar die Muren könne sie bannen und losbrechen lassen nach ihrem Belieben. In der Hütte sitzt sie am Abend und schreibt. Sie schreibt unaufhörlich bis gegen Mitternacht und legt die fertigen Manuskripte in einen kleinen eisernen Koffer, versperrt ihn, legt ihn unter das Lager, wenn sie in der Früh zu den Schafen geht, öffnet ihn erst wieder am Abend, wenn sie knapp vor Mitternacht die weiteren Manuskripte in den Koffer steckt, schließt ab und legt sich schlafen. Nur drei bis vier Stunden benötigt sie, um auszuruhen. Das Essen besteht aus dem, was der Berg hergibt und sie hat den Schafen auch wieder beigebracht, Milch zu spenden. Sie sitzt und kniet dort und lässt die warme Schafmilch aus den kleinen Eutern und Zitzen rinnen. Das haben die Leute im Tal seit Generationen nicht mehr getan. Sie haben es verlernt und die Schafe haben eine andere Milch bekommen, die für menschlichen Genuss unbrauchbar geworden war. Aber die Schäferin hat wieder die richtige Trinkmilch aus den Schafen herausbekommen und bereitet von den Überschüssen feinen Käse zu. Wenn die Leute aus dem Tal kommen, immer nur die Bewohner des Tales und niemals die fremden Sommergäste, die Wanderer mit den schrecklich langen Stöcken aus Plastik und fremdem Zeug, dann gibt sie den Leuten von ihrem Käse zu kosten und sie wundern sich über die feine Qualität und das Aroma. Hinter der Hütte hat sie sich im Lauf des Sommers einen kleinen Garten angelegt, hat ihn umzäunt, hat dort Salate und Radieschen gezogen und sogar herrlich duftende Himbeeren hat sie an gut durchsonnter und windgeschützter Stelle angepflanzt. Das alles auf über 2200 Meter Seehöhe, weit drinnen im Tal, dem Tal neben dem Staudamm, der zwei Gehstunden weiter draußen gebaut wird und dem Tal, an dessen Talschluss die neue goldene Stadt DANANÄ hinaufwachsen soll, der kristallene Turm und die künstliche Kristallwand von Similaun. Seitdem der Damm gebaut wird und immer höher hinaufwächst, haben die Ingenieure und der Bürgermeister den Zugang ins innere Tal gesperrt. Es ist eine Totalsperre verfügt worden. Es sind riesige Eisentraversen aufgerichtet worden, die den einzigen schmalen Zugang durch das Tal blockieren. Wie zur Lawinenabwehr die Traversen. Es kommen kaum mehr – auch nicht auf beschwerlichen Umwegen – Einheimische und Gäste ins Tal. Später dann wird total abgeschlossen, abgesperrt, mit Stacheldraht und Strom und Bewachung aus der Luft.

Nur der Hubschrauber kommt, wirft Traversen ab, donnert mit dem Tausendkilokübel über die Schäferhütte, immer schneller und von blinder Akkordwut mitgerissen. Weiter droben lädt er ab. Aus der Bauhütte kommen die Overallmänner. Leuchtende Exemplare einer neuen Zunft. Neue Hexenmeister. Und noch mehr der Pilot, wenn er bei Nebel und Schneesturm durch das enge Tal braust, mitten durch die Schlucht, knapp an den Felsen vorbei. Ja, droben lebt eine Hexe, haben die Leute im Tal verkündet. Droben im Hinteren Eis lebt die Hexe. Die weiß alles. Die kann alles. Die kann alle, wenn sie will, auch verhexen und bannen. Auch das Vieh kann sie bannen, die Schafe, die Ziegen, die Gämsen, die Murmeltiere, sogar den Lämmergeier. Die Schafe kann sie bannen, dass sie alle beisammen bleiben, und das kann sie so perfekt, wie es sonst nur einem Schäferhund gelingen würde. Sozusagen zieht sie den Kreis um die Herde, den Ring, und schließt alle Schafe darin ein. Das macht sie mit einem Blick, mit dem Herumgehen ihrer Augen, wenn sie den Kopf wendet, vom Tal hinauf zum Gletscher und oben drüber und wieder herunter. Was sie fürchtet, das ist der unberechenbare Ferner droben über dem Hinteren Eis, der gefährliche Koloss, das eisige Monster, das für sie unberechenbar ist und nicht zähmbar und von dem immer wieder großes Unheil ausgegangen ist. Dort droben verweilt sie, am Eingang in das Tor des Ferners. Dort trauert sie um den alten Schäfer, der dort vor Jahrhunderten mit einer kleinen Herde vom Eis erdrückt, erschlagen und getötet worden ist. Sie sitzt bei schönem Wetter unter dem Tor. Aber sie fürchtet die abbrechenden Eistürme, die auch heuer wieder ununterbrochen zusammenstürzen, die laut krachend herabfallen und in sich zerfallen oder in großen Stücken hinabsausen, donnernd und krachend und auf Felsen aufschlagend, neuerlich donnernd und krachend bis zur Ache hinab, in die Schlucht. Manchmal stinkt es, wenn die großen Eisbrocken Steine und Erdreich mitreißen. Dann staubt es und das Tal wird für Sekunden abgedunkelt.

Die Hirtin lenkt, wenn es ihr manchmal auch nur mit größter Mühe gelingt, auch diese Eisbrocken in die richtige Bahn, dass sie an den Schafen vorbeifahren und dass den Schafen kein Unheil geschieht. Vor dem Eingang in das hohe weite Tor des Gletschers gedenkt sie des Todes des alten Schäfers. Sie hat ihn gut gekannt. Seine Frau hat sie noch besser gekannt. Diese Frau und sie selbst sind aus dem anderen Land gekommen, aus der Anderswelt der großen Gletscher, wo die Zeit stehen geblieben ist, wo die Jahrhunderte wie die Stunden vorbeigezogen sind, wo die fremden Sprachen und Gewohnheiten wie seit zweitausend oder dreitausend oder sechstausend Jahren gleichgeblieben sind, sozusagen konserviert. Von dort kommt die verstorbene, die eigentlich verschollene und wahrscheinlich in den Kristallpalast zurückgekehrte ehemalige Frau des alten, inzwischen verstorbenen, durch das Eis dieses Ferners ums Leben gekommenen Hirten. Sie selbst ist eine von dort, von dieser anderen Welt, die sie später die Anderswelt genannt haben. Sie blieb geheimnisvoll, unnahbar, allwissend, allmächtig. Was sie auch noch an sich hatte: Sie war viel viel schöner als alle anderen Mädchen und Frauen des Tales; dunkel, schwarzhaarig, feurig, teuflisch. Vieles von ihrem Wissen hat sie dem Hirten übergeben, hat ihn schrittweise in die alten Geheimnisse des Bannens und des Kreisziehens eingeweiht.

Zu zweit hat das Geschwisterpaar, zugleich das Liebespaar, das Elternpaar eines Kindes, dem noch weitaus größere Kräfte zugetraut werden, gewaltige Macht über die Berge, über Gletscher, Bauherren, Seilbahnchefs, Bürgermeister und Baumaschinen.

Diese Hexe hat zwei riesige Brüste, die ihr herunterhängen, wenn sie nicht beobachtet wird. Und aus diesen beiden Brüsten fließt einmal Milch und einmal schrecklicher gelber Eiter. Wenn niemand in der Nähe ist, auch wenn von der anderen Talseite nicht heimlich ein Mann des Bautrupps mit seinem Fernglas herüberschaut, wenn sie sich ungestört fühlt, dann zieht sie die beiden Brüste heraus. Dann kommen Milch und Eiter. Dann bewirkt sie Segen und Fluch zugleich. Dann begießt sie den Boden, nährt die Himbeeren, nährt den Salat und kann sogar kranke Lämmer heilen. Das alles und noch viel mehr wird im Tal erzählt. Sie ist allen
unheimlich und immer mehr wird das Tal verschlossen und nach hinten hinein unzugänglich und sogar die Gletscher hat sie wieder wachsen lassen, dass aus dem südlichen Schnalstal niemand mehr, wie es in früheren Zeiten öfters geschehen ist, über das Joch herüber

kann, weil die Eismassen das Überschreiten des Joches unmöglich machen. Dann hat sie ihren Frieden im Hinteren Eis. Und niemand kommt und niemand stört sie und nur für die Schafe weiß sie, wenn der Winter kommt, einen Durchschlupf durch das Eis. Dann öffnet sie das Tor und tausend Schafe ziehen hintereinander, wie von Wunderkraft gezogen und gelockt, durch den Eistunnel ans Tageslicht des anderen Tales.

Wenn der Winter kommt, muss sie gehen. Oder sie zieht sich wieder dorthin zurück, woher sie gekommen ist.

Und weiter draußen heißt es, habe das WILDE MANNLE gewohnt und das sei auch so eine unheimliche Berggestalt gewesen wie die neue Hirtin. Das so genannte WILDE MANNLE ist der WILDE MANN gewesen. Mit dem hat sie einige Jahre zusammengelebt. Dann hat sie eine Wette verloren und ein langes Spiel. Immer wieder erinnert sie sich daran. Alles ist fein säuberlich in den alten Sagen des Tales aufgeschrieben. Ein Lehrer und ein Pfarrer haben die Geschichten aufgeschrieben und verändert, haben ihnen eine christkatholische Deutung und Erklärung zu geben versucht.

Die Hirtin im Hinteren Eis ist die Schwester der LANGTÜTTIN. Es ist die RUSILENA. Sie ist eine SALIGE und zugleich auch eine Hexe. So wollen es die Leute im Tal hören. So wollen sie es wissen. Alle Namen hat sie von den Leuten bekommen. Und sie hat in der Vorstellungswelt des Lehrers und des Pfarrers ein abschreckend hässliches Weib sein müssen, ein böses Weib, das den Leuten nichts Gutes antun wollte. Nur Schlechtes. Einmal, so berichtet die alte Geschichte, die dann von den aufschreibenden Lehrern und Pfarrern umgeschrieben oder zurechtgeschrieben wurde, wäre ein kleines Mädchen zu ihr gekommen. Andere Nachrichten vermelden, es wäre ein Bub bei ihr gewesen, der ihr dienen musste, der ihr auch in die Kammer auf das Bett folgen musste. Und so wird erzählt, berichtet, weitererzählt, übertrieben, aufgebauscht. Die Geschichten werden immer schrecklicher. Von der Gutmütigkeit der fremden Hirtin weiß eine der aufgeschriebenen Sagen dieses zu berichten:

Die LANGTÜTTIN, von ihren langen Brüsten so genannt, war ein hässliches Weib, das den Kindern nachlief und ihnen die Brüste bot, aus deren einer Milch, aus der anderen Eiter floss. Einst lockte sie ein Knäblein von acht Jahren zu sich, und gab ihm die Brust, bereitete ihm ein Lager und fragte es: „Michele, willst du Nockelen essen?" Als das Kind die Frage bejahte, nahm sie unter einem Steine den schönsten Teig hervor und kochte ihm damit die besten Nudeln. Sie hatte auch ein gar wundersam ausgeschmücktes Kämmerlein und eine kleine Küche mit herrlichem Geräte. Das Kind musste einige Tage bei ihr bleiben. Als es sah, dass es nicht leicht weggelassen würde, stellte es sich so, als ob es auf die Seite gehen müsste, und ging von der LANGTÜTTIN fort. Dann hüpfte es behände über den Zaun, dort, wo die Spalten ein Kreuz bildeten. Da war sie schon hinter ihm, erwischte ihn beim Rockzipfel, den sie davonriss. Es lief über Stock und Stein davon, denn sie konnte ihm wegen des Kreuzes nicht mehr folgen.

Und sowieso war es nur ein unschuldiges Knäblein von acht Jahren und nicht ein junger Mann. Es ist klar, wie die Geschichte von der hässlichen Frau in der Vorstellungswelt der Leute ausgehen hätte können oder wie sie folgerichtig hätte ausgehen müssen. Und es ist ein ganz merkwürdiger Nachsatz in dieser Sage überliefert worden:

Die LANGTÜTTIN hatte auch ein kleines frisches Mädchen bei sich, das spitzige Schühlein trug, deren Spuren man heutzutage noch sieht.

Ein Schalenstein soll es sein, den bisher niemand finden konnte, ein Stein mit dem kleinen Loch, wie es ein Stöckelschuh im weichen Untergrund bewirken kann, wie im weichen Mörtel, der dann erkaltet und hart wird. So hat die Vorstellungswelt der Leute das Entstehen eines Schalensteines erklärt.

Aber es sind noch weitere Geschichten der LANGTÜTTIN überliefert, sogar vom Zusammentreffen mit dem WILDEN MANN und ihrer Verbannung, ihrer vermeintlichen Verbannung in einen von den steilen Hängen herabhängenden Gletscher. Und das kam so:

Die LANGTÜTTIN und der WILDE MANN kamen oft am Piller Berg, Laner genannt, dort, wo jetzt noch der weiße Stein liegt, zusammen. Vom Ferner bis zu dieser Stelle machten sie nur drei Schritte. Noch immer sieht man vom WILDEN MANN die eineinhalb Spannen breite Fußstapfe. Sein Stecken drückte dem Sesselstein, in dem er lehnte, eine solche Vertiefung ein, dass sie eine große Rinne scheint. Ebenso sieht man noch genau im Felsen, wo er saß und wo er den Zwirnknäuel und das Strumpfelbrett hingelegt hatte. An diesem Platze sind die Rittelfalten der Steine eingedrückt.

So saßen sie oft stundenlang beisammen und spielten. Einmal hatte sie neunundneunzig Mal gewonnen, doch das hundertste verspielt sie. Deshalb musste sie zum hangenden Ferner wandern und ward seitdem nie mehr gesehen. Der WILDE MANN ging noch einige Zeit seine Wege und dann verschwand auch er spurlos.

Dieser WILDE MANN lebt im Gletscher, der als der wildeste Gletscher weit und breit gilt und der ein schreckliches Eisgebilde ins Tal schickt, der zuerst eine wilde Schlucht durchstoßen und durchbrechen muss und der sich dann im freien Gelände, das steil nach unten zur Rofner Ache abfällt, wild gebärdet, immer neue Eistürme abbrechen lässt. Wie es auch am wilden Kesselwandferner immer geschehen ist.

Dieser Wildes-Mannle-Ferner ist die Heimat des WILDEN MANNLE. Dort lebt er und hat Jahrhunderte dort gelebt und vielleicht Jahrtausende, ohne dass er alt geworden ist und ohne dass er sterben hat können oder sterben hat müssen. Dieser WILDE MANN ist ein weiser Mann. Er ist nie wild gewesen noch ein Teufel oder ein Übeltäter. Außer es ist geschehen, dass die Menschen des Tales grausam geworden sind zu den Tieren, den Ameisen, den Gletscherflöhen, den zartblumigen Rasenpolstern auf den Lawinenhängen und die Menschen sind gekommen, haben maßlos und unbesonnen die schönsten und seltensten Blumen ausgerissen. Sie haben in der kostbaren Milch gebadet, haben die Käselaibe zum Pflastern der kotigen Wege verwendet, haben der eigenen alten Mutter, wenn sie zu Besuch gekommen ist auf die Alm, blind geworden und ein beschwerliches Leben hinter sich gebracht, statt der frischen Butter nur Kuhfladen aufs harte Brot geschmiert. Und diese Menschen haben vor langer langer Zeit in der großen Stadt DANANÄ gewohnt, haben dort gehurt und geprasst und haben mit dem Getier, wie es heißt, Unzucht getrieben. Das haben sie dann Sodomie genannt und das ist immer wieder auf den abgelegenen Männeralmen geschehen, auch im Stall eines ledigen Junggesellen. Und diese Männer haben eine Puppe gebaut, aus Holz oder aus Teig, und haben sie mit weiblichen Attributen ausgestattet, mit Brüsten und allen Elementen einer Frau und sie haben diese Puppe gefüttert. Und eines Tages hat die Puppe zu leben begonnen, hat zuerst langsam, dann immer schneller und immer gieriger zu fressen begonnen. Die Hirten haben kaum den Hunger zu stillen vermocht. Und sie haben einmal eine dieser Puppen direkt unter die Kuh hinein gelegt und haben ihr die Milch direkt aus dem Euter der Kuh in das Maul gespritzt. Das alles wird erzählt und berichtet und das alles wird wahr sein und das mit der Sodomie sowieso. Dann haben die WILDEN MÄNNER und dann haben ebenso die WILDEN FRAUEN, die SALIGEN, schlimme Rache für den gewaltigen Frevel geübt und haben alle Unwetter und Muren und Lawinen losbrechen lassen.

Der WILDE MANN hat viele viele Jahrhunderte später, als die Bauern des Tales die neuen großen Tiere bekommen haben, die sie später Kühe genannt haben, gehütet, getreulich, Sommer für Sommer. Der WILDE MANN hat die Kühe des großen Bauern zuhinterst im Tal, zu Rofen, gehütet und hat dafür einen kleinen Lohn bekommen.

Der Lohn wurde ihm auf den Berg hinaufgebracht, wo er lebte und wo er an einem vereinbarten Ort und Zeitpunkt auf das Geschenk wartete. Es waren, so vermeldet die mündliche Überlieferung, immer irgendwelche Kleidungsstücke, Schuhe, ein Rock oder eine Kappe für den Kopf. Einmal aber geschah es, dass er einen grasgrünen Rock bekam und dass er darob sehr traurig war und dass er nie wieder kam und nie wieder gesehen wurde. Es wird berichtet und gedeutet, dass der angeblich WILDE MANN deswegen so traurig wurde, weil dieses grasgrüne Röcklein das frische Gras war und dass dieses Gras die Zerstörung des uralten Reiches und der Heimstatt des MANNLE brachte. Seine Heimat war der Gletscher, der große Gletscher, wo er lebte und wo auch die SALIGEN leben, bis auf den heutigen Tag, soferne es noch die großen und jetzt kleiner gewordenen Gletscher gibt.

Das WILDE MANNLE kann erst wiederkommen und erlöst sein, wenn die Gletscher wieder anwachsen, ins Tal vorstoßen, das Tal überschreiten und weit hinauswachsen. Dann spenden sie wieder ausreichend Feuchtigkeit und Wasser, damit die weiten Ebenen fruchtbar werden, die inzwischen vertrocknet und unfruchtbar geworden sind. Der Gletscher wird wieder kommen.

Die SALIGEN und das WILDE MANNLE werden sich schrecklich und grausam rächen, wenn die Menschen weiter draußen im Tal, dort an der Zwerchwand und noch einmal weiter draußen, ganz besonders schrecklich und grausam aber auf dem heiligen Berg Similaun, hoch über Marzell und Murzoll, die gewaltigen Mauern aufbauen, solche aus Beton und Stein und dickem Eisen und riesigen Kristallplatten, quer durch den Damm, hundert Meter hoch, hundertfünfzig Meter hoch, zweihundert Meter hoch, wenn die Menschen mit aller Wut und Kraft ihrer Maschinen und Baumonster die Erde aufwühlen, die jahrtausendealten, die überaus langsam gewachsenen Rasenpolster und Zwergbäumchen ausreißen, wild herumwühlen, wenn sie bedenkenlos zerstören und vernichten, wenn sie ganze Berge abtragen, kostbarste Vegetation für alle Zeiten zuschandenrichten.

Wieder kommt der Tod übers Tal wie ehedem über DANANÄ und weitaus schrecklicher als am Ferner, als ein 750-Kilo-Kübel auf die Seile gefallen ist und als an diesem 5. September 2005 neun Menschen *in den Tod gerissen* worden sind. *Tirol ist geschockt: neun Tote* hat es geheißen. Weil skrupellose Gewinnmacher alles menschliche Maß verloren hatten. Bald darauf hatten sie eine perverse Tröstung in die Welt hinaus geschickt: *Mit Trauern füllt man keine Betten.*

Geld muss her und Geld muss her. Wild drauflos. Jetzt erst recht. Und dann war's aus. Und dann begann erst das wildeste Bauen, Baggern und Huren der gesamten Alpingeschichte.

Er war der Abschaum der Menschheit. Sagen die Leute im Tal. Er hätte als Wegweiser dienen können für die neue Zukunft des Tales.

Über den Hexer, den Hexenmeister und Wettermacher wurde das Urteil gesprochen. Der aus dem Zillertal stammende Bursch namens Thaman, also Thomas Jöchl wurde verurteilt. Vorher hatte er in ganz Tirol Unheil angerichtet, hatte vor allem die wilden Wetter gemacht, hatte die Muren und Überschwemmungen ins Land gebracht und im Ötztal die gestauten Wasser hinter dem Vernagtbach und den gefürchteten Fischbach von Längenfeld am gleichen Tag ausbrechen lassen. Wir erinnern uns daran, dass der Kurat von Längenfeld in der Schreckensnacht mit dem Allerheiligsten hinter der Kirche auf den Berg hinauf geflüchtet war, wo er eine lange kalte Nacht und zwei Tage aushalten musste. An diesem Tag wurde die Mauer des Friedhofs von den Wassermassen aufgebrochen, herausgerissen und die Toten schwammen auf den Fluten durch das Dorf, also die Reste der toten Längenfelder, Knochenteile, Ober- und Unterarme, eine Menge Rippen und mit den Leichenteilen Reste der Truhen und Steine und Holztrümmer aus den Häusern und es war ein erschreckender Anblick und die Leute hatten große Angst. Und sie hörten, der Hexer wäre wieder im Tal und würde das Tal verwünschen.

So ist es geschehen und justament dort, wo er wegen des schlechten Nachtquartiers und der unvollkommenen Bewirtung in höchstem Maße erzürnt gewesen ist, hat der Hexer die größten Schäden durch das Wasser anrichten lassen. Das Wasser hat er hinausgebannt. Er hat als Hexer die Schleusen geöffnet, hat dem Wasser hinter der Eiswand den ersten Durchschlupf geöffnet, hat mit seiner magischen Kraft die Öffnung vergrößern können und dann ist das Wasser binnen einer guten und einer weiteren halben Stunde durch das Tal hinaus, über eineinhalb Millionen oder sogar drei Millionen Kubikmeter nach heutigen Maßen und dieses Wasser ist ausgebrochen, hat durch das Venter Tal hinaus große Schäden angerichtet, hat neun Zehntel der Felder der Winterstaller Bauern weggerissen, einfach weggeschwemmt, hat die breiten Felder von Sölden überflutet, hat große Schäden angerichtet und ist erst hinter Aschbach, in der Verengung und Einengung, dort, wo der MALEFIZ-BUA die angeblich unzureichende Unterkunft und Verpflegung bekommen hat, mit voller Wucht ausgebrochen und hat alles verwüstet. Zehn Bauernhöfe sind dort gestanden, bis hinaus zum Löechbrunnen. Der Platthof ist in späteren Jahren nach Huben versetzt worden. Das gesamte Talbecken hat es erwischt. Hinter einer geschützten Mauer lauert der böse Bub, der MALEFIZ-BUA.

Der Scharfrichter von Meran, der ehrenwerte Herr Jakob Müller, hat das Urteil gesprochen. Über den Thaman Jöchl und über weitere 13 Personen, die der Hexerei und Wettermacherei angeklagt waren. Darunter befand sich auch ein Kind. Der schlimmste Übeltäter war Thaman Jöchl:

Am 8. August anno 1680 ist Thaman Jöchl gemäß dem Urteil als der Hexerei und Wettermacherei beschuldigter MALEFIZ-BUA öffentlich enthauptet und anschließend verbrannt worden.

Nachdem unter den Nachbarn und Bewohnern zu Huben, an der Mühl, zu Astlehn, zu Runhof und bis Oberlängenfeld nach der Katastrophe von 1678 ein Streit ausgebrochen war, weil der Bach das alte Bett verlassen, sich ein neues gesucht hatte, kam aus der fernen Stadt, in der die Regierung über das Land gebot, eine Kommission. Wegen der neu entstandenen und wegen der verronnenen Flächen konnten sich die Leute im Tal nicht einigen. Die einen wollten, dass der Bach wieder in den alten Runst zurückgeschoben werden müsse. Die anderen vermeinten, es habe der Bach selbst bestimmt, welchen neuen Weg er durch das Tal ziehen wolle. Und es wird berichtet, der MALEFIZ-BUA habe Zwietracht gesät. Zur Schlichtung des Streites und zur Neuvermessung und Neueinteilung der Felder kam eine Kommission aus Innsbruck und hat, wie sich später herausgestellt hat, sehr parteiisch zugunsten einer Seite entschieden und die andere Streitseite benachteiligt. Demnach wurde der Grund so verteilt, wie es die Kommission vorgeschlagen hatte.

Zur Strafe für die ungerechte Einteilung und die parteiisch einseitige Begünstigung der einen Seite zu Lasten der anderen musste der ungerechte so genannte Streitschlichter auf einem feurigen Ross durch die Schlucht hinter Huben hineinfahren, wo er zeitlebens und auf alle Zeiten büßen muss, immer auf seinem schwarzen feurigen Ross in großem Tempo, dass sich die Leute fürchten und erschreckt zurückweichen, wenn der Reiter näherkommt. Es ist der apokalyptische Reiter.

Eines Tages haben die Bewohner, so ist überliefert, einen frommen Kapuzinerpater aus Imst kommen lassen, der den wilden feurigen Reiter schließlich in die Pollesschlucht hinein verbannt hat, in diese Schlucht, die sich der wilde tosende Bach gewählt hat und in der viele Jahre später todesmutige Schluchtdurchquerer zu Tode gekommen sind und nie mehr gefunden werden konnten. Es liegt ein Fluch über diesem Teil des Tales.

Zum sichtbaren Ausgleich haben sie auf der Bruggen in der kleinen Kapelle einen absonderlich gequälten, gegeißelten und übel zugerichteten Christus anbringen lassen, „Unsern Herrn im Elend". Und so ist mit allen diesen Vorkommnissen eine alte Geschichte verbunden und so wird es weitergehen.

Bis das allerschlimmste Übel hereinbricht. Gott bewahr uns vor Feuersgefahr, Muren, Lawinen, den Schrecknissen des Eises und der Pestilenz. Bald wird es soweit sein.

Immer wieder und jeden Tag mehr trauert er um seine RUSILENA. Er hofft auf ihr Kommen. Dass sie von den Felsen heruntersteigt, über Diem und Gulf herüberkommt. Dass sie kommt, dass sie aus dem Ferner heraussteigt. Über Diem und Gulf zu ihm kommt. Gerade jetzt braucht er sie.

Virgil, der Hirt, stellt sich hinter der Schäferhütte auf einen Felsen, weit oberhalb des Tales, auf knapp über 3000 Meter. Den Haselstock bei sich. Auf den Haselstock gestützt. Nimmt den Hut ab. Legt das Fernglas neben sich auf die Steinplatte. Hebt an mit einer Rede. Es ist eine Predigt. Von der Sintflut und den Strafen. Vom Gräuel der Verwüstung. Der Virgil in der Gestalt des DORIS. Von einem, der die Schindwürmer des Tales bannen kann. Jetzt muss er neues Unheil bannen.

Aber was dann?, ruft er über das Tal. *Diese Exorzismen und Teufelsbeschwörungen, diese Wettersegen und Hexenbannungen. Das sollen Mittel sein? Ha, das sollen Mittel sein, Heilwundermittel? Will ich meinen. Hört mich! Ist wohl die neue Menschengattung ins Tal gekommen, in die jetzige Welt, höhnischer und verlachender und alles verspottend? Kommen die neuen Hexenpatres und Kuttenmännlein und Teifelsaustreiber mit den Amuletten, Skapulieren und dem Stäblein! Wie der MALEFIZ-BUA.* Ruft laut. *Macht's wie der MALEFIZ-BUA. Kann mit dem Stabele das Wasser locken. Kann mit dem Stabele den Gletschersee ausbrechen lassen. Freude ist's, sag ich euch. Freude ist's, der dieses kann. Ich kann's. Will's zum Guten wenden. Hört mich: Ist alles umsonst, das Wundermittel, das Ausrauchen der Häuser zur Weihnacht, das Weihen der Osterkerzen und das Stephans-Salz und die Weihbüschel an den Häusern und die Stierschädel am First, das weiße Ei auf dem Kamin und das Firlefanz-Zeug. Habt's ihr das*

---

* Lawine

Fernerwasser zum Weihwasser gemacht? Weichbrunnen. Und die Brunzer draußen im Tal. Armselige Brunzer. Ist etwas dran, wenn wir die Sturmglocke anschlagen, dass sie taumelt, aus dem Turm stürzt, hinein in die Wasserfluten? Ha? Hat's etwas? Bringt's etwas? Kann ich bannen und zaubern? Möchte ich. Kann ich's? Will ich? Einbildung ist's. Billiger Tand. Träumereien aus Zauberbüchlein und Malefizereien, Zaubertand von Hexen und Hexenmeistern. Diese Verzauberungen und Malefizien. Habt ihr Besseres gehört? Ich will's euch zeigen.

Steigt vom Felsen, nimmt den Haselstock, rennt durchs Tal hinaus, vorbei an der Schäferhütte, trifft weit draußen die Heerschar der Monster und Erlöser. Vermeintlich aus Armut und Rückständigkeit. Rennt wieder zurück. Mit weiten, ausholenden Schritten, wie federnd und abhebend, mitunter wie schwebend. Schnell in die Hütte hinein. Und dort die Suche nach dem Zauberbuch der alten Sagen. Nach dem Zauberbuch mit dem DORIS und dem Schindwurm und der Geschichte mit der Sintflut und dem Gletscherseeausbruch. Schnell das Buch unter den Arm geklemmt und wieder hinauf zum Felsen. In der Hütte noch den Geruch gesucht. Den von ihr. Und im kleinen Wandspiegel den Rest eines Leuchtens aus schwarzen Augen, aus einem Gesicht voller Feuer und Wut und Macht und Schönheit und Lustmacherei. Das müsste wieder kommen. Er sucht und riecht und schmeckt und gräbt sich unter sein Lager, kriecht unten hinein und wartet auf den Geruch, sucht nach dem verlorenen Schmuck, nach dem Rest eines pechschwarzen Haarwuzels. Er findet nur Staub und dreckigen Lurch und Abgestandenheit und erstarrten stinkenden Schweiß und die Reste wochenlanger Ausdünstung. Zum Grausen. Ja, zum Grausen. Angewidert verlässt er die Hütte. Schnell hinauf mit dem Buch unter dem Arm und nachlesen, wie es gewesen ist mit dem weißen Schindwurm und wie der DORIS einen ganzen Zug von Wallfahrern auf dem Weg zu Unser Lieben

Frau im Schnals hat bannen können. Der Teufelskerl. Das will er auch können. Den Zug der neuen Monster und Geldbringer aufhalten, bannen. Und er liest, wie es gewesen ist. Dann hat der DORIS sein Pfeiflein in den Mund gesteckt und hat gepfiffen und hat sein Stäblein genommen und hat den Zug der Wallfahrer auf der Stelle bannen können. Sein Pfeiflein und alles ist geschehen, wie es der alte Christian Falkner niedergeschrieben hat: Das Feuer gemacht, wie es der DORIS gebraucht hat. Und wie er damit die ganze Brut auslöschen hat wollen.

Da ist es in allen Wiesen und Walen lebendig geworden und eine Unzahl Beißwürmer eilt zum Feuer und stürzt sich hinein. Ja, auch aus den Häusern und Ställen, aus der Falbe und von der Zwerchwand kommen sie heraus und laufen dem Feuer zu. Ja, auch aus dem Niedertal kommen sie, von Ramol und Murzoll her, aus dem Diem und vom Gulf. Alle laufen ins Feuer und sind tot. Und da tut es auf einmal aus dem Niedertal heraus einen Tuscher, einen ganz gewaltigen Rumpler und es tut einen hellen, einen ganz hellen und alles durchdringenden Pfiff. Zu Tode erschrocken ruft der Mann: „Jetzt bin ich hin."

Und schon saust der gefürchtete weiße Schindwurm mit einem grünen Kränzlein auf dem Kopf, es ist der Schlangenkönig, im Fluge herbei und fährt dem Zauberer wie glühendes Eisen mitten durch den Leib. Alle Beißwürmer sind hin. Auch der Zauberer ist hin. Liegt dort und tut keinen Schnaufer.

Er hat auch Gämsen bannen können. Wie Virgil, der Hirt. Noch um Vieles mehr und schneller könnte es seine RUSILENA. Wo ist sie? Virgil nimmt das Fernglas, will sie mit dem Fernglas suchen, rennt wieder den Berg hinauf, weit hinauf bis zum Ferner und kriecht in das Gletschertor, geht zuerst aufrecht, muss sich dann bücken, rennt mit seinem heißen Kopf ans glatte Eis, stößt mit dem Kopf an die Eiszapfen. Tausendfach zertrümmert und zerkleinert prallen sie klirrend auf dem harten Boden auf, auseinandergeteilt zu winzigen Eistei-

len, wie zerstäubt und dass er dann kriechen muss, ganz tief hinein und dass er sich immer mehr den Schädel anschlägt. Hastig und gierig sucht er. Wartet er. Hofft er. Kriecht und klettert und schreitet wieder hinaus, eilt ins Tal hinunter. Drunten erwartet ihn wie im Traum die neue Anderswelt. Virgil, der Hirt, will dort seine Kraft des Bannens und des Zauberns ausprobieren.
Alles, gar alles misslingt an diesem Tag. Es packt ihn das Grauen. Niemand hilft ihm. Alle Widerständler im Tal sind abspenstig gemacht worden. Alle sind eingekreist und eingelullt. Sapperlott. Er ist allein geblieben. Seine RUSILENA hat sich versteckt. Jeden Tag sucht er sie. Wann wird sie wiederkommen? Und bei ihm bleiben. Und seinen unbändigen Hunger stillen und zusammen würden sie hinausziehen durch das Tal und die ganze Brut bannen und verzaubern. Er ist allein geblieben.
Er schaut nach den Schafen. Heute rennen sie verrückt bergauf und bergab, in ständiger Hast und Unruhe. Alle sind noch da. Das schönste Mutterschaf seiner Herde hat zwei Lämmer. Schnell hinlaufen und retten. Bevor die schwarzen Teufel aus der Luft daherkommen, dem ersten Lamm ein Auge aushacken und davonfliegen und ein zweites Teufelsvieh saust heran und will sich auf das zweite Lämmlein stürzen. Virgil, der Hirt, kann die beiden Lämmer retten. Ein ganzer Schwarm zorniger, gieriger, schwarzer, fliegender Teufel saust beleidigt und zornig und gierig und verfressen davon. Die Reste eines toten Lammes soll sich dann später der Geier holen. Sie nennen alle Adler und Geier hier nur Geier und dieser Geier soll sich die abgenagten Knochen holen, soll sich die weißen, die ausgelaugten Knochenreste holen und soll sich davonmachen. Immer diese schwarzen gierigen Raben. Die klügsten Vögel. Die intelligentesten Räuber rundum und gefürchtet wegen ihrer Schlauheit. Jungraben scharen sich zusammen, bilden ganze Horden

wie raffinierte Gangster, treiben Schabernack, täuschen den Hirten, lenken ab, täuschen das Mutterschaf, raffen gierig die Brotbrocken neben der Schäferhütte, in der Schutzhütte, neben dem Gipfelkreuz, fliegen, rauschen heran, setzen sich auf das Mutterschaf, lenken ab, zwicken in den Kopf. Und wieder weg. Hinauf in die Lüfte, hinter eine Steinplatte. Wo sie wieder lauern und plaudern und Ausschau halten nach einem neuen Spielplatz.

Virgil, der arme Hirt, der verzweifelte, der mutlos gewordene, der weibersüchtige Virgil, der nach RUSILENA Hungrige schleppt sich in die Schäferhütte, steckt das Buch unter sein Lager, versperrt die Hütte, verkeilt sie von innen mit dem Haselstock, sieht die Zeichen, erkennt das Heilige Kreuzlein, eingeritzt im Haselstock. Ist's wohl wieder so, dass er die Kraft sucht, wie die Hexenpatres und Teufelsaustreiber mit ihren Amuletten und Skapulieren und Stäblein und dass er die ersten Maschinenmonster aus dem Weg hinwegbannen kann. Grappa und Vinschger Rötel helfen ihm. Bis er umfällt und bis er einschläft und bis er von schrecklichen Träumen aufgerissen wird:

Wie sie jetzt ins hintere Tal kommen. Mindestens hundert Raupen und Bagger und darüber eine Horde wildgewordener Hubschrauber, immer größer und riesig und das enge Tal zu versperren drohen und wie die Musik und grelle Lautsprecher durch das enge Bergtal hereinstürzen. Das alles kommt nahe an seine Hütte. Ein Reißwolf mit einem langen Eisenarm schnappt nach seiner Schäferhütte, lässt tausend Tonnen niedersausen. Alles in Fetzen geschlagen. Virgil, der Hirt, fährt im Traum auf, reißt den Skapulierstock von der Tür, stürzt hinaus. Alles ruhig. Er schläft wieder. Und noch einmal schreckt er auf. Alles ist so deutlich:

Der Festzug hat begonnen. In den breiten Mäulern der Baggerschaufeln stehen die Ehrenmänner des Tales.

In Tracht. Musikbegleitet. Es ist gelungen. Das Werk der sommerlichen Lustbarkeiten ist gestartet:

In der Schaufel A der Mann aus Ötz. Der berühmte Gast mit dem „Mann ohne Eigenschaften". Robert Musil steht drauf. 1928 den Roman in Ötz im gemütlichen Hotel fertiggeschrieben. Vollendet. Jetzt als Touristenattraktion ausgestopft und geschmückt. Brautgabe und international erwarteter Lustgewinn. Sie haben ihn gepackt, über die Stiegen heruntergeschleift, haben ihm eine Spritze verabreichen lassen. Auf die Schaufel A geworfen.

Weiter drinnen im Tal machen sie den Umweg über die Pestkapelle. Dort steht der Maler und malt. Seine knorrigen Modelle warten mit Hut und Trachtenjanker. Sie schnappen ihn, stechen ihm eine Spritze in den Hals. Er schreit und winselt. Drei Männer haben angepackt und schleppen ihn zu Schaufel B. Dort hat er gemalt und von dort aus ist er berühmt geworden wegen seiner knorrigen Ötztaler, die er sich unter den knorrigsten und urwüchsigsten des Tales ausgesucht hat. Albin Egger-Lienz. Jetzt als neue Sommertourismusattraktion.

Und so fahren sie los und weiter hinein. Über die Ache drüber mit den Raupen und Eisenkolossen und dem ganzen Tross hinter sich und es werden immer mehr Leute aus dem Tal, die sich anschließen, die alle Arbeit stehen lassen und die sich schnell in Festkleider geworfen haben. Lautsprecher dröhnen durchs Tal. Bürgermeister und Gemeinderäte und Hoteliers und Seilbahninhaber und Genossenschafter und Schulkinder und Dorfschullehrer und Tankstellenwärter und Kanzelredner ziehen mit.

Beim „Hirschen" in Längenfeld klauben sie das nächste Opfer als weitere Sommertourismusattraktion aus seinem Bett. Arm und kränklich, leidend an schlimmen Übeln der Seele und des Herzens will er dort in gesunder Luft genesen und macht so herzergreifende Gedichte vom verlassenen Friedhof anno 1906 zu Längenfeld. Und sie klauben ihn auf, versetzen ihm die Betäubungsspritze, schleppen ihn zu Schaufel C und fahren ab. Unter der hohen Wand vorbei in die Schlucht hinein. Morgenstern ade!

Der Festzug erreicht Porno alpin. Vom Pornostadel die Puppe gerissen. Auf die Schaufel D und dort sitzt der Landesvater. Dort steht der Landesvater. Mitten drin der weiße Tod. Eine riesige Gestalt ist aus der Polles-Schlucht gekommen. Mit einer scharfen Sense. Zehnmal oder dreißigmal größer als die größte Sense aller Zeiten. Schwingt jetzt über den Köpfen die Sense. Alles erschrickt, duckt sich, will ausweichen. Mit dem Goldkreuz und der Monstranz auf Schaufel X der Talpfarrer. Eingekreist und eingekesselt und segnend und laut betend alle Geheimnisse des schmerzhaften Rosenkranzes: „der für uns Blut geschwitzt hat“, „der für uns gegeißelt worden ist“, „der für uns das schwere Kreuz getragen hat“, „der für uns gekreuzigt worden ist“. Ave Maria. Mafia in excelsis deo.

Tausende sind unterwegs. Abertausende. Mitten drin der Kreuzzug der Kinder auf dem Weg zum bedrohlichen Ferner, jammernd die frierenden Kinderlein, Blasen an den nackten Füßen, Kinderleid als Verhinderung schrecklicher Gletscherseeausbrüche, drohender Lawinenstürze und dem Niederbrechen der Berge und der Muren. Mitten drin der erbärmliche Zug der Kleinkinder in ihren alten Gewändern von 1600 und 1678 und 1717 und immer wieder diese kläglichen Erinnerungen.

Ganz hinten im Besental angelangt, beginnt das Dröhnen der Riesenhubschrauber im immer enger werdenden Besental, dass die Hubschrauber an Glaseir hängen bleiben, dass die Eismassen vom Ferner auf die Heiligkreuzer Kirche stürzen, dass die ganze Welt zusammenbricht und die Not heraufkommt und das totale Chaos über dem Tal. Immer lauter dröhnen die Motoren und wird das Schreien der Leute und dann wieder erscheint über Ramol der Sensenmann, riesig groß, und schwingt seine Sense, das ganze Bergtal umfassend, und beginnt zu mähen. Und beginnt zu mähen, dass die Fetzen fliegen, dass die Menschenleiber auseinanderstieben und von rasenden Motormähern in die Rofenbachschluchten getrieben werden und dass dieses Gemetzel apokalyptisch über das Tal hereinbricht und dass die Bagger A und B und C und D die Fracht vor die Dorfkirche leeren. Und wie fromm und gottergeben dort diese urigen Alpenkinder, diese trachtlichen und lustigen Menschlein noch immer sind, zu sein scheinen und vorgeben, neue Sommertourismusattraktionen weltweit verbreiten können. Es kracht und rauscht. Die Berge stürzen zusammen. Die Ferner haben sich losgelöst und stürzen durchs Tal. Alles niederwalzend. Tausende Menschlein in den Fluten. Tausende Menschlein niedergewalzt. Abertausende in ihren Schmerzen und dass sie sterben wollen und es nicht können und wie der sechste und der siebente Engel das Tor öffnet und wie dann die Schar der 24.000 Gerechten schnurstracks in den Himmel fahren kann.

Und es geschah, dass es so war, wie in der Apokalypse vorhergesagt. Es sind die drei Plagen aus Feuer, Rauch und Schwefel:

Von diesen drei Plagen ward der dritte Teil der Menschheit getötet. Und die übrigen Menschen, die nicht getötet wurden durch diese Plagen, bekehrten sich nicht von den Werken ihrer Hände, dass sie nicht anbeteten die Teufel, und die goldenen, silbernen, ehernen, steinernen und hölzernen Götter, die weder sehen, noch hören, noch gehen können; und sie bekehrten sich nicht von ihren Zaubereien, von ihrer Hurerei, noch von ihren Diebstählen.

Virgil, der Hirt, ist aus dem schrecklichen Traum erwacht. Schweißgebadet rennt er vor seine Hütte, zieht sich aus, entkleidet sich, rennt splitternackt um die Hütte herum, rauft sich die Haare, legt sich auf den Boden, schaut zu den Wolken und Gletschern, sucht Halt bei seinen Schafen. Zieht sich wieder an. Es ist kalt geworden. Er geht zurück in die Hütte, bereitet sich einen Kaffee, gießt Grappa in den Kaffee, trinkt gierig. Wird wieder ruhig.

Virgil, der Hirt, trauert um seine RUSILENA, trauert um seine Schwester, um seine Geliebte, um die Mutter, um seine geliebte Hexe. Sie ist wieder verschwunden, spurlos, ohne eine Nachricht. Gerade jetzt hätte er sie notwendig bei sich haben müssen. Er wühlt in der Hütte unter seiner Schlafdecke, versucht mit der Nase Reste des verlorenen Geruches zu finden, steht wieder auf, stöhnt. Seine Kraft scheint zu brechen. Noch einmal muss er alle seine geheimnisvollen Fähigkeiten einsetzen. Er muss sich ihnen entgegenstellen. Wenn sie mit den Raupen heranrollen, wird er sie mit einem Bann über die neue Straße hinausrollen lassen, wird den Raupenfahrer aus seinem Sitz zerren, wird dem Absturz der Raupe nachwinken, wird den Zug der Herren aus der Landeshauptstadt aufhalten. Ja, wenn er das könnte. Im ganzen Tal hat er keine zwei Hände voll Menschen gefunden, die sich gleich ihm gegen die Bagger und gegen das Monster stellen wollten. 99,9 Prozent sind gekauft gewesen.

Ein Drittel der Bewohner des fruchtbaren, für den

massenweisen Tourismus der Sommer und der Winter fruchtbar gemachten Ötztales würde, so verheißen die alten Überlieferungen, in den Fluten des ausbrechenden Sees zugrunde gehen. Die gewaltige Mure der permafrostfreien Geröllmillionen wird sich in den See ergießen, wird diesen sozusagen ausblasen, bis auf den

Grund ausblasen, wird als gewaltige Wasserwelle über den Damm schwappen, wird vom Damm weg durch das Tal hinaus alles mit sich reißen, dreitausend Häuser, fünfzig Hotels, zehn Pornobars und vierzig Bankhäuser, dreißig Kirchen, zehn Tankstellen, mitreißen, fünftausend Bäume, zehntausend Tonnen Steine und Schlamm, alles hinausspülen, donnernd hinausspülen, und es wird ein Wehklagen sein nach diesem Tag des Zornes und des Schreckens und es werden alle Menschen, Tiere, Häuser, Ställe, Kirchen, Banken, Brücken, Puffs und Medizinstationen im Schlamm versinken. Draußen wird es einen Stau geben. Ein Drittel geht zugrunde. Fünftausend oder zehntausend. Die Türme von DANANÄ schwimmen davon. Oben drauf hockt der Leibhaftige und lacht, wie anno 2005 vom Söldener Puff der Orgienteufel mit Busen und Geilheit. Oben drauf hockt er. Und er lacht. Dahinter die Blechmusikanten und der Häuptling. Tschindarassabumm. Den obersten Zuhälter haben sie versteckt. Jemand muss weitermachen. Der zornige Gott hat zugeschlagen. Die Johannes-Apokalypse hat recht behalten. Die Untergangssagen von TANNENEH und ONANÄ und DANANÄ haben recht bekommen.

Am ersten Tag wälzte der Sturm das Land nieder. Rasend brauste er einher. Dann aber brachte der Ostwind die Sintflut. Wie ein Schlachtgemetzel ging die Wucht der Flut über die Menschen hinweg. (Gilgamesch-Epos, 109–112)

Laut schreien die Herrscher auf, die Pfarrer, die Pfaffen, die Hoteliers, die grausamen Monster des Tales, der geile Talbock, die Superfrau mit dem Ausschnitt, Tschüss und Tschonni und Tschäck, die Herren, der Günstling und der Knecht, der Vasall im Landhaus, alle zusammen und sie schreien ob der Klage und der Schmerzen. Alles Geld zum Tal hinausgeschwemmt. Selbst die Götter packt die Angst. Sie weichen zurück.

Laut schreit die Mutter des Tales, einer Kreißenden gleich, erhebt ein Klagegeschrei ob der toten Kinder aus Suff und aus Blut, aus den Säften der Gemolkenen. Sie verweilen am Weg ober dem Dorf und sehen die Flut. Sie weicht vor nichts mehr zurück. Unaufhaltsam geht das Verderben talauswärts. Drei Tage und drei lange Nächte. Alle in Klagen aufgelöst, schreiend, mit verdorrten Lippen.

Unter strengster Polizeibewachung werden im Frühjahr die alten Schaftriebe über den Ferner bewilligt, zugelassen. Für ein paar Tage werden die Eisentraversen verschoben, wird durch einen Schluff der Zugang ins Schaftal möglich gemacht. Alles verläuft unter größter Geheimhaltung. Keine Presse. Kein Fernsehen. Keine Menschen. Nur eintausendneunhunderteinundachtzig Schafe, der Oberschäfer und sieben ausgewählte Treiber mit je einem uniformierten Bewacher. Virgil, der Schäfer, erlebt es wie in einem Traum:

Er kommt an diesem Frühsommertag mit seiner beinahe achttausendfüßigen Herde, mit seiner Schafherde an den Rand der Mauer, geht den Schafen voran, führt sie vorbei an den Baggern und Raupen, über Schutthäufen und Abfälle, erklimmt mit ihnen die Krone der Mauer, schreitet mit der Herde zu den Bauhütten, öffnet die erste Bauhütte, findet Getränke und Brot, wirft das Brot den Schafen zu. Die Schafe fressen, wie es ihnen von Virgil vorgesetzt worden ist, das Brot, werfen es hoch, zerteilen es, raufen darum, scheißen auf den Boden, lassen sich nicht vom Raupenfahrer verdrängen, folgen dem rufenden Hirten weiter über die Mauer, steigen mit ihm am Ende der Mauer über die Steinblöcke und Zementsäcke, erreichen die Kreuzbergweiden, steigen wieder den Weiden entlang zur alten Schutzhütte. Von oben besieht Virgil das gigantisch anwachsende Bauwerk, schüttelt den Kopf, holt das

Fernglas, stützt sich auf den Stock, schaut durch das Fernrohr zum Bauwerk, setzt ab, lässt die Schafe grasen, erreicht am Abend die Schäferhütte, übernachtet in der Schäferhütte, schaltet sein Radio ein, solarstrombetrieben, wartet auf die Nachrichten, horcht, dreht sich um, dreht lauter, dreht wieder ab, isst seine Eierspeise, öffnet eine Bierdose, trinkt Bier, schnauft, stellt den Bergstock neben die Hütte, wartet auf den fremden Gast, diesen geheimnisvollen Gast, auf diese fremde WILDE FRAU, die verschollen ist, die verschwunden ist. Von Tag zu Tag, von Nacht zu Nacht immer sehnlicher erwartet. Er nimmt den Bergstock, schnitzt ein Kreuz hinein, ein weiteres Kreuz neben den bestehenden Kreuzen, sicher ist sicher, will für diese Nacht geschützt sein. Wenn jetzt seine RUSILENA da wäre. Seit Wochen hat er sie nicht mehr gesehen. Er fürchtet sich vor der Einsamkeit. Sein Skapulierstock soll ihn vor Unglück bewahren. Seine RUSILENA ist, er hat es im schrecklichen Traum gesehen, schwanger geworden. Sie erwartet ein Kind. Nein? Oder ja? Sie wird gebären. Unter großen Schmerzen.

Virgil, der Hirt, kann sich nicht vorstellen, wie seine alte Schäferhütte unter dem Wasser verschwinden soll. Seine RUSILENA müsste kommen, ihm zu helfen. Sie würde da sein, würde geheimnisvoll aus den Bergen herunterkommen, aus den tiefsten Kristallpalästen der Ferner. Sie würden gemeinsam den Damm überwinden. Sie würden sich weder fassen noch fangen lassen. Jetzt fürchtet er sich nicht mehr, weil er weiß, dass sie wiederkommen wird. Er fürchtet den Damm, weil dieser Damm seine alte Schäferhütte unter Wasser setzen wird. Es würde das Wasser immer höher steigen. Es würde in seine Hütte kommen. Aber er würde dort bleiben und warten. Die ganze Hütte würde er mit Schafen vollstopfen und sie rings um sich versammeln. Da sollen sie kommen. Den Hund würde er losschicken, die fremden Herren und Baggerfahrer zu vertreiben, wenn sie zu seiner Hütte kommen, mit der Schaufel und dem Kran die Hütte aufnehmen, wegheben, niederfallen lassen, auf dem harten Boden der Schafweide aufprallen lassen. Da würde er weinen. Seine Schafe würden geschlachtet. Er wäre dann auch tot.

Aber es darf nicht dazu kommen. Wie im Traum kommt ihm eine andere Erinnerung, eine Vision. Er sieht seine RUSILENA als LANGTÜTTIN zur Tür hereinkommen, die langen Brüste unter dem Mieder versteckt, er sieht sie, wie sie das Mieder öffnet und wie sie zu singen beginnt, ein ganz altes Lied singt, zuerst summt, dann laut und immer eindringlicher singt, eines der alten Lieder von den Sehnsüchten der ungestillten Begierde, der heißen Lust, in der alten Sprache der ältesten Lieder:

Unbebautes flaches Land wartet auf dich, brach seit Tagen und Wochen, ungepflügt, wie der Acker des Bauern so trocken und warm. Ich werde warten auf dich. In der Hütte werde ich warten. Ausgebreitet auf dem Boden in der warmen Sonne ausgebreitet auf dich warten. Unbebautes Land wartet auf dich. Pflüge und bohre und ich werde dich segnen. Den Schafbock werde ich schlachten. Mit den Hörnern den Schafbock heranführen, sein Gehörn an der Hütte befestigen, als Mahnmal und Beute. Seht her, will ich dann rufen. Ich bin es jetzt: aufgerissen und reif für die Saat!

Ein Festkleid werde ich dir nähen, goldene Fäden und Seide und dich geleiten in den Palast der SALIGEN, wo sie wohnen und spinnen und singen und junge Knaben erwarten. Siehe, da kommen die Stunden der Lust und der Freude.

Warum verfluchst du die Tage und Stunden. Allein bist du. Du erwartest die Pflugschar, die Saat. Dann komm zu mir und setz auf deine Hörner, stark wie der Widder, der große. Dann sollst du erzählen von den Taten und Lastern der Hirten, vom Warten und Ziehen der Furchen, von der steinernen Vulva am Felsen, darunter das Bächlein, darüber die Sonne, der Mond und die leuchtenden Berge, Kristall in den Gletschern. Setz auf deine Hörner, stoße und stoße, bis dass ich schreie und heule und weine und singe. Dann kommt die Erlösung. Dann kommt die Saat und die Frucht. Zieh auf Mutmal und auf dem Mutsbichl den Steinkreis. Stell dich in die Mitte. Bohre aus dem Stein das Loch. Bau eine Schale, eine kleine, eine große, schmücke den Felsen und warte.

Komm mich endlich erlösen. Ich warte und warte.

Virgil wischt sich den Schweiß von der Stirn.

Über ihm erscheinen die glänzenden Städte DANANÄ I und DANANÄ II und er hört die Sprüche, hört von Hannibals Alpenquerung über die Ferner hinweg, vom *spektakulärsten Freilichtspiel der Welt*, von einem Kulturereignis *wie es die Welt noch nie gesehen hat*. Es zog der Feldherr und Tausende starben in den Lawinen. Die Lawinentode müssen neu inszeniert werden. Porno alpins Werbemaschine rennt weiter und spuckt Slogans am laufenden Band:

Damals, vor mehr als 2200 Jahren, zog der geniale Feldherr mit 60.000 Mann, 10.000 Reitern, 39 Elefanten über die Alpen gegen Rom. Alle Dickhäuter kamen unversehrt ans Ziel. Am Gletscher sind die Elefanten aus Schnee gebaut und Pistenbullis sehen den grauen Riesen täuschend ähnlich. Gleich zu Beginn des Stücks, Hand-aufs-Herz-Szene: Venus rast, an einem Helikopter hängend, in ein 30 Meter langes, purpurrotes Kleid gehüllt, vom 1000 Meter weit entfernten Eisbruch unmittelbar vor das Publikum, schwebt herab und zürnt. Gleichzeitig fallen die Götter in Form von zwei wagemutigen R.B.B.A.S.E.-Jumpern vom Himmel und landen in die Schreie der erschrockenen Zuschauer, die laut und gemeinsam „Ziehhhhhh“ brüllen. Feldherr Hannibal kommt auf die Bühne …

Virgil, der Hirt, steht hoch aufgerichtet. Sieht sie alle kommen. Es ist draußen am Ferner nur die erste Phase eines gigantischen Kampfes um Berge, eines der neuen Wüstlinge und Barbaren. Sie müssen jetzt die Wildnis, die Berge, die Schluchten ausspielen, ja, ausspielen.

Virgil wiederholt das „ausspielen", wie das Würfeln um Landschaft und Schlucht. Neue Survival-Camps fordert der Bodenmann. Er wird's wissen. Wandern ist fad.

Über ihm erscheint die riesige goldene Stadt der Laster und der schönen Frauen, weit über ihm in den Gletschern. Über ihm türmt sich eine neue Monsterstadt, eine des Grauens wie DANANÄ und eine des Schreckens, zum Untergang verurteilt, wie DANANÄ, eine der Laster und des Goldes wie DANANÄ. Die neue Stadt entsteht weit über dem Damm, drohend wie eine schwarze Wolke trotz des Glanzes.

Er denkt an den Schafbock, den Herrn der großen Herde, wie er das Geld ins Tal hereinscheffelt, wie er alle Bürgermeister und Tourismusbosse überwunden hat, mit dem Geldhahn die Talhirne geöffnet hat, die Talfrauen bestochen hat, den Bock gespielt hat, die Löhne zu kassieren.

Virgil, der Hirt, vergleicht die Szenerie. Viertausend Jahre und immer weiter und höher und grausamer.

Wenn er doch finden würde, was sie an den langen Abenden in der Hütte geschrieben hat. Ein paar Zettel von dem, was sie geschrieben hat, was sie geheimnisvoll vor ihm verbergen wollte. Vielleicht eine neue Apokalypse. Von einem großen Kampf gegen den Berg, mit dem Geld der Landesbürger, ausgebeutet und ausgesaugt. Dann kommen sie mit den vollen Wampen und Kassen: Betet und kniet nieder. Unser ist das Tal. Unser das schöne Monsterkraftwerk in den Bergen. Es ist das schönste der Welt. Wer es erbaut, wird wiedergewählt, wird auf Händen durchs Tal getragen, in den Snackbuden mit Pommes gemästet, mit roten Ketchupsäften überschüttet, reichlich belohnt, in roten Säften gebadet, mit Schaumwein übergossen, in die Kirchen gestellt, auf die Altäre gestellt, hinaufgehoben, angebetet, den Frauen des Tales zum Küssen der Schenkel und Beutel. Der Pfarrer segnet am Sonntag. Auch der Pfarrer gehört den Herren der Mauer und des Wassers. Betet zum Mammon und beklebt eure Schulen mit den aufgedunsenen Fettgesichtern dieser neuen Tal- und Landesherren! Wenn euch zum Erbrechen zumute ist, dann erbrecht und speibt den ganzen Tag und das ganze Tal voll und trampelt mit den neuen Bergschuhen und den Stöcken, stoßt die Bergstöcke in die Wampen und Beutel und lacht. Sie kommen mit List und Tücke und bunten Autos voller Reklamen in den schönsten Landesfarben rot und weiß und weiß und rot und wenn sie könnten auch noch die gelbe Papstfahne dazu und den Doppeladler und dann geht es wieder los:

Der Gletscher ist ein reines Naturprodukt. Sauberer als Atom. Das Gletscherwasser ist unsere Milch. Total Bio. Wenn es dem Taltourismus nützt, stecken wir ein Edelweiß drauf und schmeißen die ganze Horde von der Mauer. Den Schäfer lassen wir mit der Herde voranziehen. Pseudo. Pure Sauberkeit & Bio. Sowieso. Meint ihr anderes? Treibstoff ist Bio-Öl von den Bauern des Unterlandes. Super drauf und lange Zeilen und viele Bilder in den Werbebotschaften der landeseigenen Elektrizitätsgesellschaft mitsamt dem obersten Leithammel, dreimal pro Werbeseite groß im Bild, eigenhändig unterzeichnet. Die ganze Regierung bekommen wir auf den Balkon, wenn alles fertig ist und glänzt und der Landesfunk die Reportage „Tirol heute“ bringt, den Landesvater in der Lederhose, hoch über Similaun aufgerichtet, eine junge Landesrätin stramm vorne. Der Stutzen und das Lied. Landeshymne und Jagdgesellschaft. Konform mit dem Geld der Bürger. In der obersten Reihe der Verwaltungsrat, der Obmann des Verwaltungsausschusses, der Präsident der Industriellenvereinigung, der Arbeiterkammerpräsident, der Arbeitgeber vom Tal, die Seilbahnherren mit offener und geschlossener Hose, die Dirndln der Hoteliers, heruntergerutscht das Perlenhalsband, im Ausschnitt versunken. Die Geduld am Ende. Das Fest kann beginnen. Der Marsch ist angeblasen. Das Orchester wartet auf den Lohn.

Auf die jubilierende Masse bricht das Heulen und Klagen los. Von den Wänden zu den Seiten rechts und links, von der Zwerchwand aufwärts, dem Kreuz zu, mitten aus dem Kreuzberg heraus, durchs Niedertal hinein, zur Kaser, zur Hirtenbehausung, zum Ferner, immer näher zum Gletscher, zur Eiswand, zum goldenen Berg, zum heiligen Berg. Dann aber bricht es los. Von der anderen Talseite aus den Vernagtwänden bricht es los. Ein ganzer Berg bricht los. Die Hintereisbergwelt gerät in Bewegung. Mitten drin steht der Schäfer mit den zweitausend Schafen und kommt nicht weiter. Zwischen abgehenden Muren eingesperrt. Der ganze Berghang bewegt sich abwärts, talwärts, zum Bach hinunter, in die Schlucht. Zwei Millionen Kubikmeter sind hier in Bewegung. Mitten drinnen Virgil, der Schäfer mit dem Bergstock und den Schafen. Eingesperrt, ausgesperrt. Er zerrt sein Mutterschaf mit Gewalt am Glockenband, er zerrt es über den dunkelbraunen Bergbach, immer schneller und bedrohlicher anschwellend, reißt fast den Hals aus, bricht selber in den Dreck des stinkend braunen Bergbaches, zwischen die Steine der Mure und schreit aus Leibeskräften, ruft nach den SALIGEN. Ist das erste Leitvieh über dem Bach, folgen die anderen, zögerlich und vorsichtig, wollen zurückgehen, ausweichen, sehen diese eine Stelle als die einzig mögliche Übertrittstelle, springen dem Leitschaf und dem Virgil nach, hunderte hintereinander, mehr als tausend, in einem langen Zug des Springens, des Hineinfallens, des Herausziehens. Junge Lämmer weinen. Alte Schafmütter weinen. Junge Widder lassen sich nicht abhalten. Sie springen und umtanzen die jungen Kilberlen, gut einjährig, einer rutscht ab, wird vom Dreckwasser hinuntergeschwemmt, wird über den Felsen in die Ache, in die Schlucht gezogen, unentrinnbar. Die ganze Herde rennt talauswärts. Drei Stück hat der Bach fortgerissen. Das ist zu verschmerzen. Virgil, der Hirt, flucht und Virgil, der Schäfer, betet. Vom Dreckwasser aufgeweicht, erreicht er den schützenden Felsen, darunter den Unterstand, gerade noch ausreichend für eine Person, die sich dort hineinkauern kann. Gerade noch gutgegangen. Aber draußen toben die Wassermassen. Der Himmel ist geöffnet. Die Schleusen sind offen. Zu anderen Zeiten kam sofort die Abkühlung und dann der Schnee. Die Hochwassergefahr war gebannt. Jetzt aber kommt die große Wärme in die allerhöchsten Höhen. Bis zu fünfzehn Grad wurden Tag für Tag auf 3000 Metern gemessen und immer tiefer ist der Gletscherschnee aufgeweicht worden, einen halben Meter und mehr. Dann der Hagel, der für das extreme Hochgebirge überaus seltene Hagel und der Starkregen, ein solcher, wie es ihn noch nie gegeben hat. Nicht 1600, nicht 1678, nicht 1845 und auch nicht 1965, 1987 und 1999. Es bricht aus allen Bergen los. Der Hagel reißt ganze Bergflanken aus der bisher durch den Permafrost gefestigten Verankerung, reißt wilde Rinnen durch die ehemaligen Weiden, stürzt mit ständig anschwellender Gewalt und immer schneller werdend über die Hänge von Hintereis, Vernagt, Finail, Ramol und Samoar. Noch nie ist es so gewesen. Virgil, der Hirt, kennt die Erzählungen von schrecklichen Katastrophen. Vom Schneesturm mitten im Sommer und dem Erfrieren von mehr als tausend Schafen und dem elendiglichen Zugrundegehen von zehn Treibern. Das ist alles vergessen. Nein, es ist nicht vergessen. Drunten in den Stuben der Bauernhöfe erzählen sie davon, wenn sie aus dem Fenster schauen, wenn sie die immer dreckiger werdenden Wassermassen der Ache toben und brausen und donnern hören und aus der Schlucht herauf das Stinken und das Rumpeln der Steine. Dann erinnern sie sich der alten Geschichten.

Virgil, der Hirt, hat unter dem Schutz des Felsens gerastet, hat seinen Regenschutz aus dem Rucksack gezogen, greift zum Vinschger Rötel, zieht an, spuckt aus, schaut auf das Niederbrechen der Wassermassen und bekommt große Angst. Das hat er noch nie erlebt. Er fühlt sich machtlos, zum ersten Mal in dieser extremen Weise machtlos. Sein Mutterschaf zieht er am Schellriemen zu sich heran, streicht mit der rechten Hand behutsam über das Gesicht, streichelt darüber, redet ihm zu, streicht wieder über den Kopf. Suugele suugele. Dann schnell weiter. Er muss mit der Herde wieder zum Damm. Dort ist der mächtige Damm und dort stehen die Bauhütten der Arbeiter, die Hütten mit den Schlafstellen, die Hütten mit dem kleinen Eisenofen und die Hütten mit der Kochstelle und den Bänken rundherum.

Jetzt will und muss er hinauskommen. Der Damm ist mächtig und hoch. Die ersten Stauungen scheinen erfolgreich gewesen zu sein. Hinter dem Damm staut sich das erste Wasser, sozusagen das Probewasser, erst zehn Meter hoch, dann fünfzig. Jetzt sieht er den Damm wachsen, wie im Traum sieht er es. Hundertsiebzig Meter hoch oder bereits über 200 Meter. Das Wasser steigt. Erste Muren stürzen in das Becken. Rundum verstärkt sich das Donnern und Losbrechen. Er muss die Herde in Sicherheit bringen. Sie folgen ihm. Sie beginnen zu laufen. Sie laufen, wie sie laufen, wenn sie beim Schaftrieb über den Gletscher nach stundenlangem Darben und Stapfen und dem Einbrechen im Schnee das erste Grün des hinteren

Tales von Rofen, von Hintereis, von Samoar und von Mutmal riechen, ja riechen, im Instinkt, als ob sie es riechen würden. Aber die alten Mutter-Leitschafe wissen es vom Übertrieb der letzten acht oder zehn Jahre und sie kennen genau die Stellen. Dann beginnen sie zu laufen, dass ihnen die Treiber kaum mehr folgen können, junge Treiber aus dem Schnalstal und vom Vinschgau, berggewohnte und bergtaugliche Burschen, die Mühe haben, den Schafen zu folgen. Jetzt rennen sie davon, als ob sie die Gefahr kennen würden, als ob sie das Losbrechen noch größerer Muren, Felsstürze und Sturzbäche ahnen würden. Hunderte Glocken bimmeln, schlagen an, schlagen Lärm, verursachen ein wildes Klingen und Scheppern, ein unkontrolliertes Gewirr von hundertfach anders gestimmten Schafglocken, von kleinen und größeren Glocken, von Glöcklein, von hell klingenden Glöcklein bis zu den dumpfen Tönen der Schellen, wie sie alten Mutterschafen umgehängt werden. Jetzt stürmen sie über die Vernagtbrücke, unaufhaltsam, ersteigen den Damm. Der alte Weg ist abgeschnitten. Zubetoniert. Beiseitegeschoben. Der Dreikilometertunnel hat sich durch den Berg gegraben. Die Schafe können nur über den Damm gerettet werden. Der Tunnel ist mit Baumaschinen verstellt. Über Plattei müssen sie drüber wie in den alten Zeiten, als der Ferner das Tal überzogen hat, als er eine bis zu 150 Meter hohe Eiswand gebildet hat, als dahinter der über einen Kilometer lange Stausee gebildet wurde, als der alte Weg durch die Schlucht ungangbar geworden war. So war es auch jetzt. Der Damm hat das Tal wieder abgesperrt. Maschinen und Giganten haben gebohrt und gebaut: das Geld ist geflossen. In der Gemeindestube draußen hat der Bürgermeister die Hand aufgehalten, hat kassiert und hat gelacht. Jetzt steht er auf dem Damm und dirigiert den Katastropheneinsatz. Ja, es ist die Katastrophe! Mit dem Geländefahrzeug hat er bis zum Damm fahren können. Dort hat ihn eine Baggerschaufel aufgeklaubt, in die Höhe gehoben und droben auf dem Damm abgestellt. Siebenmal an diesem Tag hat die Baggerschaufel irgendwelche Politiker und Ingenieure und zuletzt den Landeshauptmann abgestellt. Siebenmal hat es die Sirene gegeben, laut schreiend und drohend durch das enge Bergtal hinaus. Virgil, dem Schäfer, kommt es vor wie in einer wahrhaft apokalyptischen Welt des Untergangs. Mit den Schafen bleibt er im Schlamm stecken. In den Vernagtwänden und im Kreuz ist die totale Entfesselung losgebrochen. Ja, hinaufschauen zum Himmel, zum Wetter, zum rasant schmelzenden Schnee auf den Gletschern, mehr als einen halben Meter aufgeweicht, bestens vorbereitet für den Abtransport ins Tal. Mit einem so genannten Starkniederschlag, wenn der warme Regen bis auf 3500 Meter hinauf kommt, wenn der warme Regen in Zusammenarbeit mit dem niederbrechenden Hagel die aufgeweichten Schneemassen ins Tal schickt. Dann ist Katastrophenstimmung im Tal. Das kennen die Leute im Tal. Solche Ereignisse kennen sie bis in die Gegenwart, immer wieder. Es war so im August 1965. Es war so im August 1987 und dann wieder 1999. Das vergessen sie nicht im Tal. Jetzt aber ist es um ein Vielfaches größer, wilder, brutaler, schrecklicher, unberechenbarer, elementarer. Es wächst sich zur alpinen Katastrophe aus. Über dem Tal kreisen jetzt die Hubschrauber. Sie werfen Ingenieure ab und einen technischen Beauftragten der Landesregierung. Ein riesiger Ballen hängt am Hubschrauber und soll Eisentraversen abwerfen und Betonkübel. Immer wieder kreist er über dem Damm. Ein zweiter, ein dritter Hubschrauber fliegt heran, immer lauter und größer. Sie kreisen über dem Damm, über dem Tal, über den Politikern, über den Technikern, über den Tunnelarbeitern, über dem Schäfer Virgil, über den 2000 Schafen, über den letzten übrig gebliebenen und bisher noch nicht ausgeflogenen Touristen. Eine unwirklich-grausige Szenerie. Eisentraversen fallen vom Hubschrauber, donnern krachend nieder, fallen mitten im Gewühl auf, zwischen Muren, Menschen und Schafen, treffen einige davon. Immer näher kommt der Geruch immer größerer Muren und Wassermassen. Die Farbe der Rofenache erinnert an dunklen Kaffee. Es stinkt aus der Tiefe heraus. Dreißig tote Schafe werden weggeschafft. Vierzehn Arbeiter werden herausgeschweißt. Tot. Ihre Leichen werden abtransportiert, mit schwarzen Tüchern und in rotweißrot. Die Landesfarben. Das ist wohl recht so. Über Lautsprecher wolle jetzt einer zu den Leuten sprechen, wolle die Toten beklagen, wolle das Monsterbauwerk rechtfertigen, wolle die passenden Worte des Trostes nicht mehr finden; wird ausgepfiffen. Das Heulen der Sirenen über dem Tal. Das Losbrechen der Muren und das Herabkommen einer Katastrophe. Türme vom Eis der Ferner brechen los, stürzen über die Hänge, donnern krachend in die Ache, versperren den Weiterfluss, bewirken einen Stau, werden schließlich hinausgerissen. Den Leuten kommt es bekannt vor. Auch 1987 sind solche Eisbrocken durchs Tal hinaus geschwommen, sind bis Längenfeld gekommen, sind dort in den Feldern gelandet, sind bis zu den Häusern gekommen, mehr als neunzig Kilometer durch das Tal hinaus. Einheimische erinnern sich daran.

Da, und was ist das? Über dem Grat herunter, senkrecht über die Felsen kommt sie, sehr schnell. Sehr sicher. Wie eine Gämse. Und sie wächst. Sie wächst, wie einst die große SALIGE über der ruchlosen Stadt

DANANÄ erschienen ist. Jetzt fliegt sie geradewegs zu den Schafen, verkrallt sich in das große Mutterschaf, reitet, auf ihm sitzend, zu Virgil, steigt ab, reicht ihm ihren Kopf mit den schwarzen Haaren. Jetzt wühlt er darin und reißt an ihnen. Oh welche Wollust! Diese wilden schwarzen Augen. Er will sie fassen, umarmen, auf den Boden pressen. Sie wehrt sich. „Wir müssen jetzt miteinander“, ruft sie ihm zu. Dann verschwinden sie in großer Hast und Eile. Mit weiten Sätzen rennt auch Virgil. Seine RUSILENA reißt ihn mit. Sie ist kräftiger und schneller. Ihre geheimen Künste sind stärker als die des Virgil.

Die Rettung der Schafe!

Jetzt sehen sie alles vor sich. Leibhaftig. Nicht wie in einem Traum und doch geht es wie in einem Albtraum an ihnen vorbei. Es kann nicht wahr sein, weil es nicht wahr sein kann und es könne, so haben die Experten versichert, nicht wahr sein, weil es nicht sein könne. Jetzt erreichen sie den Dreikilometertunnel und die riesigen Baumaschinen. Sie versperren den sicheren Weg, den sicher scheinenden Ausweg. Also weg damit und hinaus aus dem Tunnel. Die beiden schieben alle mächtigen Kolosse auf die Seite, durchbrechen alle Absperrungen und Elektroschranken. Alles weicht zurück. Hinter ihnen die Schafe, lauter Schafe, blökend und weinend und immer schneller werdend. Das Wasser hinter ihnen. Der Schlamm. Die Wut des großen, des allergrößten und schlimmsten GREISS bricht los. Wie ein Drache ist es, berichten alte Nachrichten aus den Bergtälern. Der wilde GADRIA-HUND, mit dessen Erscheinen niemand mehr gerechnet hat. Es ist der reale Alpen-Tsunami. Es ist ein großes, ein riesiges Tier, das aus dem Berg herauskriecht.

Es ist dieses Tier mit dem fürchterlichen Schnauben und Gestank. Dass es alles Almvieh aufgefressen hat, tagtäglich neue Nahrung aus den umliegenden Almen bekommen hat müssen und dass es zuletzt die Menschen der oberen Bergsiedlungen genommen hat, niedergeschlagen hat, in den See gerissen und aufgefressen hat. Nur eine reine Jungfrau kann dem GREISS beikommen. Also mussten sie eine suchen. Es war allergrößte Eile geboten und sie haben im eigenen Tal keine gefunden. Da waren sie sehr traurig. Und es geschah, dass einer der Schafbauern eine rettende Idee hatte. Weil das riesige Untier so unersättlich war und beinahe alle Schafe des Tales aufgefressen hatte und die Reihe auch an die kleinen Bergbauern im Nachbartal gekommen war, seine Schafe zu opfern, da kam ihm eine rettende Idee. Es ist die GADRIA-Idee gewesen:

Er schlachtete seine Schafe, nahm die Eingeweide heraus und schoppte in die Höhlung soviel ungelöschten Kalk, als nur hineinging. Darauf nähte er das Loch wieder zu und strich das Fell schön glatt, so dass jedermann über einem so wohlgenährten Tiere sein Verwundern haben musste. Er ließ auch den Drachen, damit er seine Schafe mit umso größerer Gier verschlinge, ein paar Tage länger warten als gewöhnlich. Hierauf warf er sie ihm zum Fraße vor. Die Wirkung blieb auch nicht lange aus; der Kalk verursachte bald im Leibe des Untiers einen solchen Höllenbrand, so dass es grimmig schnob und rasend um sich schlug. Davon entstand ein so furchtbares Getöse, dass man es weit talauf und talab hören konnte. Und da geschah es, dass das Untier, der riesige Drache, aus des Wassers Grund emportauchte und sich unter wuchtigen Schlägen mit dem Schwanze mehrmals im Kreise herumdrehte, dass die Uferdämme erzitterten. Dann fuhr das Untier brüllend vor Qual in die Höhe, stemmte sich, mit Todeswut zu neuem Streiche ausholend, gegen den felsigen Damm und stierte mit weitklaffendem Rachen auf die Bauern am Ufer, die voll Entsetzen davonstoben. Der furchtbaren Wut vermochte aber der Damm nicht mehr zu widerstehen; er bebt, wankt, und mit donnerndem Schwalle brechen die Wogen, alles verheerend, samt dem Drachen zur Tiefe hernieder, Dörfer, Weiler und Höfe bis herab zur Töll begrabend. Das Ungeheuer selber ward vom unwiderstehlichen Anprall in die Felskluft an der Töll eingezwängt, die Wasser hinter sich stauend, und musste unter schauerlichem Röcheln nach grässlichen Zuckungen verenden. Erst geraume Zeit darnach drängte die Gewalt des Wassers die Leiche des Drachen aus der von Blut und Gift verpesteten Kluft hervor und trieb das Untier die Etsch hinab ins Meer.

Von ungeheurer Größe ist dieser Drache gewesen. Mehrere Häuser groß. Und es ist große Not entstanden im Lande. Alle Warnungen der Gletscher- und Naturexperten sind in den Wind geschlagen worden. Es hat gerichtliche Prozesse und langwierige Verhandlungen gegeben. Die von der Betreibergesellschaft haben dann gesiegt. Der Sieg ist teuer erkauft. Dieser Sieg wird sich vom Segen zum traumatischen Erleben wandeln.

Die Traumstadt. DANANÄ hat sie geheißen. DANANÄ hätte sie wieder heißen sollen, die neue Stadt auf dem Ferner und unter dem Ferner. Weit hinausragend und glänzend. Diese Stadt wächst und wächst. Die allerhöchste Stadt der Alpen und Europas. Mit dem exklusivsten Viertel im Felsen, in der Gletscherbar, im neuen trendigen Stil. „Porno alpin" wird es heißen und wird, wir können es nachlesen, als Tourismus-Horror-Station der Zukunft wegweisend sein. Jetzt schon rühmen sie sich, Vorbild in Europa zu sein. Und so viele schwule, gut zahlende, bestens zahlende Top-Touristen werden ordentlich gemästet. Hübsch und geil. Und tausendfache Umarmungen. Der sonntägliche Klingelbeutel ist wieder voll geworden. Allen Spendern sei gedankt. VERGELTS GOTT in den Himmel hinauf! Bleibt droben und segnet uns.

DANANÄ hat die alte Stadt geheißen. Sie ist verschwunden. In der Erinnerung einiger Talbewohner lebt sie weiter. Virgil, der Hirt, kennt die alten Geschichten, vielfach und immer wieder erzählt von alten Hirten und Bauern und Großmüttern. Wie es damals war, als der Greis mit seiner Tochter zur sündhaften Stadt aufgebrochen war und wie die Jungfrau ihr Gesicht verhüllt hat wegen der schrecklichen Laster und auch wegen des gleißenden Lichtes aus den Türmen der Stadt. Der alte Vater und seine Tochter hatten vergeblich gemahnt und hatten die Stadtleute mitsamt ihrem hartherzigen Herrscher gewarnt. Alles umsonst. Sie sind ausgelacht, verspottet, eingesperrt, verjagt worden. Dann die Stunde der Vergeltung. So hat Virgil, der Hirt, die alte Geschichte kennengelernt, immer wieder erzählt und aufgebauscht, zuletzt vom alten Lehrer Winkler aus Mals niedergeschrieben:

Mit düsteren Wolken umzog sich der Himmel, ein schreckliches Getöse ließ sich vernehmen, und im ununterbrochenen Leuchten der Blitze die riesige Gestalt der zürnenden Bergfee sichtbar. Und ihre Geisterstimme übertönte das Brausen des Sturmwindes und das unheimliche Krachen des Donners:

„DANANÄ! DANANÄ
Weh dir weh!
Schneib zu
Und aper nimmermeh!“

So ruft sie unerbittlich – und, wie die Bettflaumen so dicht, fällt der Schnee vom Himmel. Und die Ötztaler Gletscher schieben sich vor und begraben unter ihren Eismassen die stolze Stadt und ihre sündhaften Bewohner.

Virgil, der schreibgewandte Hirt, der kundige Weltbeobachter und Zauberer, kennt diese Sage und er weiß, dass es eine Sintflut gegeben hat und er hat gelesen davon, dass die biblische Sintflut auch schon lange vorher und bei vielen Völkern der Erde verbreitet ist und dass die Tsunami-Katastrophen allesamt in diese schrecklichen Szenarien der Menschheit hineingehören. Die Eskimos der Prinz-Wales-Halbinsel kennen solche Untergangsgeschichten und auch die sagenhaften Araukaner wissen davon und auch Indianerstämme von

Guatemala. Das Gilgamesch-Epos bildet die Vorlage für die biblische Sintflut-Geschichte. Mehr als fünftausendjährige Menschheits- und Kulturgeschichte ist in den Katastrophenberichten gespeichert und wie sich die Menschen dagegen gewehrt haben, wie sie sich betend oder fluchend oder mit Wallfahrten und Bittopfern zu wehren versucht haben.

Selbst die Götter bekamen schreckliche Angst vor der Sintflut. Sie ergriffen die Flucht und stiegen zu ANU hinauf, in den höchsten Himmel zu ANU: Und ihre Göttin schrie auf wie eine in den Wehen liegende Frau, jammerte und klagte mit ihrer schönen Stimm.:

Ach, hätte es dieses Scheusal niemals gegeben, nicht diesen Tag des Schreckens. Und die ANU-Kinder (wir alle) weinten mit ihr, nass von den Tränen weinten sie mit ihr und es blies der Sturm immer lauter und machte das Land dem Erdboden gleich. Und es hörte der Sturmwind auf und es endete die Sintflut. Und wir schauten zum Himmel und sahen die Sonne, schauten auf die Gräser am Boden, auf das neue Sprießen und Wachsen.

Aufgeschreckt vom Donner und dem Niederbrechen der eisernen Lasten, vom Niederbrechen der Muren, vom Herabstürzen der Eistürme, vom gewaltigen Sturm, der jetzt einsetzte, erschauderte der Hirt namens Virgil, gebürtig aus dem Vinschgau, seit mehr als zwanzig Jahren mit den Schafen bei ihrer Transhumanz über die Gletscher unterwegs. So etwas hatte er noch nie erlebt und so etwas war auch nirgends in den alten Aufzeichnungen niedergeschrieben worden und an so Schreckliches konnte sich niemand erinnern und das konnte sich niemand in Gedanken und der phantasievollen Vorstellungswelt ausdenken.

Jetzt ist es geschehen. Zuhinterst im Tal. Bei der großen Mauer. In der Stätte der neuen Laster und Skrupellosigkeit. So geschah es, wie spätere Sagen berichten werden, dass Virgil, der erfahrene Schafhirt, den Großteil der Herde unter Plattei durch in Sicherheit gebracht hat. Wie von Zauberhand sind die Bagger und Raupen vor ihm und seiner RUSILENA zurückgewichen.

Dann hat er seine Schafe durch den Dreikilometertunnel getrieben. Mit der geretteten Herde erreicht er das Dorf und erreicht Ramol, das rettende Ramol und den Mutsbichl, wo er dankbar niedergekniet ist, von wo aus er die drei mächtigsten Gletscherberge sehen kann, voller Staunen und Andacht. Wie er dort niederkniet beim mächtigen Schalenstein und wie er den Stein küsst. Voller Ehrfurcht.

Und er sieht dort den Similaun. SIM-ALU-ANA, erinnert er sich. Berg der weißen Göttin ANA. Weit über dem wilden Ferner von Murzoll. Entehrt. Entweiht. Die weiße Mutter geschändet. Er sieht dort die aufgerichtete goldene Stadt der Unzucht, der Laster, der Sodomie und er sieht, wie dort die ehemals leuchtende, die sündhafte Stadt der Laster, der Unzucht, der Sodomie untergegangen ist, wie sie herabgestürzt ist auf den Ferner und wie sie von Marzell verschüttet worden ist. Und so geschah es, dass die neue Stadt von den Eismassen mitgerissen und in die Tiefe gestürzt worden ist und dass vom herausbrechenden Wasser eine gewaltige, eine noch nie dagewesene Flut über das Tal hereingebrochen ist. Zwei Drittel der dereinst gestauten Wasser werden von der Sturzflut der reißenden Mure aus dem geborgen scheinenden Bassin hinter der wundervoll gepriesenen Mauer, der von den Technikern und Politikern gleichermaßen geradezu als technisches Meisterwerk gepriesenen Mauer herausgerissen, herausgejagt, herausgeschwemmt und die Wassermassen schwappen über, erreichen in Sekundenbruchteilen den Damm, reißen alle auf dem Damm befindlichen Menschen, Hütten und Maschinen über den Damm hinunter in die Tiefe und in die Schlucht und talauswärts. Zwei Drittel der im ganzen Tal lebenden Menschen werden, o schrecklicher und über alles gefürchteter Traum, von den Massen hinausgerissen, aus ihren Häusern, Hotels, Banken und Kirchen geschwemmt, gerissen, auseinandergerissen, an Stein- und Betonmauern zerschellt, zerrissen, regelrecht zerfetzt, schwimmen durch das Tal hinaus, reißen andere Menschen mit, Häuser, Hotels, Tankstellen, Bars, Kirchen und alles Vieh mitsamt Kind und Kegel, sprichwörtlich Kind und Kegel und das alles mit immer mehr anwachsender Wut und Grausamkeit. Immer langsamer werdend, stockend, dickflüssig, von Menschenleibern angereichert, von toten Kühen und Schafen durchmischt, von Bäumen, Hausbalken, Kirchenbänken, Leichenteilen und den Resten der Tankstellen mitsamt den Öl- und Benzintanks. Alles schwimmt talauswärts. Mehr als hundert Millionen Kubikmeter Wasser sind ausgebrochen. Andere reden von zweihundert Millionen. Es sind schreckliche und beklagenswerte Geschehnisse, die schrecklichsten in der Geschichte des Tales und des ganzen Landes. Und sie werden auch diese Katastrophe wieder als Touristenattraktion verkaufen. Wir können doch nicht, wird es wieder lauten, vom Vaterunserbeten, von den Totengedenkfeiern und von der Trauer leben. Der geile Bergtourismus muss hochleben. Schwarz wird die Sonne. Verdüstert hat sich der Mond. Vom Himmel fallen die Sterne. Der Rauch umhüllt das Tal. Alle Wesen des Alls sind versammelt zur großen, einzigen Klage.

Es werden mehr als achttausend Tote geschätzt. Das Tal ist ein einziger Friedhof. Scharenweis kommen in langen Bus-Kolonnen die Katastrophenschautouristen, geil die Wampen mit den Kameras gefüllt. Lüstern die angelockten Horden zur Totenbeschau. Das kleine Hubschrauberunglück am Ferner vom September 2005 war eine kleine Fingerübung der Perversion.

Mit dem letzten Zug der Schafe durch Plattei wird aus der umgekehrten Richtung der Zug der Kleinkinder und der Schulkinder bis zum maximal zehnten Lebensjahr organisiert: von Pfarrern und Schuldirektoren geleitet. Betend ziehen sie zum schrecklichen Szenario, zu ihrem Damm. Betend und barfuß wie seinerzeit. Morgen kommt das Fernsehen aus Deutschland und aus Japan. Wallfahrt und Katastrophe in so enger Umarmung und noch dazu so dramatisch wie sonst nirgendwo und perfekt inszeniert.

Kinder aus allen Gemeinden und Dörfern des Tales, von den Wassermassen verschonte Kinder mit rotweißen Fähnchen. Betend und so halt, wie es sich ergibt.

Kläglich anzuschauen, aber alle in Tracht oder in alt nachinszenierten, historisch anmutenden Gewändern.

Achttausend Tote. Oder auch mehr. Das Leben geht weiter. Virgil, den Hirten, haben sie mitsamt seinen Schafen mitgeführt, haben ihn dazu gezwungen. Virgil will übers Joch zurück in den Vinschgau. Seit diesem Ereignis habe er zu spinnen begonnen, habe immer nur wirres Zeugs geredet, habe immer nur die Schafe gelockt, „höörla höörla leck leck leck", und den Riemen gezogen, den Rucksack genommen, den Bergstock und habe geweint. Auf einem Stein sei er gehockt und habe geweint. Also konnten sie ihn nicht brauchen. Aus der Apokalypse hat er ganz laut und schreiend ganze Sätze, Kapitel und Strophen geschrien, auf einem Stein hockend und deklamierend wie der Prophet, wie der alte Mahner von der Stadt DANANÄ:

Gehet und gießet aus die sieben Schalen des Zornes Gottes auf die Erde …

Und es ward ein verderbliches und sehr böses Geschwür an den Menschen, die das Malzeichen des Tieres hatten und dessen Bild anbeteten … Und der zweite Engel goss seine Schale über das Meer aus und des ward wie das Blut eines Toten.

Noch mehr hat er sich in seine Wut und Verzweiflung und Hoffnungslosigkeit hineingesteigert, als er seine alte Schäferhütte verwüstet vorgefunden hat. Mit Baggern niedergerissen, seine alte Schlafstatt über den Steilhang in den Bach gekippt, die Eingeweide und sein ganzes Leben. Und dort seine RUSILENA und zu ihren Füßen das alte Mutterschaf, ihr Lieblingsschaf und wie sie ihm das Fell gekrault hat, es angeschaut hat, traurig und wie tot, wie abwesend ob all der Tode und der Bestrafungen. Das alte Schaf, es ist tot. Und zu ihren Füßen lagern die anderen Schafe, die gerettet waren. Da ist er gekommen. Die Leute haben es gesehen. Sie ist sehr sehr alt geworden. Die Jahrhunderte haben sie eingeholt. Sie ist eine von gestern und vorgestern geworden. Da ist sie sehr alt und sehr weit weg. Da hat er erkannt, dass sie von weither gekommen war, aus einer anderen Zeit, aus einem anderen Land, aus einer anderen Welt. Dreihundert und zugleich fünfhundert und dreitausend und fünftausenddreihundert Jahre hinter ihm. Jetzt drückt er sie auf den harten Boden, legt sich über sie. Sie entwindet sich seiner Gier. Er schreckt zurück, packt sie, versucht sie zu bannen, möchte sie endlich gefügig machen, total gefügig und abhängig. Um ihn herum lagern die Schafe. Um ihn herum kommt die große Dunkelheit und dann erwacht wieder das Feuer in ihm. Er schreit es heraus und um ihn herum wachsen die apokalyptischen Engel aus dem Boden, steigen von den Gletschern und aus den Gletschertoren zu ihm herab und lagern sich, wie die Schafherde, um ihn herum. Und er schreit es hinaus, vom dritten, vom vierten, vom fünften, vom sechsten und schließlich vom siebenten Engel und immer wieder hebt sich seine Stimme. Und sie hat ihn zum Schweigen bringen wollen. Wie sie gekommen war, ist sie wieder verschwunden. Sie steigt, sie schwebt über die Felsen und Kare zum Ferner, gelangt schließlich in den verheißenen Kristallpalast, zieht mit einer Schar weißer SALIGER FRAUEN zurück in ihren Kristallpalast.

Und es sind am nächsten Tag die Fernsehteams gekommen. Sie wollten ihn, den Virgil, den weltgewandten Hirten, den Kenner der apokalyptischen Geheimnisse, den unheimlichen Mann mit den Kräften des Bannens mitsamt der WILDEN lüstern auf ihre Filme bannen, wollten das lustvolle Stöhnen und Klagen und Beten über alle Kanäle in die Welt hinaus schicken.

Und es ward ihm Macht gegeben, die Menschen mit Hitze und Feuer zu peinigen. Und es glühten die Menschen in großer Hitze und lästerten den Namen Gottes, der Macht hatte über dieses Plagen. Und sie taten nicht Buße, ihm die Ehre zu geben.

Und der fünfte Engel goss seine Schale auf den Thron des Tieres und sein Reich ward verfinstert und sie zerbissen ihre Zungen vor Schmerzen und über ihre Wunden und taten nicht Buße.

Und der sechste Engel goss seine Schale auf den großen Strom Euphrat und das Wasser vertrocknete.

Hi hi hi, hat er geschrien. Oben am Grat. Beim Gletscher. Das Wasser ist fortan vertrocknet; auch das Blut und der Speichel.

Und der siebente Engel goss seine Schale in die Luft und es kam eine starke Stimme aus dem Tempel vom Throne … Und die große Stadt zerfiel in drei Teile … Und ein großer Hagel zentnerschwer fiel vom Himmel auf die Menschen. Und die Menschen lästerten Gott wegen der Plagen des Hagels, denn sie waren überaus groß. (Apokalypse, 16.1–21)

Schreiend und johlend haben sie ihn dort droben hockend erwischt, mit dem Bergeseil um den Bauch, daran angebunden, hundert Meter hinauf, das Tal hinaus, zur neuen Mauer, zum Polizeiauto. Sie zerren ihn in das Polizeiauto. Weiterhin, jetzt aber mit krächzender, immer weiter ermattender Stimme, lamentiert und zitiert und schreit und röchelt Virgil, der zugrunde gerichtete Hirt aus dem Vinschgau, und immer mehr zeigen sie sich auf die Stirn, gegenseitig auf die Stirn, geben einander Zeichen, dieser da sei verrückt geworden. Und erst recht als er anfängt, von der Verhurung des Volkes und insbesondere von der personifizierten Hure zu lamentieren, lassen sie ihn noch fester, noch gleimer binden und fesseln und mit dicken Klebestreifen seinen Mund verkleben, mit dicken Mullbinden drumherum, lassen seine gestikulierenden Hände festschnüren, lassen ihn an Händen und Füßen gebunden abführen, in Verwahrung bringen, lassen vorher die Kamerateams aus Deutschland und Japan über die armselige, gedemütigte, gebundene und gefesselte Gestalt kreisen, gierig seinen kreischenden, geflüsterten, geschrienen Drohungen lauschend. Apokalyptisches Grauen. Ja ja und sall wöll und Amen.

Komm, ich will dir die Verurteilung der großen Hure anzeigen, die auf vielen Wassern sitzt, mit welcher die Könige der Erde gehuret haben und von deren Hurenweine die Bewohner der Erde berauscht worden sind. Und er führte mich im Geiste in eine Wüste. Und ich sah ein Weib sitzen auf einem scharlachroten Tiere, welches voll Lästernamen war und sieben Köpfe und zehn Hörner hatte. Das Weib war bekleidet mit Purpur und Scharlach … Und ich sah das Weib betrunken vom Blute der Heiligen …

Sie schreien wild durcheinander. Virgil, der Hirt, zeigt es ihnen: Seht dort dieses scharlachrote Riesentier! Mit der Zunge heraußen. Er meint den Riesenbagger, die Riesenmonstermaschinen auf dem Damm und hinter dem Damm und oben auf dem geschändeten Gipfel des heiligen Berges. Und sie hatten es verstanden und sie werden es – heimlich – in ihren Herzen bewahren, dass er ihre Laster gemeint hat und die sieben Köpfe der sieben Bürgermeister und die zehn Hörner der höchsten Politfunktionäre des Landes. Und darauf das Weib. Der goldene Profit, das gierige Monsterweib. Da habt ihr die Strafe. Er will es herausschreien. Dann verstummt er. Dann wimmerte er und lässt sich widerstandslos, scheinbar widerstandslos, von mitgebrachten Ärzten niedergespritzt abtransportieren. Er allein hat die neue goldene Stadt gesehen.

Mit dem Zug der Kinder und dem verrückten Schäfer vorne wollen sie mit den Schafen durch das Tal hinausziehen. Zum großen Begräbnis hat sich die gesamte Tal- und Landesprominenz eingefunden. Schwarz gekleidet. Trauernd.

Ihre Naturkatastrophen sind perfekt als Touristenattraktionen verkaufbar. Das passt ins Konzept. Der Sommertourismus steckt in der Flaute. Der Tourismus sucht nach neuen Monstern. Hinten im Tal hat sich die Seuche ausgebreitet.

Es hätte so kommen können. Der Sieg des Lammes steht bevor. Alle Nachkommen von Virgil, dem Hirten, und alle Nachkommen der anderen Schafhirten und Treiber sind von alpinen Katastrophen und Naturereignissen hinweggeschwemmt worden. Einzig das Lamm ist geblieben, das mit dem himmlischen Buch, das alle Bücher imstande ist zu öffnen. Die Leute im Tal haben es noch hören und riechen können. Dann kommt der Sieg des Lammes, wie es großmächtig in der Apokalypse verheißen worden ist. Und es werden die Lämmer wieder die neue Herrschaft antreten und sie werden sich vermehren und werden wieder in großen Scharen über die Ferner und Jöcher kommen. Die Leute werden davon erzählen und lesen können. Und neue Sagen werden sie weitererzählen können von DANANÄ I und von DANANÄ II und der wundersamen RUSILENA und der schrecklich wundersamen LANGTÜTTIN mit Eiter und Milch. Irgendwann und irgendwo vielleicht auch VIRGIL inmitten der SALIGEN. Wenn die verheißne Zeit kommt. Es kommt das Lamm. Es öffnet die sieben Siegel. Und siehe, es sprach:

Würdig ist das Lamm, das getötet worden ist, zu empfangen Macht und Gottheit und Weisheit und Stärke und Ehre und Preis und Lob.

Wie hätten sie an diese Macht und Weisheit und Stärke und Ehre und Lobpreisung glauben können? Die Herde ist verschwunden. Virgil, der Hirt, ist abtransportiert und unschädlich gemacht worden. Die SALIGEN sind verschwunden. Dort oben und irgendwo warten sie auf Erlösung, auf neue Gletscher und Paradiese.

Sie werden mit dem Lamme streiten, aber das Lamm wird sie überwinden, denn es ist der Herr der Herren, der König der Könige … Selig, die ihre Kleider im Blute des Lammes waschen, dass sie Macht erhalten zum Baume des Lebens, und durch die Thore eingehen in die Stadt. (Apokalypse, 17.14 *und* 22.14*)*

Mit der gesamten Herde der Lämmer wieder zurück über Samoar und Finail und Marzell. Wie seit sechstausend Jahren. Und wieder im Kristallpalast der SALIGEN! Und die Kleider waschen im reinen Blute des Lammes. Dahinter der weiße Berg der Göttin. Zuhause bei seiner RUSILENA. Die Zeit ist erfüllt. Es ist gewesen. Es ist nie gewesen und es wird immer so sein.

Similaun:

Der Similaun ist ein 3599 Meter hoher Gletscherberg in den Ötztaler Alpen, ein Kultberg? Einige Zitate:

Kurt Derungs (Mythenforscher): „Glücklicherweise kennen wir den Namen des mythischen Berges: Similaun. Dieser dürfte auf ein altes Samaluana zurückgehen, worin drei bekannte Wortwurzeln zu erkennen sind: Sam-Alu-Ana. Sam bedeutet weiß/glänzend, Alu ist göttlich bzw. Göttin und Ana ist der Eigenname der Ahnfrau, nämlich Ana. Similaun bedeutet somit die ‚Weiße Göttin Ana'."

Ludwig Steub (Alpenforscher): „Das ist Similaun – wiederholten wir, um den Namen ja nicht zu vergessen, und schauten vorwärts schreitend immer wieder auf dies trotzige Haupt mit dem nie gesehenen Ausdruck von Größe und Wildheit."

Heide Göttner-Abendroth (Matriarchatsforscherin): „Im Ötztal bildet der Similaun mit den großen Gletscherbrüchen des Marzellferners zu seinen Füßen eine schneeweiße Raute, und das genügte, um ihn als eine Erscheinung der weißen Göttin zu betrachten. Im Eisschoß des Gletschers dürften auch hier die Ahnenseelen gewohnt haben. So haben wir wiederum einen mythischen ‚Glasberg' oder einen ‚Glasschoß' als Ort der hiesigen Anderswelt."

Ernst Krenek (Komponist): „Während der etwa zwei Wochen, die ich in Vent verbrachte, unternahm ich meine ersten und mehr oder weniger letzten richtigen Hochgebirgstouren. Die erste hatte den Similaun zum Ziel, einen schön geformten, symmetrischen Eiskegel, ungefähr 3600 Meter hoch. Ich war von dem gewaltigen und außergewöhnlichen Phänomen der riesigen Eismassen vollkommen fasziniert und begeistert. Ihre Starre und ihre ungeheuren Ausmaße machten sie zu einem sprechenden Symbol des Todes als vollkommener Abwesenheit von Leben, aber zugleich waren sie auf eine unheimliche Weise sehr lebendig. Die dünne Bergluft, das schwindelerregende Weiß der ungeheuren Weiten, gegen das der tiefblaue Himmel fast schwarz wirkte, und die kalte Hitze, die das Eis infolge der starken Reflexion ausstrahlte, versetzten mich in einen einzigartigen fieberhaften Zustand, der zu den Empfindungen gehört, nach denen ich mich seither sehne."

Siehe auch: www.similaun.at (Hans Haid) und www.similaun.net (Werner Kopp).

Rusilena:

Rusilena heißt in einer Sage aus dem Ötztal eine geheimnisvolle Frauengestalt – hat sie mit dem Teufel ein Bündnis geschlossen? Ist sie eine der SALIGEN FRAUEN im Kristallpalast der Gletscher? Oder lebt sie als „La Wally" inmitten der Gletscherwelt? Sie ist mächtig und „Herrin der Tiere“? Und vielleicht hat sie eine Schwester, die sie in den Sagen die LANGTÜTTIN nennen. Alle sind zwiegesichtig, gut und überaus mächtig, aber auch rächend, strafend. RUSILENA schickt Lawinen und Muren, sie spendet als „Langtüttin“Milch und Eiter.

Transhumanz:
Seit mehr als 6000 Jahren werden im Juni Schafherden von Südtirol über die Gletscher und Jöcher ins Ötztal getrieben. Sie weiden dort bis Mitte September und ziehen wieder zurück. Manchmal sind es mehr als 5.000 Schafe und einige Ziegen, die von Bauern aus, die etwa 3.000 Hektar Weideflächen im Ötztal besitzen, zu ihren Sommerwiesen gebracht werden. Der Schafübertrieb ist langes und oftmals gefährliches, ein tödliches Abenteuer in den Schneestürmen. Zugleich ist die Transhumanz ein Rest einer alten nomadischen Hirtenkultur, und es sind mitunter besondere Menschen, Denker und Grübler, eingebunden in einen extremen Kreislauf der Natur, die für die Schafe verantwortlich sind. Einer von ihnen könnte Virgil heißen. Auch der berühmte Eismann, der Ötzi, könnte einer von ihnen gewesen sein.

Die Flutkatastrophe von Longarone:
Die Flutkatastrophe vom 9. Oktober 1963 in Longarone, Provinz Belluno, ca. 100 km nördlich von Venedig: Um 22.39 löste sich am Vajont vom Monte Toc eine gewaltige Mure von geschätzten 260 Millionen Kubikmeter und stürzte in den neu errichteten Staudamm, damals mit 264 m der höchste Bogenstaudamm der Welt. Das „Wunderwerk der Technik“ hielt dem Wasserdruck stand. Es entstand aber ein einem Tsunami vergleichbarer Effekt: Das gestaute Wasser mit geschätzten 40 Millionen Kubikmeter wurde binnen 5 Minuten herausgeschleudert und ergoss sich über die Mauer in die darunter liegenden Dörfer, wurde immer schneller und erreichte eine unvorstellbare Wucht und Geschwindigkeiten bis zu 100 km/h. Durch die reißenden Fluten wurden mehrere Dörfer komplett vernichtet. Es wurden ca. 2000 Tote gezählt, manche Zählungen gehen sogar von bis zu 4000 Toten aus. Der Staudamm ist seitdem nie mehr gefüllt worden und steht als monströses Denkmal im engen Bergtal. Über die Vajont-Katastrophe wurde ein eindrucksvoller Spielfilm gedreht: „Vajont“ (Renzo Martinelli, 2002)

Der Tsunami in Südostasien:
Der in der Menschheitsgeschichte wohl schlimmste Tsunami ereignete sich am 26.12.2004 in Südostasien. In den Ländern Indonesien/Sumatra, Sri Lanka, Indien, Thailand, Myanmar, auf den Malediven und in Bangladesch wurden ca. 230.000 Tote gezählt – vgl. u.a. de.wikipedia.org/wiki/tsunami.

Die Bergstürze vom Tschirgant und von Umhausen:
Zu den größten Bergstürzen der Alpen zählen die Ereignisse am Tschirgant (nahe Imst) und bei Umhausen im Ötztal. In beiden Fällen stürzten Berge zusammen, brachen von vorher fast 3000 m auf 2200 m ab. Beim Tschirgant gab es Bergstürze vor gut 10.000 Jahren und dann wieder vor ca. 3000 Jahren. Es brachen bis zu 200 Millionen Kubikmeter Fels ab, das würde einem geschätzten Gewicht von ca. 500 Millionen Tonnen entsprechen. Weitaus gewaltiger war der Bergsturz bei Umhausen vor ebenfalls ca. 10.000 Jahren mit fast 7 Milliarden Tonnen bei geschätzten 3 Milliarden Kubikmeter Gestein.
Zu beiden Ereignissen gibt es verstreute Literatur, vor allem von Helmut Heuberger (u.a. „Das Ereignis von Köfels im Ötztal (Tirol) und die Sintflut-Impakt-Hypothese" in *Umwelt-Mensch-Gebirge*, Bern 1994) und Helfried Mostler (u.a. in der Broschüre *Naturlehrpfad Forchet*).

Die Fernersee-Ausbrüche im Ötztal:
Berühmt in der Gletscherkunde sind die mehrmaligen Ausbrüche des Vernagt-Fernersees im hinteren Ötztal, vor allem in den Jahren 1600, 1678, 1845 und 1848. Der Gletscher, aus einem Seitental kommend, staute das Rofental. Es entstand eine bis über 100 Meter hohe Eiswand und hinter dieser bildete sich ein ca. 1200 Meter langer, bis 250 Meter breiten und bis 85 Meter tiefer See. Der Eisdamm brach binnen gut einer Stunde. Es ergossen sich wie nach einem Staudamm-Bruch geschätzte 1,5 bis 3 Millionen Kubikmeter Wasser. Durch das ganze Ötztal gab es große Schäden, die sogar bis in das mehr als 120 km entfernte Innsbruck bemerkbar waren – nachzulesen u.a. im *Sonderheft Ötztal* der *Tiroler Heimatblätter* von 1970. Laut dem „Optionenbericht" der Tiroler Landes-Elektrizitätsgesellschaft TIWAG vom November 2004 und weiteren Informationen hätte der geplante neue Staudamm hinter Rofen nach verschiedenen Angaben 96 oder sogar 120 Millionen Kubikmeter Wasser fassen sollen; möglicherweise also das 30- bis 40-fache der alten Gletschersee-Ausbrüche.

Sagen und Volkskultur des Ötztals:
Zu den Sagen des Ötztals und zur Volkskultur, v.a. zur Volksmusik im Ötztal gibt es mehrere Publikationen, u.a.:
Sagen und Geschichten aus den Ötztaler Alpen. Schriftenreihe Ötztal-Archiv, Band 1, Innsbruck 1997 (dort sind die Sagen aus der Sammlung Falkner im Ötztaler Buch der Schlern-Schriften von 1963 komplett nachgedruckt, erweitert durch weitere Sagen aus den Ötztaler Sagen).
Hans Haid: „Ötzis Göttinnen. Auf den Spuren von Sagen zu Stätten matriarchaler Kulturen in den Ötztaler Alpen". In: *Berg* 2004, Alpenvereins-Jahrbuch 2004, Band 128
Hans Haid: *Mythen der Alpen. Von Saligen, Weißen Frauen und Heiligen Bergen*, Wien 2006

Hans Haid: *„Tanzn ischt kindisch, tanzn tuat man nit". Quellen zur Volksmusik im Oberinntal.* Sonderdruck im Ötztal-Archiv.
Im Ötztal-Archiv gibt es eine umfassende Dokumentation u.a. der touristischen Wahnsinns-Szenerie rund um das Hubschrauberunglück von Sölden und die diversen Slogans und Sprüche speziell von Sölden.

Maurice Chappaz:

Maurice Chappaz ist ein französisch schreibender Autor aus dem Wallis/ Schweiz. Der 1916 geborene Chappaz wurde aus Paris mit einigen der prominentesten französischen Literaturpreise ausgezeichnet. Einige seiner Bücher liegen in deutschsprachiger Fassung vor, u.a. *Rinder Kinder und Propheten. Zweitausend Jahre in den Bergen, Die Zuhälter des ewigen Schnees, Die hohe Zeit des Frühlings, Testament der oberen Rhone, Gesang von der Grand Dixence.*

Weitere zitierte Literatur:

Harald Hartmann: *Geschichte der Sintflut. Auf den Spuren der frühen Zivilisation,* München 2003

Klagstimme eines Predigers. Über Sittenverderbnis unserer Zeit, 5 Bände, Augsburg 1790–1792

Werner Kopp: *Ischt der Sindfluß g'wößen.* Selbstverlag, Hall 2001. Dort ist die gesamte Urkunde des Franz Stippler von 1762 als Foto und mit Transkription enthalten. Im Gerichtsarchiv von Meran befindet sich das sehr mühsam zu lesende Original des Verhandlungsprotokolls vom Jahre 1679, wonach der Scharfrichter Hans Jakob Müller das Urteil vollstreckt hat: 13 Individuen sind wegen Hexerei und Wettermacherei zum Tode verurteilt worden, darunter auch der MALEFIZ-BUA. Die öffentliche Enthauptung und anschließende Verbrennung erfolgte am 8. August 1680 vor den Stadtmauern von Meran. Diese Akten sind bisher in keiner Publikation aufgearbeitet und kommentiert. Ich danke Werner Kopp für die Hinweise und für die Beschaffung der Fotokopien.

Eduard Renner: *Goldener Ring über Uri. Ein Buch vom Erleben und Denken unserer Bergler, von Magie und Geistern und von den ersten und letzten Dingen,* Zürich 1991. Dort ist auch die überaus eindrucksvolle Sage vom „Uri-Stier" enthalten. Das Schreckliche Wesen, das weder Menschen noch Tier verschonte, nannten die Leute fortan das GREISS.

Getrud Schulter-Jeffre: *Sintflutsagen der Welt.* Selbstverlag, 2001

Raoul Schrott: *Gilgamesch.* Frankfurt 2004

Placidus Spescha: *Beschreibung der Alpen, vorzüglich der höchsten,* Zürich 2002. Spescha schrieb das Buch 1823 und widmet sich unter anderem den Bergen und ihrer Geschichte. Er schreibt über die „Höhe der Alpen", über die „Winde der Alpen", über „Nebel und Dünste der Alpen", über „Steinarten der Alpen", über „Menschen der Alpen", „Anlagen der Alpiner" usw.

Die Drucklegung dieses Werkes wurde freundlicherweise unterstützt durch die Kulturabteilung des Landes Tirol.

Bibliografische Information Der Deutschen Bibliothek
Die Deutsche Bibliothek verzeichnet diese Publikation in der Deutschen Nationalbibliografie; detaillierte bibliografische Daten sind im Internet über <http://dnb.ddb.de> abrufbar.

ISBN: 978-3-7082-3233-1

www.skarabaeus.at

Buchgestaltung nach Entwürfen von Kurt Höretzeder
Umschlag: Skarabaeus Verlag/Karin Berner
Satz: Skarabaeus Verlag/Thomas Auer

Gedruckt auf umweltfreundlichem, chlor- und säurefrei gebleichtem Papier.